잊혀진 근대,
다시 읽는
해방 전前사

이덕일 역사평설
잊혀진 근대, 다시 읽는 해방 전前사

초판 1쇄 발행 2013년 10월 28일 초판 7쇄 발행 2017년 7월 21일

지은이 이덕일
사진 권태균
펴낸이 연준혁

출판 1본부 이사 김은주
출판 4분사 분사장 김남철
편집 신민희
디자인 이세호

펴낸곳 (주)위즈덤하우스 미디어그룹 **출판등록** 2000년 5월 23일 제13-1071호
주소 (410-380) 경기도 고양시 일산동구 정발산로 43-20 센트럴프라자 6층
전화 031)936-4000 **팩스** 031)903-3893 **홈페이지** www.wisdomhouse.co.kr

값 16,000원   ⓒ 이덕일, 2013   사진 ⓒ 권태균
ISBN 978-89-93119-63-3 03900

* 역사의 아침은 (주)위즈덤하우스 미디어그룹 역사 전문 브랜드입니다.
* 잘못된 책은 바꿔드립니다.
* 이 책의 전부 또는 일부 내용을 재사용하려면 반드시
  사전에 저작권자와 (주)위즈덤하우스 미디어그룹의 동의를 받아야 합니다.

국립중앙도서관 출판시도서목록(CIP)

잊혀진 근대, 다시 읽는 해방 전사 : 이덕일 역사평설 / 지은
이: 이덕일. — 고양 : 위즈덤하우스, 2013
  p. ;   cm

ISBN 978-89-93119-63-3 03900 : ₩16000

한국사[韓國史]
한국 근대사[韓國近代史]

911.06-KDC5
951.903-DDC21   CIP2013020681

1918

잊혀진 근대, 다시 읽는 해방 전前사

이덕일 역사평설

사회주의 운동의 등장부터
일제의 패망까지
잊히고, 묻히고, 지워진
우리 근대사를 조명하다!

1945

이덕일 지음

역사의아침

들어가는 말

'역사전쟁'이라는 용어가 낯설지 않은 시대다. 이 전쟁 가운데 한 부분이 교과서 논쟁이다. 그간 국사 교과서는 광범한 불신을 받고 있었다는 점에서 논쟁 자체는 긍정적이다. 문제는 논쟁의 방향이다. 국사 교과서가 불신 받았던 근본 이유는 식민사학에 의해서 쓰였다는 점 때문이었다. 따라서 이를 불식시키는 방향으로 논쟁이 전개되어야 했다. 그런 부분도 있다. 일제 식민사학의 주요 이론 틀인 '한국사 정체성론'에 기반해서 일제강점기를 긍정적으로 서술하려던 교과서에 제동이 걸린 점이 이를 말해준다.

근래 일본 아마존amazon의 역사 분야 베스트셀러 목록을 보면 현재 일본 사회의 정신 상태를 짐작할 수 있다. 일본의 식민통치 덕분에 현재 한국이 발전했다는《일본의 조선통치日本の朝鮮統治》, 한국의 독도와 중국의 조어도가 일본 영토라는《일본인도 알아야 할 독도·조어도의 진상日本人が知っておくべき竹島·尖閣の眞相》, 한국을 극도로 부정적으로 서술한《나쁜 한국론惡韓論》등 이웃 국가의 존재 가치를 부정하는 서적들이 베스트셀러 반

열에 올라 있다. 이런 흐름은 일본의 우경화 강화와 더불어 거세지고 있다. 현재 일본의 우경화는 후쿠시마 원전 사태에 충격을 받은 일본인들이 일본 본토에서 벗어나기 위한 집단적 병리현상의 표출로도 이해할 수 있다. 방사능 오염에 대한 극단의 공포가 독일처럼 원전 해체라는 이성적 방향으로 나타나는 것이 아니라 과거 아시아 일부를 식민지배했던 군국주의에 대한 향수로 나타나고 있는 것이다.

물론 일본의 우경화는 실패할 것이 틀림없다. 이들이 동경하는 과거의 군국주의는 군사적 침략이 중요한 선택사항이었지만 현재는 이를 선택할 수 없기 때문이다. 또한 과거와 달리 일본이 침략한다고 호락호락 정복당할 나라도 없다. 이런 점에서 필자에게는 일본 극우 세력들의 침략 논리를 추종하는 국내 식민지 근대화론자들의 정신세계도 흥미로운 분석대상이다. 그나마 일본은 한때 운영해보았던 제국에 대한 향수가 군국주의 찬양으로 나타나는 것이지만, 그들에 의해 식민지배를 받았던 한국인들의 '식민지 근대화론', 즉 식민지배 찬양론은 노예생활에 대한 향수가 배어나는 것일까?

현재의 교과서 논쟁에서 일제가 왜곡한 한국 고대사에 대한 비판이 주요한 부분이어야 하지만 이 부분은 침묵으로 일관되고 있다. 일제 식민사학이 한국 고대사를 집중적으로 천착한 점이나 석주 이상룡李相龍, 백암 박은식朴殷植, 단재 신채호申采浩 같은 독립운동가 겸 역사학자들이 고대사에 집중한 까닭은 이 부분이 한일 역사전쟁의 최전선이기 때문이었다. 조선총독부 산하 조선사편수회는 '낙랑군은 평양 일대에 있었다'는 한사군 재在 한강 이북설, 《삼국사기》초기기록은 김부식金富軾의 창작'이라는 《삼국사기》초기기록 불신론' 따위를 집중적으로 창작해 전파했고, 독립운동가들은 여기에 맞서 역사전쟁을 치렀다. 사실 그간 국사 교과서가 많은 불신을 받았던 이유는 이 분야에 대해 식민사관에 따라서 서술되었기 때문이었다. 그런데 현재 교과서 논쟁에서 이 분야에 대한 이야기가 일절 나오지 않는 것은 문제가 된 교과서 외에 나머지 교과서가 이 문제를 극복했기 때문인가? 만약 그렇지 않다면, 다시 말해서 나머지 교과서들 역시 일제 식민사관에 의해서 한국 고대사를 서술했다면 교과서 문제는 현재의 변질된 좌우논쟁에서 광범위한 식민사학 청산 논쟁으로 나아갈 수밖에 없을 것이다.

공자孔子가 《춘추春秋》를 짓자 천하의 난신적자亂臣賊子들이 두려워했다고 전하고, 고려인 이규보李奎報가 《동명왕편東明王篇》 서문에서 "국사는 세상을 바로잡는 책[國史矯世之書]"이라고 말한 것처럼 역사학은 강한 가치지향성을 지닌 학문이다. 그러나 역사학의 비판은 과거에 대한 비판적 성찰의 토대 위에서 사회공동체가 나아가야 할 방향에 대한 모색이어야지 특정 정치집단의 관점에서 세상을 바로잡는 도구라고 우기는 것일 수는 없다.

한국사가 정쟁의 도구로 변질된 데는 몇 가지 요인이 존재한다. 첫째는 팩트fact 조작이다. 역사학은 기본적으로 팩트를 해석하는 학문이지만 한국에서는 팩트 자체를 조작했던 세력들이 여전히 학문권력의 상당 부분을 장악하고 있다. 둘째는 역사 해석의 파편화·분절화分節化다. 우리는 역사를 마치 조각조각 나누어진 파편처럼 설명해왔다. 그래서 부분을 보면 아닌 것 같은데 전체를 모아놓으면 식민사학이 되는 국사 인식체계가 지금껏 유지되어왔다. 근·현대사는 민족해방사적 관점으로 바라보면서도 고대사는 조선사편수회의 관점으로 바라보는 것이 어색하지 않았던 이유가 여기에 있었다. 거대한 구조적 문제는 은폐하거나 외면한 채 지

엽적 문제들에만 목소리를 높이는 것으로 면죄부를 받았던 경우가 얼마나 많은가?

그래서 이 책에서는 이 거대한 구조적 문제를 지적하는 데 초점을 맞췄다. 제국주의 본국의 역사를 모르고서 식민지의 상태를 이해할 수 없다. 더 적나라하게 말하면 식민지 한국(조선)의 상황은 제국주의 본국의 종속변수에 불과했다. 특히 1930년대부터 일본에서는 청년장교들이 각종 쿠데타를 일으키고 만주를 필두로 외국을 침략하는데, 이것이 바로 소화유신昭和維新이다. 열두어 살 때부터 유년군사학교에 들어가 군사훈련을 받았던 전쟁기계들이 천황봉대라는 미명하에 각종 쿠데타를 일으키고 침략전쟁을 일으켰지만, 이들의 행적이 체계적으로 밝혀진 적은 거의 없다. 이 책은 이 전쟁기계들의 정신세계와 행태에 대한 최초의 종합적 분석이 될 것이다.

해방 후 냉전체제가 고착되면서 일제와 맞서 싸웠던 독립운동 세력들이 이념적 취사선택에 따라 지워졌다. 민족주의 중에서도 삼부三府로 대표되는 무장투쟁론이 아니라 외교독립론을 주로 서술해왔으니 사회주의나 아나키즘(무정부주의)은 말할 것도 없을 것이다. 필자는 이미 《근대를 말하다》(2012, 역사의아침)에서 민족주의 계열 삼부의 무장투쟁에 대해 서술했다. 그러므로 이 책에서는 사회주의 및 아나키즘 운동사에 대해서 다루고자 한다. 물론 식민지시대라고 해서 독립운동가의 삶만 중요한 것은 아니다. 그 시대 사람들도 지금의 우리들처럼 출세하고 싶었고, 돈을 벌고 싶었다. 부동산·주식 투기, 금광 광풍처럼 과거에도 일확천금의 꿈이 있었고 많은 사람들이 여기에 휩쓸려 다녔다. 이 부분들에 대한 서술도 한 시대를 온전히 복원한다는 점에서 중요할 것이기에 일정 부분 할애했다.

현재 일본의 우경화 바람은 1930~40년대 전 세계를 전쟁으로 몰고갔던 군부 파시스트 체제를 청산하지 못한 데 그 근본적인 뿌리가 있다. 아베 신조安倍晋三의 외조부가 '소화의 요괴昭和の妖怪'라고 불렸던 에이급 전범 기시 노부스케岸信介라는 사실은 잘 알려져 있지만, 그의 집안에 아리카와 요시스케鮎川義介와 마쓰오카 요스케松岡洋右라는 에이급 전범이 더 있다는 사실은 잘 알려져 있지 않다. 이 중 마쓰오카 요스케는 야스쿠니 신사에 합사되어 있는 인물이니 아베 신조에게 과거사에 대한 반성을 요구하는 것은 마치 이리에게 채식 생활을 하라고 권하는 것만큼이나 불가능한 일이다.

그런데 독일이나 이탈리아에서는 구조적으로 불가능했던 우경화 현상이 발생하게 된 데는 일제 패망 이후 미국의 동아시아 정책의 전환이 중요한 역할을 했다. 당초 미국은 장개석蔣介石의 국민당이 국공내전에서 승리한다는 것을 기본 전제로 삼아서 군국 일본의 해체를 목표로 삼았다. 소련에 맞서는 반공의 보루를 중국으로 삼고 일본은 군국주의 세력에 대한 철저한 청산을 통해 민주국가를 건설하려 한 것이다. 그러나 미 극동사령관 더글러스 맥아더Douglas MacArthur가 천황제를 존속시키면서 이런 원칙이 훼손되기 시작한데다 중국공산당의 모택동毛澤東이 국공내전에서 승리하면서 미국의 동아시아 정책의 큰 틀이 바뀌었다. '역코스Reverse couse'라 불리는 이 방향전환에 따라 에이급 전범들이 대거 석방되거나 기소가 면제되고, 공직 취임이 허용되었다. 그 결과 군국주의자들이 일본 정계를 다시 장악하게 되었고, 일본은 근본적으로 잘못된 역사에 대해 반성할 줄 모르는 나라가 되었다.

문제는 우리 내부에도 있다. 기시 노부스케와 고다마 요시오兒玉譽士夫, 사사카와 료이치笹川良一같은 에이급 전범들과 모리 요시로森喜朗처럼 일제의 침략행위를 찬양해왔던 인물들에게 훈장을 수여한 한국 정부는 누구를 대표하는지 묻지 않을 수 없다. 한편으로는 과거사에 대한 반성을 요구하고, 한편으로는 에이급 전범들과 군국주의 찬양자들에게 훈장을 주는 분절적 행위에서 일본은 과연 한국의 진심이 어디에 있다고 생각할 것인가?

한국 사회에 반성에 기초한 제대로 된 역사학이 절실함을 말해주는 대목이다. 우리는 잊고 살았지만 이 책에 등장하는 인물들 한 명 한 명은 대하소설의 소재로 채택되어도 손색이 없을 정도로 파란만장한 삶을 살았다. 그들 삶의 총합이 역사인 만큼 한국 근·현대사도 지난한 과정을 거쳐 오늘에 도달했다. 격동의 역사 속에 온몸으로 뛰어들어 스스로 역사가 되었던 이들이 현재 한국 사회에서 어떤 대접을 받고 있는지는 곧 지금의 우리를 보는 거울이 된다.

"지나간 것을 알려주었더니 닥쳐올 것까지 아는 구나(告諸往而知來者)"《논어》,〈학이〉편)라고 말했던 것처럼 공자는 역사학이 미래학임을 알았던 인물이다. 그동안 한국 근·현대사에는 이런 저런 때가 많이 끼어 있었다. 이 책이 그런 때를 얼마나 많이 제거했는지 두려운 심정으로 세상에 내놓는다. 많은 질정을 바란다.

2013년 10월
한가람역사문화연구소에서
천고遷固 이덕일 기記

차례

• 들어가는 말　　　　　　　　　　　　　　　　　　　　　　　　004

제1부 — 일제하 사회주의 운동사

1. **사회주의 정당 창립**
   러시아 귀화 2세를 주축으로 한인사회당 탄생하다　　　　　017

2. **사회주의 단체 조직**
   일본 유학파, 흑도회 결성한 후 '무정부주의'를 선언하다　　024

3. **재일 유학생과 북풍회**
   전쟁을 반대한 일본 사회주의자, 북풍회와 손잡다　　　　　030

4. **코민테른과 화요회**
   귀국하던 '조선 사회주의 삼총사', 일제에 체포되다　　　　037

5. **서울청년회의 창립**
   전국의 청년들, 사회운동을 주도하다　　　　　　　　　　　043

6. **사회주의 세력의 공세**
   사회운동의 주도권을 잡기 위해 서로 다투다　　　　　　　050

7. **서울청년회와 코민테른 파견원**
   코민테른 조선지부를 놓고 서울파와 해외파 대결하다　　　057

8. **서울청년회와 화요회의 격돌**
   마침내 '아서원'에서 조선공산당을 결성하다　　　　　　　064

9. **신의주사건**
   신의주 청년들, 소영웅주의에 조선공산당 붕괴하다　　　　071

10. **제2차 조선공산당의 궐기**
    순종 인산일에 6·10만세시위를 벌이다　　　　　　　　　　078

11. **조선공산당의 잇따른 수난**
    악조건 속에서도 당을 재건하려 노력하다　　　　　　　　084

12. **조선공산당의 해체**
    사회주의 세력, 민족 단일당 신간회 해체를 주장하다　　　091

제2부 — 일제대항기 아나키즘 운동사

1. 아나키즘 조직의 결성
   일제와 좌파 전체주의를 모두 공격하다 101

2. 박열 부부 대역사건
   아나키스트 박열, 대역죄로 사형 선고를 받다 107

3. 민족을 초월한 한·일 연대
   죽음으로 맹약하고, 폭력으로 조선 혁명에 나서다 114

4. 총독부를 떨게 만든 육탄 혈전
   의열단, 쌀가마니에 숨긴 폭탄으로 거사를 계획하다 121

5. 일제에 던진 폭탄과 저격
   김익상, 식민통치 심장부를 강타하고 유유히 사라지다 127

6. 독립운동 노선의 치열한 다툼
   의열단, 외교독립론에 '민중'과 '폭력' 선언으로 맞서다 134

7. 민족사관의 확립
   신채호, 아나키즘과 선비정신을 강조하다 141

8. 재중국의 독립운동기지
   한인 아나키스트들, '이상촌' 건설을 추진하다 147

9. 한족총련의 결성
   공산주의자와 틀어진 김좌진, 아나키스트와 연대하다 154

10. 거성 김좌진 암살사건
    청산리 대첩의 영웅, 공산주의자의 총탄에 스러지다 161

11. 북만주운동의 종말
    한인 아나키스트들, 천진의 중·일합자은행을 털다 169

제3부 — 일제 전쟁기계들, 만주를 침략하다

1. 사쿠라회와 천검당
   육군유년학교, 일본 군국의 전쟁기계를 양산하다 179

2. 장작림 폭살사건과 3월사건
   일제가 저지른 의문의 사건, 전 세계에 충격을 던지다 185

3. 만주사변
'세계 최종 전쟁론'을 앞세워 대륙을 침략하다   191

4. 만주사변을 지지한 일본 언론
진실을 망각한 언론, 전범들을 영웅으로 묘사하다   198

5. 상해사변과 윤봉길의 의거
멈출 줄 모르는 일본 군국주의, 상해를 점령하다   205

6. 일제와 손잡은 부의
만주국, 일본 대공황의 해결책으로 등장하다   211

7. 사라진 독립운동 근거지
관동군 만주 장악, 재만 한인들의 독립운동 와해되다   218

8. 만주에 부는 부동산 광풍
일확천금의 엘도라도는 만주에도 없었다   225

제4부 — 식민지 시대의 부호 열전

1. 민영휘 부자
가난한 백성을 수탈해 조선 제일의 갑부가 되다   235

2. 김성수·김연수 형제
기업과 금융을 함께 경영한 첫 근대적 부호가 되다   247

3. 광산 재벌 최창학
잿빛 식민지에 금광 개발로 '황금광 시대'를 열다   254

4. 부동산 재벌 김기덕·홍종화
부동산 투기 광풍, 벼락부자를 탄생시키다   261

5. 운수 재벌 김응수·방의석
맨손으로 운수업 일으켜 자동차 왕이 되다   268

6. 백화점 부자 최남·박흥식
상식을 뛰어넘는 상술로 재계의 다크호스가 되다   275

7. 소수의 상류사회
일본인 대지주의 불이농장, 농민 수탈에 앞장서다   282

8. 주식으로 거금을 거머쥔 부자들
꿈을 잃은 사람들, 투기로 일확천금을 노리다   289

제5부 — 일본 군국주의, 파멸로 질주하다

1. 군부 갈등과 2·26사건
   일본 군부 황도파, 끊임없이 쿠데타를 일으키다 … 299

2. 세계 최종 전쟁론
   일본 군부, 정부 위에서 군림하기 시작하다 … 305

3. 노구교사건
   확전에 앞장선 고노에 내각, 서서히 몰락하다 … 311

4. 천인침과 남경학살
   일본군, 6주 동안 남경인들을 무자비하게 학살하다 … 318

5. 북방정책에서 남방정책으로
   관동군, '노몬한사건'으로 소련에게 혼쭐나다 … 325

6. 병영으로 변한 한국과 일본
   강요당한 창씨개명, 반년 사이에 두 배로 늘어나다 … 332

7. 삼국동맹 체결
   독일·이탈리아·일본, 파시스트 동맹 맺고 동남아시아 정복에 나서다 … 340

8. 대미 개전론 공방
   일본 파시스트, 미국 진주만을 기습하다 … 347

9. 무너지는 파시즘 제국
   전쟁에 미친 일제, 마지막으로 발악하다 … 354

10. 일제의 패망
    관동군의 자체 붕괴, 분단의 단초가 되다 … 361

11. 대한민국의 탄생과 새로운 도전
    미국과 소련의 군정, 절반씩 나뉜 역사가 시작되다 … 368

- 찾아보기 … 376

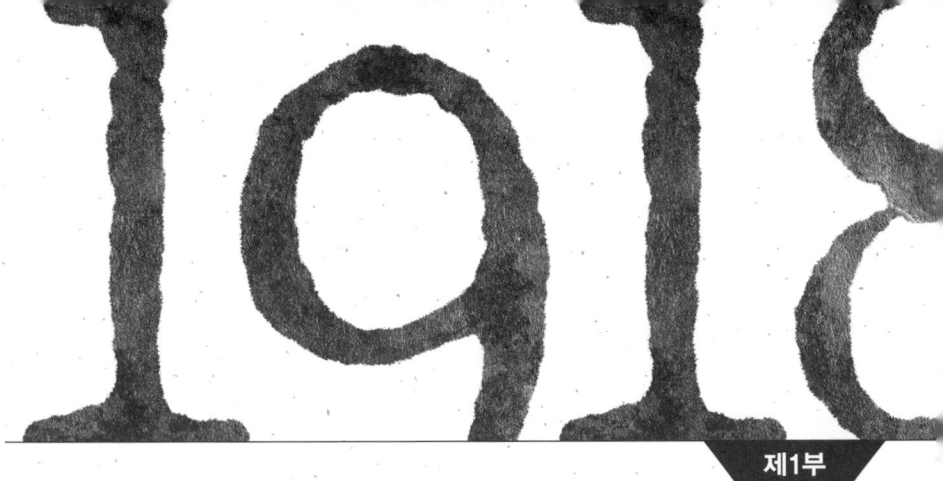

제1부

일제하 사회주의 운동사

1 · 사회주의 정당 창립

러시아 귀화 2세를 주축으로
한인사회당 탄생하다

식민시기에 사회주의 운동은 민족해방운동의 한 주류였다. 내부에 많은 파쟁이 있었고 민족주의자들과 많은 다툼도 겪었지만 이 시기에는 민족해방을 위해 투쟁하는 세력이었다. 6·25 남침으로 이런 인식이 근본적인 변화를 겪게 되지만 일제하 사회주의 운동은 이제 재조명할 때가 되었다.

3·1운동이 일어나기 1년 전인 1918년 3월(러시아력 2월) 만주 북단 아무르강(흑룡강) 강변의 도시 하바롭스크에 일단의 한인들이 모여들었다. 러시아 극동인민위원회 의장 크라스노체코프가 주최하는 조선혁명가대회가 열린 것이다. 이동녕李東寧·양기탁梁起鐸과 안중근安重根의 동생 안공근安恭根 등 민족주의자들, 이동휘李東輝·류동열柳東說 등 민족적 사회주의자들, 그리고 김알렉산드라·오하묵吳夏默·유스테판·오와실리 같은 볼셰비키Bolsheviki들이 참석했다.

대회에서는 재러시아 한인들이 볼셰비즘Bolshevism을 받아들일지를 두고 두 노선이 대립했다. 이동녕·양기탁·안공근 등은 러시아의 지원은 필요하지만 볼셰비즘까지 받아들일 생각은 없었다. 반면 김알렉산드라·

김알렉산드라가 활동하던 건물
하바롭스크 시 무라비예프가에 위치한 이곳에서 한인사회당이 창단했다.

오하묵 같은 볼셰비키는 물론 이동휘·류동열 같은 민족적 사회주의자들은 민족해방에 도움이 된다면 기꺼이 볼셰비즘을 받아들일 용의가 있었다. 그래서 민족주의자들은 이탈했지만 볼셰비즘에 찬동하는 한인들이 1918년 4월 28일(러시아력) 다시 모여 한인사회당을 건설했는데 이것이 한국사상 최초의 사회주의 정당이다.

한인사회당은 이동휘·김립金立 등 민족적 사회주의자들과 러시아 혁명 이전에 이주한 한인들의 자녀들인 김알렉산드라·오하묵·박애朴愛(마트베이 박) 등 귀화 2세들의 연합전선체였다. 한인사회당은 중앙위원회 위원장에 이동휘, 군사부장에 류동열, 선전부장에 김립 등을 선임했는데 산하에 조직부·선전부·군사부 등 세 개의 집행부서와 출판사 보문사普文社를 두고 한국 역사·지리 등 교과서와 기관지《자유종》을 발간했다.

한인사회당 창립 두 달 후쯤인 6월 29일, 블라디보스토크에서 체코군이 반反 볼셰비키 봉기를 일으킴으로써 극동지역 정세가 요동치기 시작했다. 체코군은 제1차 세계대전 때 독일·오스트리아의 동맹군으로 동부전선에 출전했다가 러시아에 포로가 된 체코군단을 뜻했다. 미국·영국·프랑스·일본 등이 체코군을 구출한다는 명목으로 1918년 2월 공동 출병하면서 시베리아 정세가 급변했는데, 속셈은 러시아 혁명의 확산을 막기 위한 것이었다.

차르 체제를 지지하는 백위군白衛軍은 천군만마를 얻은 반면, 볼셰비키 세력은 거대한 암초를 만났다. 내전은 다시 백위군의 우세로 돌아섰고 한인사회당 인사들은 하바롭스크에 모여 대책을 논의했다. 이동휘 등은 러시아 내전에 가담하는 것을 반대했지만 류동열과 김알렉산드라 등 100여 명의 한인은 조선인 적위군赤衛軍을 조직해 카르미모프가 지휘하는 백위군과 맞서 싸웠다. 전황은 볼셰비키에 불리해져서 극동인민위원회와 한인사회당도 하바롭스크를 떠나 아무르 주(흑룡주)로 이전해야 했다. 하바롭스크가 백위군에 함락된 이틀 후인 9월 10일, 류동열·김립·김알렉산드라 등은 마지막 탈주선인 '바론 코르프(남작 코르프)' 호를 타고 하바롭스크를 떠났지만 도중에 백위군에게 체포되고 말았다.

백위군은 즉결심판으로 류동열·김립 등 10여 명의 한인들을 석방하고 김알렉산드라 등 열여덟 명에겐 사형을 선고했다. 마트베이 김은 김알렉산드라의 전기에서 백위군 장교가 "조선인인 그대가 왜 러시아의 시민전쟁에 참가했는가?"라고 묻자 "나는 볼셰비키다……. 나는 조선 인민이 러시아 인민과 함께 사회주의 혁명을 달성하는 경우에만 나라의 자유와 독립을 달성할 수 있다고 굳게 믿고 있다"고 답하고 총살당했다고 전한다.

임시정부 기관지 《독립신문》은 대한민국 2년(1920) 4월 17일자, 20일자, 22일자에 '뒤바보'란 필명으로 〈김알렉산드라 소전小傳〉을 연재했는데 김알렉산드라의 부친은 함경북도 경흥에서 기사년己巳年(1869) 대흉년 때 러시아로 이주한 김두서金斗瑞였다. 1885년생인 김알렉산드라는 열 살 때 아버지를 여의고 아버지의 폴란드인 친구 스탄케비치의 손에 양육되어 사범학교를 졸업하고 교편을 잡았다. 이후 러시아 혁명운동에 나서 1917년 극동지방 조선인 조직사업을 책임지게 되었고, 이동휘와 함께 한인사회당을 조직했다.

김알렉산드라의 처형은 이동휘 등에게는 큰 타격이었다. 1920년 1월 22일, 바이칼 호 서쪽 이르쿠츠크에서 김철훈金哲勳·오하묵 등 한인들이 결성한 이르쿠츠크 공산당 한인지부는 이후 이르쿠츠크파로 불리면서 상해파로 불린 이동휘의 한인사회당과 치열하게 경쟁하게 되는데, 김알렉산드라가 살아 있었다면 이동휘에게 큰 힘이 되었을 것이기 때문이다.

이동휘는 1919년 9월, 김립과 사위 오영선吳永善을 대동하고 상해에 도착해 임시정부(이하 임정) 국무총리에 취임했다. 그의 국무총리 취임에도 우여곡절이 많았다. 이동휘는 1917년 2월 혁명 직후 블라디보스토크 신한촌新韓村에서 결성된 전로한족회중앙총회와 이 조직이 확대된 대한국민의회 주요 구성원이었는데, 대한국민의회 의장 문창범文昌範 등이 이동휘의 임정 참여를 강하게 반대했던 것이다.

그러나 이동휘는 나름대로 계산이 있었다. 임정을 비롯한 여러 독립운동 세력을 자파로 끌어들이려는 계산이었다. 김구金九는 《백범일지》에서 국무총리 이동휘가 경무국장 김구에게 "우리(임정) 독립운동은 민주주의인즉 이대로 독립을 한 후에도 다시 공산혁명을 하게 되니 두 번 유혈은 민족의 대불행인즉 적은이(김구)도 나와 함께 공산혁명을 하자"고 말

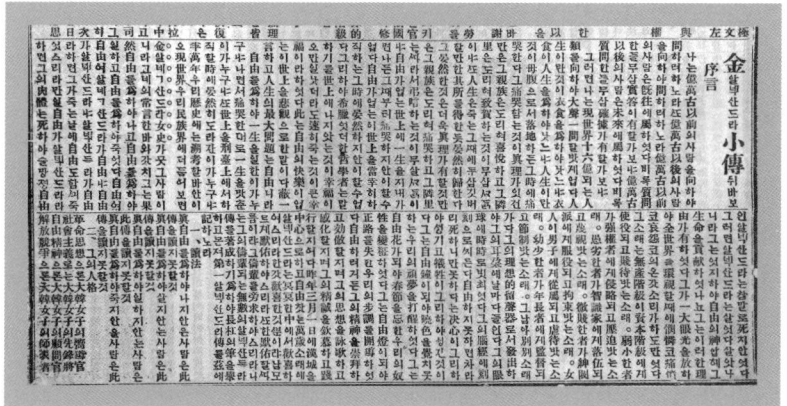

독립신문에 연재된 〈김알렉산드라 소전〉
한국에서는 잊혔지만 하바롭스크에서 김알렉산드라는 영웅으로 평가받는다.

했다고 전한다. 이때 김구는 "제3국제당(코민테른Comintern, 공산주의 인터내셔널 Communist International의 약칭)의 지휘를 받지 않고 공산혁명을 할 수 있느냐"면서 거부했지만 여운형呂運亨 등은 이동휘가 상해에서 만든 공산주의자 그룹에 가담했다.

이동휘 등은 1921년 5월 상해에서 고려공산당대표회를 개최하고 고려공산당을 조직하는데, 이것이 세칭 '상해파 고려공산당'이다. 하바롭스크의 한인사회당이 모태인 상해파 고려공산당은 민족주의 좌파 계열의 사회당이었다. 조선총독부 경무국에서 작성한《고려공산당 및 전로공산당의 개황高麗共産黨及全露共産黨ノ梗概》(1923)에 따르면 이동휘는 "독립운동의 숙원을 달성하기 위해, 유력한 정부의 원조를 얻기 위해 볼셰비키와 손을 잡았다"고 전하고 있다. 사실 이동휘의 이런 전략은 주효해 레닌Vladimir Lenin으로부터 40만 루블이라는 거액을 지원받기도 했던 것이다.

상해파 고려공산당이 결성되던 1921년 5월, 이르쿠츠크 공산당 한인지부도 이르쿠츠크에서 전로고려공산단체 중앙위원회를 열고 고려공산당을 결성했다. 이것이 시종 상해파와 경쟁한 이르쿠츠크파 고려공산당이었다. 이처럼 한국 공산주의 운동의 시작은 두 파가 모두 해외에서 결성되었다는 특징이 있다. 그만큼 사회주의 운동도 나라를 빼앗긴 민족모순의 규정성이 강했다는 뜻이다. 일제하 공산주의 운동이 계급해방 투쟁보다 민족해방 투쟁운동으로 인식된 이유도 여기에 있다. 두 파는 모두 고려공산당이란 명칭을 사용했지만 민족주의와 연합전선을 둘러싼 노선에서는 일정한 차이가 있었다. 이르쿠츠크파는 민족주의자들과의 연합에 소극적이었던 반면, 상해파는 적극적이었다.

두 파가 대립하자 국제공산당 코민테른이 조정에 나섰다. 그 결과 1922년 10월 19일~28일 베르흐네우딘스크에서 두 파의 통합을 위한 '고려공산당연합대회'가 열렸다. 러시아 국립사회정치사문서보관소의 회의 기록에 따르면 이르쿠츠크파 60명, 상해파 72명 등이 참석했고, 한국의 중립공산당도 두 명이 참가했다. 하지만 10월 23일 제3차 회의에서 장건상張建相이 "이르쿠츠크에서 온 대표자들이 대회 참석을 거부했습니다. 나도 이 그룹의 지지자이기 때문에 대회장을 떠나겠습니다"라고 하면서 떠난 것처럼 통합대회는 난항을 겪었다. 이때 러시아 공산당 대표단의 일원으로 참석한 보스트이세프는 "나는 그들(이르쿠츠크파)이 퇴장한다고 해도 전혀 신경 쓰지 않을 것입니다"라고 말했다.

코민테른 측은 두 파가 통합된 고려공산당이 출현해 코민테른에 가입하기를 바랐지만 쉽지 않았다. 10월 26일에 열린 제10차 회의에서 보스트이세프가 "극동에서 백군의 마지막 보루였던 블라디보스토크가 함락되었다"는 '기쁜 소식'을 전하자 박수와 만세 소리가 대회장을 뒤덮었다. 그럼에도 회의에 참석했던 정재달鄭在達이 "이르쿠츠크파는 전부(러시아) 치타로 철수하고 말았다"고 회고한 것처럼 끝내 통합에는 실패했다. 대회에서는 이른바 레닌 자금 40만 루블의 사용처 문제로 다시 큰 소동이 벌어졌는데, 이 문제는 두고두고 이동휘를 괴롭혔다.

연합대회의 요약보고서는 이동휘에 대해 "좋게 말해도 그는 낭만적인 민족주의자적 경향을 가지고 있는 사람"이라고 묘사한 것처럼 코민테른도 이동휘가 볼셰비키가 아니라는 사실을 잘 알고 있었다. 그래서인지 코민테른은 이르쿠츠크파가 거부한 당을 한인 유일의 공산당으로 인정할 수 없었다. 코민테른은 1922년 12월, 두 파를 모두 해체하고 코민테른 극동부(동양비서부) 산하에 코르뷰로, 즉 고려국高麗局을 설치했다. 한인공산당 조직문제가 코르뷰로로 이관된 셈이었다.

2 · 사회주의 단체 조직

일본 유학파, 흑도회 결성한 후
'무정부주의'를 선언하다

대일항쟁기 때 사회주의 사상이 크게 유행한 데는 사회주의 사상이 갖고 있는 매력과 세계 혁명을 추진했던 코민테른의 영향도 컸다. 사회주의 사회 실현이 역사적 필연이라는 이론구조, 코민테른이 가진 국제적 위상과 연대는 젊은 층을 사회주의에 급격히 경도하게 했다. 코민테른의 창립 초기에 각국 공산당은 러시아 공산당과 동등한 관계였지만, 스탈린Iosif Stalin 시대에 상하관계로 바뀌었다.

한국에서 식민통치에 대한 전 민족적 저항의 불길이 타오른 다음 날인 1919년 3월 2일, 모스크바 크렘린 궁에는 전 세계의 저명한 사회주의자들이 집결했다. 제3인터내셔널Third International, 즉 코민테른을 결성하기 위해서였다. 국제공산당이라고도 불렸던 코민테른은 각국에서 자본주의를 타도하고 사회주의 체제를 건설하기 위해 결성된 국제조직이었다.

각국 공산당은 코민테른 지부로 가입해야 했다. 러시아의 레닌, 독일의 휴고 에벨린Hugo Eberlein, 스위스의 프리츠 플라텐Fritz Platten 등을 의장단의 상임위원으로 선출한 코민테른 창립대회에는 유럽, 아메리카, 아시아의 21개국 35개 조직을 대표해 총 52명이 출석했다. 여기에는 조선 대표도 참석했다고 전해지는데, 한인사회당에서 파견한 박진순朴鎭淳·박애·이한영李漢榮 등이 그들이다. 모스크바 대학 정치학과를 졸업한 러시아 2세 박진순은 이르쿠츠크파에 맞서 끝까지 이동휘를 지지했는데, 코민테른 창립대회에서 한인사회당의 활동을 코민테른에 보고하고 당을 등록했지만 코민테른 조선지부로 승인받는 단계까지 이르지는 못했다. 이후 코민테른 가입을 둘러싸고 국내외 한인 공산주의자들이 각축하는 단서가 열린 셈이다.

1920년 코민테른 제2차 대회에서 인도 출신의 멕시코 공산당 대표 마나벤드라 로이Manabendra Roy가 민족문제를 둘러싸고 레닌과 논쟁했던 것처럼 레닌이 살아 있을 때만 해도 코민테른은 러시아 공산당과 각국 공산당 사이에 명백한 상하관계가 있던 것은 아니었다. 그러나 스탈린이 집권하는 1924년 무렵부터 코민테른의 성격은 심하게 왜곡되기 시작한다. 러시아 공산당의 하부기관으로 사실상 변질된 것이다.

일본 제국주의의 가공할 물리력에 맞서야 했던 한인 사회주의자(공산주의자)들에게 중요한 것은 코민테른의 이런 성격 변화보다 코민테른이 한국 혁명운동을 지원하려고 한다는 사실이었다. 이동휘에게 전달된 이른바 '레닌 자금'은 이런 경향을 더욱 강하게 만들었다. 그 결과 한인 공산주의 운동사는 코민테른과의 관계를 상수常數로 두어야 할 정도로 그 규정력이 강했다.

코민테른이 가진 권위의 원천은 1917년 러시아 10월혁명에 있었다. 드디어 사회주의(공산주의)가 이상이 아니라 실현 가능한 정치체제로 다가온 것이었다. 임정 제2대 대통령 박은식朴殷植은 《한국독립운동지혈사韓國獨立運動之血史》(1920)에서 "러시아 혁명당은 처음으로 붉은 기를 높이 들고 전제專制를 뒤엎고 큰 정의를 선포했으며, 각 민족의 자유·자치를 인정했다. 전에 극단적인 침략주의자였던 러시아가 일변하여 극단적인 공화

코민테른에서 연설하고 있는 레닌
코민테른의 창립 초기에 각국 공산당은 러시아 공산당과 동등한 관계였지만, 스탈린 시대에 상하관계로 바뀌었다.

주의자가 된 것이다. 이것이 세계 개조改造의 제일 첫 번째의 동기가 되었다"라고 극찬했다.

 61세의 박은식이 이럴 정도였으니 젊은 청년들은 더 말할 나위도 없었다. 한인 독립군부대가 러시아 적군에게 다수 살상당한 1921년 자유시 사변으로 많은 민족주의자들은 사회주의를 비판적으로 바라보기 시작했지만, 러시아는 여전히 상해 프랑스 조계라는 안전지대를 제공하는 프랑스와 함께 한국 독립운동을 지원하는 극소수 국가 중 하나였다.

 러시아 혁명의 여파는 한국 독립운동계에도 곧바로 밀려왔다. 1918년 4월 28일(러시아력) 하바롭스크에서 이동휘·박진순·김알렉산드라 등이 한인사회당을 결성한 것이 이를 말해준다. 그런데 국내에 사회주의 사상을 먼저 전파한 세력은 일본 유학생들이었다. 일본 경시청 조사에 따르면 1919년 재일 한인 유학생 수는 448명이었다. 이후 1920년에는 980명, 1921년에는 1,516명, 1,922년에는 1,912명으로 급증하지만 관동대지진으로 조선인 대학살이 발생한 1923년에는 667명으로 급격히 줄었다가 1924년에는 990명, 1925년에는 1,575명으로 다시 늘어났다.

유학생들 중에는 부유층 자제도 없지 않았지만 다수는 신문 배달, 행상, 직공일 등을 병행하는 고학생이었다. 주간보다 야간에 다니는 학생이 많았던 것도 이 때문이다. 돈이 없어 학업을 포기하고 귀국하는 학생도 많았고 경비를 절약하기 위해 동거하는 경우도 많았다.

초기 유학생들은 찰스 다윈Charles Darwin의 진화론을 사회에 적용시킨 영국 허버트 스펜서Herbert Spencer의 《사회진화론Social Darwinism》을 선진이론으로 받아들였다. 스펜서는 인간사회도 생물처럼 적자생존適者生存의 원칙에 의해 지배된다고 주장했다. 사회진화론은 자본주의 사회의 계급적 불평등을 개인들 사이의 자연적 불평등의 결과로 보면서 자유방임적 자본주의와 보수적 정치이론을 지지했다. 더 나아가 앵글로색슨족이나 아리안족의 민족적 우월성에 대한 이론을 받아들여 제국주의·식민주의·인종주의 정책을 합리화하는 데도 이용되었다. 19세기 말 가토加藤引之·도야마 마사카즈外山正·후쿠자와 유키치福澤諭吉 같은 인물들이 이 이론을 일본에 크게 유행시켰고, 종국에는 정한론征韓論을 인정하게 되었다.

한인 유학생들은 사회진화론이 일제의 식민지배를 합리화한다는 사실을 깨닫고 다른 이론 구조를 모색하게 되었다. 이때 사회주의 사상이 다가온 것이었다. 그 당시 사회주의 사상은 아직 아나키즘Anarchism(무정부주의)과 코뮤니즘Communism(공산주의)이 분리되기 이전이었다. 1920년 1월 도쿄에서 재일 한인 유학생들이 결성한 조선고학생동우회(이하 동우회)는 겉으로는 조선 출신 고학생들의 친목단체였지만 그 내용은 사상단체였다.

박열 | 그는 흑도회·흑우회 등에서 아나키즘 운동을 주도하다 1923년 일왕을 암살하려 했다는 혐의로 해방될 때까지 22년간 투옥되었다.

동우회는 기관지 《동우》를 발간했다. 동우회의 발기인인 김찬金燦(김낙준)·이기동李起東·김약수金若水·정태성鄭泰成·박열朴烈·김사국金思國·정태신鄭泰信(정우영) 등은 이후 한국 사회주의 운동의 주요 인물들이 되었고, 동우회는 재일 한인 사회주의 운동은 물론 국내 사회주의 운동의 중요한 수원지水源池가 되었다.

동우회 내부에선 결성 직후 사상·노선투쟁이 발생했다. 아나키즘과 코뮤니즘 사이에서 초기의 대세는 아나키즘이었다. 공산주의의 상징색은 붉은색이고 아나키즘의 상징색은 검은색인데, 1921년 10월 김약수·박열·김사국金思國·정태성·조봉암曺奉岩·김판권金判權 등의 주도로 결성된 단체의 명칭이 '흑도회黑濤會'인 것도 아나키즘의 강한 영향력을 말해준다.

일제가 작성한 《고등경찰요사高等警察要史》에서는 '동회同會'(흑도회)는 한국인에 의한 무정부주의 운동의 '남상濫觴'(시초)이라고 전하고 있다. 아나키즘이나 코뮤니즘은 국제주의 성격을 띠고 있기 때문에 고립된 성격의 민족주의와는 전파력과 결속력이 남다를 수밖에 없었다. 흑도회를 결성할 때 일본인 아나키스트인 오스기 사카에大杉榮, 이와사 사쿠다로岩佐作太郎 등이 함께한 것에서 국제주의 성격을 말해준다. 그런데 오스기 사카에는 1923년 9월 관동대지진 때 도쿄 헌병대의 아마카스 마사히코甘粕正彦 대위에 의해 동지 이토 노에伊藤野枝 및 일곱 살짜리 조카 다치바나 무네카즈橘宗一와 함께 학살당하고 시신이 우물에 던져진다. 이른바 '아마카스甘粕 사건'이다. 이후 아마카스는 형식적으로 단기 처벌된 후 만주로 건너가 관동군關東軍의 특무공작에 종사하면서 만주국 경무사장警務司長(경찰청장)까지 올랐으니 일제가 주도했던 동아시아 근대사가 얼마나 야만의 세월이었는지 잘 알 수 있다.

흑도회는 결성 직후 공산주의를 지지하는 김약수 등과 노선 갈등을 겪다가 그해 12월 해체되었고, 박열·정태성·홍진후 등 아나키스트들은 흑우회를 결성했다. 흑우회는 기관지《강한 조선인太い朝鮮人》을 발간하는데, 일본어로 '강한太い'(후토이)의 발음이 '불령不逞'(후테이)과 비슷하다는 이유였으니 실제 명칭은 '불령 조선인不逞朝鮮人'이나 마찬가지였다. 그만큼 일본 제국주의에 대한 저항의지가 강했다.

유학생들 사이에서 흑도회는 둘로 나누었지만 동우회라는 틀은 계속 유지했다. 동우회 간부들은 1922년 1월에 귀국해서《조선일보》(1922년 2월 4일자)에 〈전국 노동자 제군에게 격함〉이란 선언문을 발표하는데, 여기에서 "우리 동우회는 일본의 주요 사상단체 및 노동단체와 제휴하여…… 고학생 및 노동자의 구제기관임을 버리고 계급투쟁의 직접적 행동기관임을 선언한다"고 주창해 국내의 지식인과 학생들에게 큰 충격을 주었다.

김약수·김사국·정태신·정태성·박열·원종린元鍾麟 등 열두 명 명의의 선언문은 드디어 국내에도 사회주의 사상이 공개적으로 상륙했다는 사실을 말해주었다. 민족개량주의자들은 개량주의적 민족주의의 아성이었던《동아일보》(1922년 2월 11일~13일자)에 〈학생 제군諸君에게 고하노라〉라는 연속 사설을 실어 "사회 혁명의 발원은 개성個性혁명에 발원한다. 개성혁명은 학생 때부터 준비해야 한다"는 준비론으로 학생들의 조급한 행동전개에 우려를 표했다.

그러나 사회주의자들은 그해 3월 31일 무산자동맹회를 결성해 조선에 사회주의 세력이 본격 등장했음을 알렸다.

3 · 재일 유학생과 북풍회

전쟁을 반대한 일본 사회주의자,
북풍회와 손잡다

1920년대 국내 사회주의 세력은 크게 세 갈래로 나눌 수 있다. 하나는 일본 유학생들이 주축이 되어 만든 북풍회 계열, 다른 하나는 코민테른 극동부 코르뷰로 및 오르그뷰로에서 파견한 인사들이 주축인 화요회, 또 다른 하나는 국내 자생적 사회주의자들인 서울청년회 계열이었다.

1922년 7월, 일본 니가타新潟 현과 나가노長野 현을 흐르는 전장 367킬로미터에 이르는 시나노가와信濃川 상류에서 시신이 차례로 떠내려 왔다. 강 상류에 있는 신에쓰信越 전력주식회사에서 건설 중인 니가타 현 수력발전소 공사현장에서 일하던 한인 노동자들의 시신이었다. 1922년 7월 29일자 《요미우리신문》의 보도로 알려지기 시작했는데, 1,200여 명의 공사현장 노동자 중 절반 이상이 한인들이었으며, 건설청부업자에게 가혹행위를 당하고 살해된 것이었다. 이 사건은 재일 한인 유학생들의 분노를 사면서 이들과 일본 사회주의자들이 결합하는 계기가 되었다.

도쿄의 유학생들은 나혜석의 오빠 나경석羅景錫과 김약수를 사건 조사위원으로 파견했다. 이들은 국내에서 급파된 《동아일보》 편집국장 이상

협李相協과 함께 현지로 갔다. 그런데《요미우리 신문》특파원이 조선인에게는 말할 수 없다는 태도를 보인 것처럼, 일본인들은 이 사건이 한국의 독립 시위로 이어지지 않을까 우려했다. 이런 상황에서 일본공산당 기관지《전위前衛》(1922년 9월호)〈일선日鮮(일본과 조선) 노동자의 단결〉이라는 논문을 게재해 한인 노동자를 적극 옹호하면서 한인 유학생들의 마음을 샀다. 이 논문은 "일본 노동자와 조선 노동자의 제휴"를 주장하고 "조선인 노동자의 조합 결성"과 "조선인에게만 가해지는 특수 대우를 철폐하고 동일 노동에는 동일한 임금을 주어야 한다"고 주장했다. 9월 7일에는 도쿄 간다神田의 그리스도 교육청년회관에서 신농천信濃川 조선노동자학살사건조사회가 주최하는 '신농천 학살사건 대연설회'가 열렸다. 일본공산당사 연구가인 이누마루 기이치大丸義一 교수는《일본공산당의 창립日本共産黨の創立》에서 "진보적인 재일 조선인들이 이 운동 후에 북성회北星會를 결성해 일본의 공산주의자들과 공동으로 행동했다"고 분석했다. 이 사건이 한·일 사회주의자들을 연대하게 했고, 그 결과물로 북성회가 탄생했다는 것이다.

1923년 1월 도쿄에서 김약수·송봉우宋奉瑀·이여성李如星 등 재일 유학생 60여 명이 조직한 북성회는 결성 당시부터 일본인 사회주의자들과 밀접한 관련을 갖고 있었다. 북성회가 1923년 여름방학 때 일본의 진보적 지식인들을 국내로 초청해 순회 강연회를 열기로 한 것은 이런 인맥을 활용한 것이었다. 이때 북성회는 와세다 대학 강사이자 일본공산당 창립 멤버였던 사노 마나부佐野學를 강사로 섭외했다.《동아일보》(1923년 7월 24일자)에서는 "요전 주의자主義者 검거사건으로 사노 마나부는 행방불명이 되어 변호사인 후세 다쓰지布施辰治 등이 대신 오게 되었다"고 전하고 있다.

독립운동가이자 사회운동가였던 나경석(윗줄 두 번째)
도쿄의 유학생들은 한인노동자학살사건의 조사위원으로 나혜석(아랫줄 첫 번째)의 오빠인 그를 파견했다.

    일본공산당은 1922년 7월 15일에 창당되었지만 1년도 채 안 되는 1923년 6월 5일, 80여 명의 일본공산당원이 대거 투옥되는 제1차 공산당사건으로 붕괴한다. 이때 미리 낌새를 눈치채고 사노 후미오佐野文夫·다카高津·곤도近藤 등 다섯 명의 간부가 중국으로 망명했는데 행방불명으로 보도된 것이었다.

    그런데 일본 공산주의 운동사에는 이동휘의 한인사회당이 깊숙이 개입되어 있었다. 일본공산당 중앙위원이 되는 곤도 에이조近藤榮藏는 《코민테른 밀사-일본공산당 창생비화創生秘話》(1949)에서 1920년 이동휘가 상해에서 파견한 이증림李增林을 만났다고 전하고 있다. 1920년 7월, 이동휘가 도쿄에 파견한 이춘숙李春塾은 메이지 대학에 재학 중인 이증림을 만났고, 그의 소개로 아나키스트 오스기 사카에를 만났다. 아직도 일부 일본의 연구자들은 이동휘가 일본공산당 창당을 지원했다는 사실을 꺼려 '코민테른 밀사'라는 모호한 표현을 쓰지만 코민테른의 밀사가 아니라 한인사회당의 밀사였다. 이동휘는 레닌 자금 일부를 오스기 사카에에게 지원하면서 일본공산당을 만들라고 권했지만 오스기가 아나키즘을 포기하지 않는 바람에 무산되었다. 그러자 이증림은 곤도 에이조를 대동하고 상해로 가서 이동휘를 만나게 했다. 이동휘는 곤도에게 6,300엔의 거금을 지원했다. 하지만 곤도는 시모노세키에서 도쿄행 급행열차를 두 번이나 놓쳐가면서 유흥에 빠졌다가 경찰에 체포되는 '시모노세키下關 유흥사건'을 일으켰다.

그러나 곤도는 결국 이동휘의 지원 자금을 가지고 와세다 대학의 사상 서클을 중심으로 효민공산당을 결성하는 데 성공했다. 효민공산당은 1921년 11월 육군대연습일陸軍大練習日에 '공산당본부共産堂本部' 명의의 반전反戰·반군反軍 유인물을 군인기숙사에 뿌린 '효민공산당사건'으로 붕괴되고, 1922년 7월 사카이 도시히코堺利彦가 중앙위원회 위원장이 되면서 일본공산당이 결성되었다. 야마카와 히토시山川均, 곤도 에이조 등이 중앙위원이었는데 사카이 도시히코는 1908년 적기赤旗사건으로 야마카와 히토시 등과 함께 투옥된다. 그 바람에 1910년 말 대역사건으로 고토쿠 슈스이幸德秋水등 열두 명의 아나키스트·사회주의자들이 사형당할 때 사카이 도시히코는 겨우 살아남을 수 있었다.

일본공산당의 현안은 천황제 문제였다. 비밀결사 결성으로 잡히면 치안경찰법 위반으로 1년 정도 형을 살지만, 천황제 폐지를 주장하다간 사형이었다. 1923년 2월 지바千葉 현 이치카와市川 시의 석신정石神井이란 음식점에서 제2회 당 대회가 열리는데, 이때 회의록을 작성했던 다카세 기요시高瀨淸도 그해 6월 제1차 공산당사건 때 검거되었다. 다카세는 감옥에서 회의록에 천황제 문제를 적지 않았다는 사실을 알고 난 후 "당수 사카이를 비롯해서 스물 몇 명의 생명을 구제했다는 생각에 가슴이 벅차 그날 밤 처음으로 잠을 푹 잘 수 있었다"고 회고했을 정도였다.

1923년 9월 관동대지진 때 일본공산청년동맹위원장 가와이 요시토라川合義虎와 작가 겸 노동운동가 히라사와 게이시치平澤計七 등 10여 명이 경찰서로 끌려가 학살당하는 가메戶亀事件이 발생했다. 일본공산당원들은 이때 공산당사건으로 투옥된 덕분에 목숨을 건졌다고 안도했을 정도로 군국軍國 일본에서 사회주의 운동은 한국의 독립운동과 비슷한 수준의 탄압을 받았다. 이런 이유로 진보적인 한인 유학생들과 일본인 사회주의자들의 연대가 자연스러웠다.

재일유학생들은 1922년 11월 오사카와 도쿄에서 각각 조선인노동자동맹회를 결성했다. 그러자 일본공산당 계열의 총동맹은 1923년 메이데이(5월 1일) 때 "식민지 해방"을 주장한 데 이어, 8월 중앙위원회에서 "식민지 인민의 무산계급운동의 촉진을 위해 노력한다"고 지원했다. 이런 분위기에서 조직된 북성회강연단은 1923년 7월 30일 서울에 도착해 다음날부터 서울을 필두로 평양·개성·대구·진주·김해·부산 등지에서 강연회를 개최했다. 서울 종로 기독교청년회관에서 열린 북성회 강연회 때에는 시국사건 변호사 후세 다쓰지와 북성회원 김종범이 나란히 강연했다. 순회 강연회 등으로 존재를 과시한 북성회는 1924년 11월 25일 재동齋洞 해방운동사에서 사상단체 북풍회를 결성했다.

조선총독부 법무국에서 발간한 《조선독립사상운동의 변천》(1931)은 "북풍이 한 번 불면 빈대나 모든 기생충이 날아가 버린다"는 속언에서 딴 이름이라고 말하고 있으나 '북쪽 러시아에서 불어오는 혁명의 바람'이란 뜻도 내포되어 있었다. 북풍회는 서무·조직·지방·조사·교양·편집 등 여섯 부를 둔 준 정당조직으로서 송봉우宋奉瑀·김약수·서정희徐廷禧·정운해鄭雲海·김종범金鍾範·마명馬鳴·김장현金章鉉 등이 집행위원이었다. 북풍

니가타 현의 옛 모습
1922년 7월, 니가타 현을 흐르는 시나노가와에 한인노동자들의 시신이 떠내려오면서 한·일 양국의 사회주의자들이 연대하게 되었다.

회는 당면 목표를 "마르크스 사상의 보급과 무산無産대중을 일개一個의 능동적 계급으로 조직하는 것"으로 설정했는데, 1924년 11월 27일 집행위원회를 열어 강령과 선언서를 작성했다. 북풍회는 강령에서 "사회운동은 본질적으로 무산대중 자체의 운동"이라고 선언했다. 중요한 것은 민족주의에 대한 태도였다. 북풍회는 "우리는 계급관계를 무시한 단순한 민족운동을 부인한다"고 전제했지만 "우리는 특히 양대兩大운동, 즉 사회운동과 민족운동의 병행에 대한 시기적 협동을 기한다"라며 민족주의와 제휴를 선언했다. 북풍회는 1924년 12월 "한국과 일본의 무산계급을 유기적으로 연결하지 않고서는 한국 혁명은 불가능하다"고 주장할 정도로 무산계급의 한·일 공조를 중시했다.

같은 달 장곡천정長谷川町(현재 중구 소공동) 공회당에서 열린 북풍회 정견발표 강연회 때 코민테른에서 파견한 신철辛鐵이 연사로 등장했다. 신철과 북풍회의 결합은 이듬해 '조선공산당 창당'이라는 의미심장한 결과를 가져온다. 이렇게 일본 유학생들을 중심으로 1920년대 국내 사회주의 운동의 한 축인 북풍회가 등장했다.

4 · 코민테른과 화요회

귀국하던 '조선 사회주의 삼총사', 일제에 체포되다

코민테른이 전 세계 사회주의자들에게 큰 권위를 가질 수 있었던 것은 레닌의 성공 경험 때문이었다. 1920년대 많은 한국 청년들은 조선의 레닌을 꿈꾸며 혁명에 몸을 던졌다. 그러나 코민테른이 러시아를 가장 우선시하는 조직으로 변해가면서 각국 공산주의 운동도 큰 영향을 받게 되었다.

1922년 3월 25일 상해 황포탄黃浦灘 부두. 훗날 조선 사회주의 삼총사라 불리는 김태연金泰淵(김단야)·박헌영朴憲永·임원근林元根은 대고양행大古洋行 소속의 기선 북해환北海丸에 올랐다. 조선총독부 경무국에서 작성한 〈적화赤化 조선인 김태연 외 2명 체포 취조 개요〉는 이들이 압록강 대안對岸의 안동현安東縣(현 단둥丹東)에 도착하자 이륭양행怡隆洋行의 최준崔俊이 마중 나왔다고 전한다. 아일랜드인 쇼가 운영하는 이륭양행은 임정 교통국 산하였으니 이때만 해도 민족주의와 사회주의 사이에선 비록 노선은 다르지만 같은 독립운동 세력이라는 인식을 공유하고 있었.

경찰망을 분산시킬 생각에서 먼저 신의주로 간 김태연은 4월 3일 오전 7시 10분, 남대문역(현 서울역)으로 가는 기차를 타려다 신의주 경찰서에 체포되었다. 안동현 옛 시가市街 중국음식점 영빈루迎賓樓에 잠복해 입국 기회를 엿보던 박헌영과 임원근도 신의주 경찰서와 안동현 경찰서의 합동 수색으로 체포되었다. 세 사람은 국내로 압송되어 신의주 지방법원과 평양 복심覆審법원에서 공산주의 선전 혐의로 각각 1년 6개월의 징역형을 선고받고 1924년 1월 18일 출옥했다.

김태연은 경상도 김천, 박헌영은 충청도 예산, 임원근은 경기도 개성으로 출신지와 성장 배경이 달랐지만 묘한 공통점을 갖고 있었다. 해방 후 북한에서 노동당 비서를 지낸 허정숙許貞淑의 전 남편 임원근이 1963년 서울에서 고종명考終命한 것이 그나마 순탄한 마무리였다. '김단야'란 가명이 더 유명한 김태연은 평생 사회주의 운동에 헌신했지만 1938년 소련 내무인민위원부에 일제의 밀정 혐의를 받아 사형되었다. 박헌영도 김일성에 맞섰다가 미국의 간첩 혐의로 1956년 사형되었다. 가장 적대했던 세력의 간첩이란 누명을 쓰고 처형된 역설의 주인공들이었다.

세 사람은 국제공산청년회(이하 국제공청)의 지시로 국내에 공산주의 청년조직을 만들기 위해 입국하려 한 것인데 이르쿠츠크파 고려공산당 상해지부 당원이란 공통점도 갖고 있었다. 앞서 본 총독부 경무국 기록은 세 명에 대해 "김만겸金萬謙, 여운형, 안병찬安炳瓚 등이 (상해에서) 조직한 (이르쿠츠크파) 고려공산당원으로서 조선에 잠입해 공산주의를 선전하고 조선 전도全道를 적화赤化하려는 사명을 띠었다"고 전하고 있다.

박헌영은 이르쿠츠크파 고려공산당 상해지부의 청년조직인 고려공산청년동맹의 책임비서였고, 김태연과 임원근은 중앙위원이었다. 박헌영이 1925년 결성된 조선공산당 산하 고려공산청년동맹의 책임비서를 맡게 되는 것은 일찍부터 청년운동에 종사했던 이런 배경이 있었다. 이동휘가 이끄는 상해파 고려공산당이 민족주의 성향이 강했다면 이르쿠

모스크바 공산청년대학(국제레닌학교)에서 공부한 멤버들
앞줄 왼쪽 두 번째부터 김태연(김단야)·박헌영·양명(제2차 고려공청 책임비서)이고, 중간 줄 오른쪽 세 번째는 박헌영의 첫 번째 부인 주세죽이다. 마지막 줄 오른쪽 첫 번째는 베트남 혁명의 영웅인 호치민이다.

츠크파 고려공산당은 좋게 말하면 국제주의 성향이 강했다.

코민테른은 두 당을 통합시켜 당력을 극대화해야 했다. 코민테른이 1922년 10월 베르흐네우진스크에서 '고려공산당연합대회'를 열어 두 당의 통합을 시도한 것은 이런 목적을 달성시키려 한 것이었다. 그러나 이르쿠츠크파가 통합에 반대하고 대회장을 떠나면서 통합대회가 무산됐음에도 코민테른이 이르쿠츠크파의 손을 들어주면서 한국 공산주의 운동은 왜곡되기 시작했다.

일제의 〈정재달鄭在達·이재복李載馥 신문조서〉 등에 따르면 코민테른은 1922년 12월, 상해파와 이르쿠츠크파 지휘부를 불러 의견을 청취한 후 두 파를 모두 해산시켰다. 그러고는 코민테른 극동부(동양비서부) 산하에 코르뷰로, 즉 고려국을 설치해 국내 당 건설 임무를 맡겼다. 표면적으로는 코민테른이 상해파와 이르쿠츠크파 사이에서 중립을 지킨 것처럼 보이지만 실제로는 이르쿠츠크파에 국내 공산당 건설 임무를 맡긴 것이었다.

이런 코민테른의 방침에 따라 국제공청은 김태연·박헌영·임원근 등을 국내로 밀파하고 코르뷰로는 신철(신용기)·김재봉金在鳳·정재달 등을 밀파했던 것이다. 코르뷰로 주요 멤버였던 김찬이 일제 신문조서에서 "정식으로 말하면 코민테른에서 받은 지령이었지만 사실은 이르쿠츠크파 사람들로부터 사명을 받은 것"이라고 말한 것은 이런 사정을 말해준다.

삼총사가 옥중에 있던 1923년 4~5월쯤 김찬·신철·김재봉 등이 잇따라 서울에 잠입했다. 김찬이 신문조서에서 "김재봉은 코민테른으로부터 당 기관을, 신철은 공산청년회를 조직하라"는 지령을 받고 입국했다고 전하고 있는 것처럼 코민테른 한국지부인 당과 국제공청 한국지부인 공산청년회를 조직하는 것이 입국 목적이었다. 일본인들과 친교가 있었고, 사이토 미노루齊藤實 총독과도 면회했던 김찬은 합법적인 운동에 나섰고, 김재봉과 신철은 지하공작에 들어갔다.

그러나 당 창건 작업은 쉽지 않았다. 국내 사회주의 인사들이 코민테른 밀사들에게 우호적이지 않았기 때문이다. 국내 사회주의 인사들은 조선공산당은 국내에서 사회주의 활동을 한 사람들을 중심으로 결성해야 한다는 생각을 갖고 있었다. 이는 이르쿠츠크파를 중심으로 당과 청년조직을 건설하려는 코민테른의 방침과 달랐기 때문에 갈등이 발생할 수밖에 없었다. 코르뷰로에서 파견된 정재달은 1923년 4월, 블라디보스토크에서 일본을 거쳐 6월에 서울로 잠입했지만 국내 인사들의 반응은 냉담했다.

정재달은 일제 신문조서에서 북성회의 "김약수는 자신의 말을 듣기만 하고 아무런 견해도 피력하지 않았다"고 말하고 있다. 정재달에게 가장 강하게 반발한 세력은 국내파 사회주의 세력인 서울청년회 계열이었다.

여운형 | 이르쿠츠크파 고려공산당 상해지부의 주요 멤버로 국내 공산주의 청년조직을 만드는 데 영향력을 미친 인물이다.

급기야 정재달은 1923년 9월, 조선노동공제회 집행위원이자 서울청년회 계열인 차금봉車今奉(제4차 조선공산당 당수) 등에게 동소문 근방의 산중에서 폭행까지 당했다. 정재달이 조선노동공제회를 자신이 만든 것처럼 말하고 다녔다는 이유였다. 결국 정재달은 임무 달성에 실패하고 1923년 10월 블라디보스토크로 귀환했다.

코민테른이 이르쿠츠크파를 중심으로 공산당을 건설하려 하자 상해파 영수 이동휘는 1923년 12월 코르뷰로를 탈퇴했다. 이에 코민테른 극동부는 1924년 2월 코르뷰로를 해체하고 3월에 오르그뷰로, 즉 조직국組織局을 설치했다. 명칭은 바뀌었지만 임무는 마찬가지여서 이르쿠츠크파를 중심으로 당과 청년조직 건설이 계속 시도되었다. 하지만 코르뷰로나 오르그뷰로에 대해 국내 여론이 좋지 않았기 때문에 신철과 김재봉은 코르뷰로에서 받은 임무를 드러내지 않고 조용하게 활동했다.

제1차 조선공산당 책임비서가 되는 김재봉은 경북 안동의 유림 출신으로, 1921년 '대정大正 8년 제령制令 제7호', 즉 '정치에 관한 범죄 처벌 건'으로 6개월을 복역하고 러시아로 갔다가 이르쿠츠크파에 가담하면서 공산주의 운동에 발을 디뎠다. 경상도 사천(삼천포) 출신 신철은 이르쿠츠크 군정대학을 졸업했는데, "국내 사정에 어둡고 한국어보다 러시아어가 더 편하다고 알려진 인물"이다. 신철과 김재봉 등은 1923년 5월(8월로도 추정됨) 서울 경운동 김찬의 집에서 코르뷰로 국내부를 결성했다. 김찬·김재봉·신철·이봉수李鳳洙·김약수·신백우申伯雨·원우관元友觀 등이 중심인물인 코르뷰로 국내부는 코르뷰로 파견원과 재일 유학생들이 주축인 북성회의 연합 조직이었다. 그러나 국내에서 가장 큰 운동세력이었던 서울청년회 계열을 배제해 파쟁의 소지가 있었다.

코르뷰로 국내부가 비밀조직이라면 1923년 7월 서울 낙원동에서 결성된 '신사상연구회'는 공개조직이었다. 홍명희洪命熹·홍증식洪璔植·윤덕병尹德炳·김찬·박일병朴一秉 등이 "홍수처럼 몰려오는 신사상을 연구해서 조리 있게 갈피를 찾아보자"는 명분으로 조직한 신사상연구회는 1924년 11월 카를 마르크스Karl Marx의 생일이 화요일인 데서 착안해 '화요회'로 개칭하고 연구단체에서 행동단체로 전환했다. 화요회가 1925년 결성되는 조선공산당의 모체가 되는데, 사실상 이르쿠츠크파와 북풍회의 연합조직체로서 역시 서울청년회는 소외되었다.

1924년 2월 결성된 신흥청년동맹은 이들의 표면적인 조직체였다. 신흥청년동맹은 결성 직후인 그해 3~4월 전국 각지에서 '청년문제 대강연회'를 개최하는데 여기에 홍명희·김찬·조봉암·신철뿐 아니라 갓 출옥한 박헌영도 가세했다. 《개벽》(1924년 9월호)에서는 신흥청년동맹 박헌영이 기고한 〈국제 청년 데이의 의의〉라는 글을 게재했다. 박헌영은 이 글에서 1924년 9월, 제10회 국제청년대회 개최 소식을 전하며 "전 세계 무산청년의 국제적 기념일을 앞에 두고 우리 고려 청년은 무엇을 할 것인가. 우리는 무엇보다도 먼저 이 국제청년대회의 의의를 밝히는 동시에 …… 미래의 세상은 청년의 것이다(1924년 8월 18일)"라고 말하고 있다. 박헌영은 이렇게 이론가이자 청년조직가로서 공산주의 운동사에 모습을 드러냈다.

5 · 서울청년회의 창립
전국의 청년들, 사회운동을 주도하다

3·1운동에 놀란 일제는 헌병통치를 문화통치로 바꾸었다. 헌병통치를 고등경찰통치로 바꾼 것이지만 표면적으로는 일절 금지되었던 언론 매체가 창간되고 일부 사회단체도 결성할 수 있었다. 국외의 운동세력들이 앞다투어 국내로 진출했고 국내에서도 각종 운동조직이 생겨났다.

대일항쟁기 때 한인 사회주의자가 탄생한 경우에는 일정한 패턴이 있다. 민족주의 운동가로 출발해 사회주의 운동가로 변한다는 점이다. 국내 최대의 자생적 사회주의자 운동 세력이었던 서울청년회의 리더 김사국도 이런 길을 걸었다. 김사국은 1919년 4월 23일 전개되었던 국민대회 주동자 중 한 명이었다.

국민대회는 3·1운동보다 조직적이었다. 서울 종로 서린동 봉춘관奉春館에 13개 도 대표가 모여서 '국민대회'라는 간판을 걸고, 동시에 민중이 운집해 독립을 요구한 것이었다. 하루 전날인 4월 22일 밤, 김사국은 장채극張彩極과 함께 인력거를 타고 통의동으로 갔다. 김사국은 통의동 이경문李景文의 집인 한약방 홍제당洪濟堂에 목사 이규갑李奎甲에게 받은 '국민대회'라는 간판과 목판 인쇄물 6,000여 장을 숨겨 두었다. 또한 전옥결全玉玦이 제작한 '국민대회國民大會', '공화만세共和萬歲'라는 아홉 개의 깃발도 있었다. 국민대회 당일 자동차 세 대를 타고 깃발을 흔들고 유인물을 뿌리며 한성 임시정부 수립을 선포했는데, 이를 주도했던 김사국과 장채극은 훗날 모두 서울청년회의 주요 구성원이 된다.

충청도 연산 출생의 김사국은 1908년쯤 일본으로 건너가 피혁회사 등을 다니며 고학하다가 도쿄 유학생들의 연합단체인 대한흥학회에 가입했다. 귀국 후 교편을 잡던 김사국은 1918년 만주 철령鐵嶺으로 건너가 관동도독부의 육영학교에 입학해서 중국어를 배웠다. 이후 그는 개원開原 농장에서 농업 견습을 하다가 1919년 2월 26일 서울로 돌아왔다.

국민대회사건으로 체포된 김사국은 3·1운동 직전에 귀국한 데 대해 일제가 "만주에서 불온한 무리와 사귀고 서울에 시찰하러 온 것이 아닌가?"라고 심문하자 "나의 신병과 어머니의 신병 때문에 서울로 돌아왔다"고 답했다. 심문에서 김사국은 자신의 역할을 축소해서 진술하고 있지만 귀국 직후부터 국민대회사건에 깊숙이 관련되는 것으로 봐서 신병 때문에 돌아온 것이 아님은 확실하다. 김사국은 국민대회사건으로 2년 형을 선고받았다가 상소권을 포기하고 1년 6개월 형을 복역한 후 1920년 10월 말에 석방되었다. 이렇게 민족주의자로 출발한 김사국은 이후 사회주의자의 길을 걷는다.

김사국이 석방되었을 때 국내 정세는 크게 변해 있었다. 일제가 헌병통치를 문화통치로 바꾸든 말든 한국은 이미 격렬한 사회운동의 한가운데 들어가 있었다. 여학교 교사까지 칼을 차고 수업하게 했던 헌병통치의 결과로 전국적 시위가 일어났으니 더 이상 폭압통치를 계속할 수도 없었다. 그래서 겉으로는 문화통치로 변경했지만 속으로는 고등경찰이

전 조선청년당대회 대표자 출석 기념사진
사회주의 세력은 조선청년회연합회 등에서 민족주의 세력을 축출하고, 1923년 3월 24일 '전 조선청년당대회'를 개최해 사회운동의 주도권을 장악하려 했다.

모든 민족·사회운동을 통제하는 정보·공작정치로 식민지배의 속성을 이어갔다.

이런 상황에서 전국에 우후죽순으로 청년단체가 출범했다. 조선총독부 경무국警務局에서 발간한 《조선치안상황朝鮮治安狀況》에 따르면 1920년 전국 각 도의 청년회는 모두 251개였으나 1921년에는 446개로 급증했다. 이런 단체들은 겉으로는 합법적인 청년단체를 표방했고 노선도 다양했지만, 대부분 일제로부터 독립을 쟁취하려는 정치단체였다. 이런 청년단체를 하나로 묶으면 큰 힘이 될 것은 명약관화했다.

이때 먼저 선수를 치고 청년단체의 통합을 주창하고 나선 인물이 민족주의자였던 《동아일보》 주간 장덕수張德秀였다. 장덕수는 《동아일보》(1920

년 5월 26일자)에 〈각지各地 청년회에 기寄하노라-연합을 요망要望〉이라는 사설을 써서 각 청년단체의 연합을 주장했다. 이때만 해도 민족주의와 사회주의 두 진영은 적대적이 아니었으므로 민족주의 세력의 통합 주장에 대해 사회주의 세력이 반감을 드러내지는 않았다.

그해 6월 17일, 서울 삼청동에서 청년회 연합기관 결성을 위한 모임이 열렸다. 그런데 이들이 결성하려던 연합청년회는 두 종류였다. 하나는 서울 지역의 청년회를 묶는 서울청년회였고, 다른 하나는 전국 각지의 청년회를 묶는 조선청년회연합회(이하 청년회연합회)였다. 청년회연합회가 결성된다고 해도 그 핵심은 서울청년회일 수밖에 없어 서울청년회의 주도권을 장악하는 세력이 전체 주도권을 잡게 되어 있었다. 그래서 서울청년회를 조직하는 한편, 다른 한편으로는 청년회연합회를 결성하는 움직임이 동시에 이루어졌다.

연합회 결성을 위해 입정정笠井町(현 서울 중구 입정동) 공문사共文社에서 정기 모임을 열었는데 문제는 활동자금이었다. 청년회연합운동에 나선 인사들 사이에는 3,000여 원의 거금이 준비되어 있는 것으로 알려졌지만, 실제로는 100여 원이 있을 뿐이었다. 거액설은 이동휘의 상해파 고려공산당이 레닌으로부터 받은 코민테른 자금의 일부를 국내의 장덕수·최팔용 등에게 전달한 일이 와전되었던 것이다. 이 문제는 훗날 사회주의 세력과 민족주의 세력이 충돌하는 '사기공산당사건'으로 비화된다. 박승익朴勝翊 등의 후원으로 자금 문제가 일부 해결되면서 6월 28일 태화관에서 53인의 대표가 모여 '조선청년회연합기성회期成會'를 발기하고 오상근吳祥根을 위원장으로, 장덕수·김한金翰·윤자영尹滋瑛·이영李英·김명식金明植 등을 간부로 각각 선임했다.

드디어 6개월간의 준비 끝에 1920년 12월 중앙기독교청년회관에서 청년회연합회 결성을 위한 창립총회가 열렸다. 청년회연합회 집행위원장은 오상근, 집행위원은 윤자영·이영·안확安廓·장도빈·장덕수·이봉수 등이었다.

갓 출옥한 김사국은 서울청년회 결성에 매진했다. 어차피 서울청년회를 장악하는 쪽이 청년회연합회의 주도권을 가져오리라는 생각 때문이었다. 이런 과정을 거쳐 1921년 1월 서울청년회가 결성된다. 서울 종로 와룡동 131번지에 본부를 둔 서울청년회는 이사장제를 채택해서 이사장에 이득년李得年, 이사에 김사국·장덕수·오상근·김명식·윤자영·한신교韓慎敎 등을 선임했다. 청년회연합회와 서울청년회는 간부 구성으로 볼 때 사실상 같은 조직이라고 해도 과언이 아니었다. 더 정확히 말하면 서울청년회가 청년회연합회의 핵심부를 장악한 것이었다.

1920년대 한국 사회주의 운동의 최대 세력이 되는 서울청년회는 대략 3개 그룹의 연합이었다. 첫째는 이득년·오상근으로 대표되는 민족주의자 그룹이고, 둘째는 장덕수·김명식·윤자영 등으로 대표되는 사회혁명당 그룹이며, 셋째는 김사국·한신교·이영 등으로 대표되는 사회주의 그룹이었다.● 크게 보면 장덕수 등으로 대표되는 민족주의 세력과 김사국으로 대표되는 사회주의 세력의 연합이었는데, 명목상 지도부는 민족주의자들이 차지했다.

서울청년회 이사장 이득년은 유림儒林 출신으로서 이회영李會榮 등과 고종 망명 작전을 추진했던 인물이고, 청년회연합회 집행위원장 오상근도 민영환閔泳煥의 부관을 지낸 대한제국 무관 출신으로, 이득년 등과 함께 고종 망명 작전에 관련된 인물이었다. 개인적 명망 때문에 두 조직의 수

● 이현주,《한국 사회주의 세력의 형성 1919~1923》, 일조각, 2003.

서울청년회를 결성한 김사국
그는 서울청년회의 리더였지만 1926년에 요절했다. 당시 《동아일보》(1926년 5월 13일자)에서 그의 영결식 장면을 보도했다.

장에 추대되었지만, 이들에게는 두 조직을 움직일 수 있는 조직력이 없었다.

　서울청년회 결성의 한 축이었던 사회혁명당은 이동휘의 상해파 고려공산당 국내 조직이라고 해도 과언이 아니었다. 사회혁명당의 모체는 1916년 봄 도쿄 간다神田구의 한 중국음식점에서 한국과 중국 유학생들이 결성한 '신아新亞동맹단'이었다. 한국 측에서 장덕수·김철수金綴洙·최익준崔益俊이, 중국 측에서 황개민黃介民(황각)·나할羅劼 등이 참여한 신아혁명단은 "일본 제국주의를 타도하고 새 아세아를 세우는 데 전력을 다할 것"을 목표로 삼았다.

 3·1운동 이후인 1920년 6월, 신아동맹단의 한국 측 인사들은 서울 최린의 집에서 제5차 대회를 열고 사회혁명당으로 개칭했다. 사회혁명당 선언서는 "계급과 사유제도의 타파, 무산계급 전제정치" 등을 주장해 사회주의적 지향을 분명히 했지만, 그 구성원 중에는 민족주의자들이 많았다. 이동휘의 측근으로 코민테른 자금을 수령한 김립과 사회혁명당의 허헌許憲은 도쿄 유학 시절 의형제이기도 했는데, 이런 경위로 상해 프랑스 조계에서 열린 상해파 고려공산당창립대회에는 장덕수·김철수·홍도 등 사회혁명당 출신들이 대거 가담했다.

 상해파 고려공산당이 민족주의 색채가 강했던 것처럼 사회혁명당도 마찬가지였다. 처음 청년회연합회에서 주도권을 장악한 것은 《동아일보》와 사회혁명당의 민족주의 세력이었다. 이는 상해파 고려공산당 세력이 국내 청년운동의 주도권을 장악했다는 것을 뜻했다.

 그러나 김사국 등이 바라볼 때 이들은 사회주의자가 아니었다. 또한 그는 해외가 아닌 국내 운동세력이 운동의 주도권을 장악해야 한다고 생각했다. 그래서 김사국 등은 청년회의 민족주의 세력 축출 운동에 돌입했다. '김윤식金允植 사회장반대사건'이나 '사기공산당사건' 등은 이렇게 촉발된 것이었다.

6 · 사회주의 세력의 공세

사회운동의 주도권을 잡기 위해
서로 다투다

전 세계 사회주의 운동에는 일정한 흐름이 있다. 자국에 뿌리를 둔 사회주의 세력과 러시아의 지시를 받는 코민테른에 뿌리를 둔 세력이라는 두 흐름이 거의 동시에 형성된다는 점이다. 대부분의 경우 코민테른 세력의 우위로 사태는 전개되기 마련이었는데, 국내 상황도 마찬가지였다.

청년회연합회는 서울청년회를 중심으로 한 사회주의 세력과《동아일보》를 중심으로 한 민족주의 세력의 연합전선이었다. 사회주의 운동 연구가인 이석태가 "처음에는 서울청년회 일파 세력이 상대적으로 불리했고《동아일보》를 중심으로 한 세력이 방대한 전력이었다"●라고 회고한 대로 당초 청년회연합회의 주도권은《동아일보》를 중심으로 한 민족개량주의 세력이 잡고 있었다.

그래서 서울청년회의 김사국 등은 청년회연합회 내부의 민족주의 세력을 축출하기 위한 작업에 돌입했다. 이는 대략 세 가지 방향으로 진행

● 이석태,〈조선청년운동사고 朝鮮青年運動史考〉,《신천지》제4호, 1949.

되었는데, 청년회연합회 교무부 상임위원 안확 퇴진운동과 김윤식 사회장반대운동, 그리고 사기공산당사건이었다. 안확은 서울 성내 서북쪽의 중인中人 마을인 우대마을 출신이었다. 그는 니혼日本 대학에서 정치학을 수학한 인텔리로서 이회영·이득년·오상근·홍증식 등이 추진했던 고종의 망명계획에도 관여한 민족주의자였다. 일본 유학 시절 동경조선유학생학우회 기관지에도 관여했던 전력으로 청년회연합회 교무부 상임위원이자 기관지《아성我聲》의 편집도 맡았다.

그런데 안확이《아성》제1호(1921년 3월 15일)에 쓴 〈청년회의 사업〉이란 글이 문제가 되었다. 그는 이 글에서 "사업보다도 수양 목적이 큰 주안이 되리니…… 우리 청년회의 사업이란 것도 수양적 사업을 주로 할 것이다"라고 썼는데, 이 부분에서 청년회연합회를 민족해방과 계급해방을 추진하는 정치단체로 이끌려는 사회주의 세력의 반발을 샀다.

1921년 4월 1일부터 중앙기독교청년회관에서 열린 청년회연합회 제2회 정기총회에서 두 파는 충돌했다. 김사국 등은 안확이 그의 저서인《자각론自覺論·개조론改造論》등을 청년회연합회 명의로 발간한 것을 비판하면서 사임을 요구했다. 형식은 개인 자격의 저서를 청년회연합회 명의로 발간한 것에 대한 비판이지만, 내용은 개조론에 대한 반발이었다.

춘원 이광수李光洙는 1년 후인 1922년 5월《개벽》제23호(1922년 5월)에 〈민족개조론〉을 게재하면서 "나는 조선 내에서 이 사상을 처음 전하게 된 것을 무상無上한 영광으로 알며……"라고 말했지만 사실상 안확의 개조론이 1년 더 빠른 것이었다. 김사국을 겨냥한 비판에 대해 청년회연합회 집행위원장 오상근과 장덕수가 안확을 옹호하고 나섰지만 결국 안확은 교무부 상임위원직을 사임할 수밖에 없었다.

이 사건이 일어난 직후 1921년 7월 12일, 김사국은 경성고학생 갈돕

서울 견지동 청년회관 터
서울청년회를 중심으로 한 사회주의 세력은 1920년대 초반 민족개량주의 세력을 공격해 사회운동의 주도권을 장악했다. 현재는 이 자리에는 서울중앙교회가 들어서 있다.

순회강연단의 강사로 나서면서 개성에서 '실력론의 오해'라는 제목으로 강연했다. 실력양성론이나 민족개조론은 모두 사회진화론에 바탕을 둔 이론이었고, 김사국은 일본 유학 시절 이미 이 이론의 모순에 대해 숙지했다.

그는 이날 강연에서 "뒷사람이 앞으로 나가면(推進) 앞선 자는 더 앞으로 나가는 것(更進)이 이치상 당연하므로 실력양성론으로는 결코 일본을 따라잡을 수 없다"고 주장했다. 이어 김사국이 실력양성론의 대안을 이야기하려 할 때 임석 경관이 제지하는 바람에 연설은 중단되었다.

사회주의 계열의 두 번째 공세는 김윤식 사회장반대사건이었다. 1922년 1월 21일 운양雲養 김윤식이 87세를 일기로 병사하자 《동아일보》는 1월 23일자에 "운양 선생의 장서長逝를 도悼하노라-조선의 문장, 사회의 원로"라는 장문의 1면 사설로 애도했다. 김윤식은 《동아일보》 창간 축하 휘호를 썼고, 《동아일보》도 〈폐호한거閉戶閑居(문을 닫고 한가하게 거함)하는 운양로인雲養老人〉이란 기사를 실을 정도로 우대했다.

대한제국이 일제에 강점되기 석 달 전인 1910년 5월 하지메 호소이細井肇가 쓴 《한성의 풍운과 명사漢城の風雲と名士》는 김윤식을 "박영효朴泳孝와 함께 일본당日本黨의 영수領袖"로 소개하고 있다. 또한 강제합병 직후인 그해 12월 도모유키大村友之丞가 편찬하고 조선총독부 인쇄국에서 발간한 《조선귀족열전朝鮮貴族列傳》에 따르면 김윤식은 조선총독부로부터 자작子爵 작위를 받은 데다 조선총독부 중추원 부의장이었다.

"나라 팔아먹은 매국노"라는 지탄을 받던 김윤식이 일약 《동아일보》의 후견인으로 등장한 것은 3·1운동 때의 처신 때문이었다. 3·1운동 때 이완용이 자제를 요청하는 성명서를 발표한 것과 대조적으로 김윤식은 을사조약 때 분사憤死한 조병세趙秉世의 사위 이용직李容稙과 함께 조선독립청원서를 제출했다. 이 때문에 귀족 작위를 박탈당하고 징역형 선고를 받고 집행유예됨으로써 일약 민족주의 세력의 일원으로 편입된 것이다.

《동아일보》는 초대 사장 박영효를 위원장으로 하는 장례위원회를 발족시켰는데, 청년회연합회위원장 오상근과 장덕수 등도 실행위원으로 들어갔다. 100여 명에 달하는 운양 선생 사회장위원들까지 선임하다가 사회주의 세력이 반대하고 나서면서 제동이 걸렸다. 조선노동공제회와 무산자동지회 등은 물론 조선학생대회, 고학생구제회 등이 일제히 반대했다. 무산자동지회는 "김윤식 씨가 사회의 신망하는 이상적 인물이 아닐뿐더러 주최 측에서 사전 동의도 없이 각 계급 인사들의 성명을 신문지상에 발표했다"고 비판했으며, 서울청년회의 김한은 무산자동지회 명의로 《조선일보》 1922년 2월 3일자에 "귀족사회를 매장하자! 자본주의

적 계급을 타파하자! 명사벌名士閥을 박멸하자! 사회개량가를 매장하자"고까지 주장하는 논설을 게재했다.

결국 장례위원회는 1922년 3월 1일 청진동 중앙구락부에서 회의를 열고 상주喪主가 "사회장을 사양하겠다"는 편지를 보냈다는 명분으로 사회장을 취소했다. 이 사건의 여파로《동아일보》는 발행부수가 크게 떨어지는 타격을 받았고, 아울러 민족주의 세력도 큰 타격을 입었다. 배성룡은 이를 "3·1운동 이후 처음 있는 격렬한 여론투쟁"이라면서 "확실히 조선에서 처음 있게 된 일대 도전, 즉 귀족계급 양반벌兩班閥 또는 장래에 사회에서 우월한 계급의 지위를 점령하려고 몽상하는 자들과 저 민중 본위의 평등한 사회를 이상하는 자들과의 큰 도전이었다"●라고 평가했다. 사회 갈등이 계급투쟁의 단계로 한발 더 나아갔음을 말해주는 사건이었다.

서울청년회는 이 사건 직후인 1922년 4월 청년회연합회 제3회 정기총회에서 '사기공산당사건'을 제기함으로써 더 큰 파장을 일으켰다. 상해파 고려공산당이 코민테른 자금, 이른바 레닌 자금을 국내 공산주의 운동과는 관계없는 국내 인사들에게 제공했다는 것이었다. 상해파 고려공산당 재무위원 김철수는 오상근·최팔용·장덕수 등 아홉 명의 사회혁명당 당원에게 코민테른 자금을 제공했는데, 배성룡은 "혹 4만 원, 혹 8만 원이라고 한다"고 말하고 일제 수사 자료에는 8만 원이라고 기록할 정도로 거액이었다. 이 자금은 청년회연합회의 영남·호서지역 순회강연 경비로 일부 지출되었고, 청년회연합회 기관지《아성》의 발간 경비로도 사용되었다.

자금을 수령했던 인물들이 상해파 고려공산당의 국내 조직인 사회혁

● 배성룡,〈조선사회운동소사〉, 1929.

김윤식 | 민족개량주의자들은 '김윤식 사회장'을 추진했으나 사회주의 세력의 반발로 실패했다.

명당 당원들이기 때문에 수령 계통으로 따지면 큰 문제는 없었지만 사회혁명당 자체가 비밀조직인 데다 배성룡이 앞의 글에서 "적지 않은 금전을 재료로 삼아 각 개인 각자의 세력을 부식하기에 급급해 그 경쟁이 격렬했고 요리점 출입과 자동차 타기에 눈코 뜰 새가 없다는 세인의 비난이 자심滋甚했다"는 말처럼 공사公私가 뒤섞이면서 큰 물의가 발생했다.

이 사건의 이면에는 서울청년회와 청년회연합회 사이의 주도권 다툼이 깔려 있었다. 제3회 대회에서 장덕수는 청년회연합회를 대표해 "조선에는 혁명의 시기가 무르익지 않았다"면서 "민족의 잠재력을 육성해야 한다"고 주장했다. 반면 서울청년회의 김사국은 "혁명적 투쟁으로 완전한 독립국가를 건설하고, 소비에트 권력의 원칙에 따라 (국가를) 건설해야 한다"고 주장했다.

사기공산당사건 관련자에 대한 제명 요구가 청년회연합회에서 부결되자 서울청년회는 평산(황해도)·함흥(함경도)·김해(경상도)청년회 등 여덟 개 지방 청년단체들과 함께 청년회연합회를 탈퇴했다. 또한 사건 관련자들인 장덕수·오상근·최팔용·김명식·이봉수를 서울청년회에서 제명했다. 1922년 4월 서울청년회는 이사제를 집행위원제로 바꾸는데, 이때 김사국과 1919년 4월의 국민대회를 주도했던 장채극이 집행위원으로 선임된다.

안확 퇴진운동, 김윤식 사회장반대운동, 사기공산당사건 등을 거치면서 서울청년회는 그간 국내 운동의 주도권을 장악하고 있던 민족개량주의 세력을 축출하고 한국 사회운동의 주도권을 장악하면서 국내 사회주의 운동의 중심세력으로 부상했다. 그러나 이들이 국내 사회주의 운동의 진정한 주도권을 장악하기 위해 싸워야 할 또 다른 상대가 있었다. 바로 코민테른 파견원들이었다.

7 · 서울청년회와 코민테른 파견원
코민테른 조선지부를 놓고
서울파와 해외파 대결하다

국내의 자생적 사회주의자 그룹인 서울청년회와 해외 세력을 주축으로 1924년 결성된 화요회(코민테른 파견원과 북성회)는 경쟁적으로 국내 세력 확장에 나섰다. 두 세력의 목표는 모두 국내 사회운동의 주도권을 장악하고 코민테른 지부인 공산당을 건설하는 것이었다.

서울파, 즉 서울청년회 계열은 김윤식 사회장반대사건과 사기공산당사건 등을 주도하면서 민족개량주의 세력을 약화시키고 사회운동의 주도권을 장악했다. 이후 서울파는 두 방향으로 운동을 전개했다. 노동운동을 비롯한 각종 사회운동을 장악하는 한편 공산당을 건설해 코민테른 조선지부로 가입하는 것이었다. 서울파는 이를 위해 양동작전을 썼다. 겉으로는 합법 대회를 개최해 일제 경찰의 시선을 쏠리게 해놓고 비밀리에 공산주의 조직을 건설하는 작전이었다.

    서울파는 먼저 노동대회를 열어 노동운동의 주도권을 장악하려 했는데, 내부 문제가 발생했다. 노동대회 의장 문탁文鐸이 일본의 우익단체인 동광회同光會와 연관된 사실이 밝혀진 것이다.

《고등경찰관계연표高等警察關係年表》등에 따르면 1921년 5월 한국에 지부를 설치한 동광회는 총독 통치를 철폐하고 군사·외교를 제외한 내정內政은 한국인에게 맡기자고 주장하는 단체였다. 유사 독립운동처럼 보이는 이런 운동이 참정권 운동인데, 일제의 식민 지배를 인정하는 토대 위에서 부분적인 참정권을 획득하자는 것이어서 좌파는 물론 혁명적 민족주의자들로부터도 큰 반발을 샀다.

상해 임시정부의 김지신金芝愼 등이 작성한 자료는 데라오 도루寺尾亨·구즈우 요시히사葛生能久·우치다 료헤이內田良平 같은 일본 동광회 간부들이 국내에 지부를 설치하기 위해 방한했을 때 협의했던 단체들에 대해 보고하고 있다. 송병준이 이끄는 유민회, 이완용이 후원하는 태을교, 정병조鄭炳朝가 주도하는 국민공진회, 손병희의 천도교에서 갈라져 친일파로 전락한 김연국金演局이 주도하는 시천교 등이었다. 송병준·이완용 등으로선 군사·외교권을 일본이 장악하는 대신 자신들이 국내 정치를 주도하도록 참정권 허용을 바라마지 않았던 것이다.

1922년 동광회 한국지부는 일본 대의사代議士(국회의원) 아라카와 고로荒川五郎를 초청해 명월관에서 환영 연회를 개최했다. 임정 보고서에도 아라카와를 "일본 의회 내에서 그나마 양심 있는 인물"이라고 전하고 있는데, 연회에 참석한 100여 명 중 서울청년회의 이항발李恒發 등이 발언권을 요구했다. 일본 의회에 한국 내정독립청원서를 제출하기도 했던 동광회 조선총지부 간사장 이희간李喜侃이 발언권을 거부하자 서성달徐成達·김태규金泰圭 같은 청년들은 내정독립론을 신랄하게 공격하면서 "더러운 무리들이 주최한 연회에서 식사를 할 수 없다"고 밥상을 뒤엎었다. 이들은 "내정독립운동자 정훈모鄭薰謨와 문탁을 쳐죽이자"고 목소리를 높였다. 문탁은 구타당하고 서울청년회에서 제명당했다.

1924년 4월 조선청년총동맹 결성대회가 열렸던 중앙기독교청년회관
현재 서울 종로구에 위치한 와이엠씨에이(YMCA) 전신이다. 서울청년회는 조선청년총동맹을 통해 사실상 전국의 거의 모든 사회운동 조직을 통합했다.

    서울청년회는 1922년 9월 7일 공개적으로 노동대회 임시대회를 열어 김사국, 이항발 등을 간부로 선임하는 한편, 10월에는 비밀회의를 열어 서울콤그룹을 건설했다. 서울청년회의 김사국·이영·김영만金榮萬·임봉순任鳳淳·이중각李重珏·장채극·김유인金裕寅 등은 비밀회의에서 "종래 상해파의 무원칙한 지도를 거부할 것"을 선언하면서 "우리 당은 굳건히 1848년 카를 마르크스와 프리드리히 엥겔스Friedrich Engels가 작성한《공산당 선언Communist Manifesto》을 습득했고, 그 선언은 우리 당 강령의 근본적인 지주"라고 주장했다. 또 "우리 당은 코민테른의 직접적이고 확고한 지도하에서 전진하는 것을 자신의 임무로 삼는다"고 선언했다. '우리 당'이라고 칭하는 것은 나중에 코민테른 지부로 가입할 것을 염두에 둔 것이었다.
    서울콤그룹은 또 "일본제국주의 권력과 제국주의의 주요한 세력을 구성하는 그의 수많은 하수인을 박멸하는 것이 필수이고, 조선의 모든 혁명세력을 민족 해방운동의 통일전선 슬로건 하에 단일한 중앙으로 집중시키는 것을 필수적이라고 생각한다. 이와 동시에 근로대중이 이 운동의 중요한 세력이 되도록 노력하는 것이 요구된다"며 민족통일전선 결성과 노동자·농민의 헤게모니 장악을 주장했다.

서울콤그룹의 이런 노선은 제3국제공산당, 즉 코민테른 노선을 정확히 숙지하고 있다는 사실을 말해주고 있다. 코민테른은 1922년 12월의 제4회 대회에서 '전술에 관한 테제'를 채택해 "코민테른은 모든 공산당과 공산주의 그룹이 통일전선 전술을 가장 엄격하게 수행하도록 요구한다"면서 "통일전선체 건설은 각국 사회주의자들의 임무"라고 선언하고 있다. 이 테제는 또 "①프롤레타리아트의 총체적 이익을 대표하는 공산당의 핵심을 만들어내는 것 ②제국주의에 반대하는 민족혁명운동을 전력을 기울여 지지하고, 이 운동의 전위로 되고, 또한 민족운동의 내부에 있어서 사회운동을 강조하고 강화해야 한다"고 요구하고 있다.

서울청년회는 코민테른의 이런 노선에 따라 겉으로는 각종 사회운동 조직을 결성하고 안으로는 비밀결사를 조직하는 양동작전을 구사한 것이었다. 서울콤그룹은 열세 명으로 중앙총국을 구성하고, 그 안에 비서부·정치부·조직부·선동부·검사부·노동부 등 6부와 농민과·청년과·여성과·연락과 등 4과를 설치했다. 이들의 양동작전은 전조선청년당대회(이하 청년당대회) 개최에서 다시 나타난다.

서울파는 1923년 3월 23일부터 청년당대회를 개최한다면서 2월에 준비위원 명단을 발표했다. 서울청년회의 이영, 천도교 유신회의 강인택姜仁澤, 불교 청년회의 이종천李鍾天, 대종교 중앙청년회의 민중식閔中植 등이 선임되었는데, 일경의 시선이 청년당대회에 쏠린 틈을 타서 2월 20일에 전위당인 '공산동맹'을 결성했다. 공산동맹은 김사국·이영·김영만·장채극·임봉순 등 열일곱 명을 중앙위원으로 선임하고 각 도별 책임자를 임명했으며, 공산동맹 청년부 책임자 이정윤李廷允을 책임비서로 하는 '고려공산청년동맹'도 결성했다. 명칭을 '동맹同盟'이라고 한 것도 코민테른의 승인을 염두에 둔 것으로서 강령에는 '당黨'이라고 표현하고 있었다.

3월 23일부터 열린 청년당대회에는 94개 단체, 200여 명이 참가했는데 국제공청과 일본공산청년회 등에서 축하문을 보내와 국제연대를 과시했다. 당초 집회를 허가했던 일제는 청년당대회의 성격과 주도 인물을 모두 파악하고 난 후 청년당대회 마지막 날(3월 29일) 밤 집회금지령을 내려 대회를 중단시켰다. 그러나 서울청년회도 이미 비밀결사 공산동맹을 조직해 감출 것은 감추었다. 일제 고등경찰과 치열한 두뇌싸움을 전개한 것이다.

서울청년회가 사회운동을 주도하자 코민테른 파견원 김찬과 박일병朴一秉 등은 일본 유학생들 중심의 토요회(북성회)가 1922년 10월 결성했던 무산자청년회를 확대·강화해 대응하기로 했다. 김찬·박일병 등 스물두 명은 1923년 8월 서울 관훈동 싱거 미싱회사 사무실에서 새로운 청년회 건설을 결의했다. 단체 명칭에 '무산無産' 자가 들어가면 당국이 사사건건 간섭하고 전단지 한 장도 마음대로 살포할 수 없을 것이라는 판단에서 '무산' 대신 '신흥新興' 자를 사용하기로 했다.

이리하여 그해 9월 스물두 명은 '경성신흥청년단' 창립총회 집회계를 냈지만 일제는 이 또한 불허했다. 결국 그들은 1924년 2월, 코민테른 파견원과 토요회가 연합한 신흥청년동맹을 결성했다. 김찬·박일병 등은 서울청년회와 합동할 것을 제의했지만 이미 주도권을 장악하고 있던 서울청년회는 거부했다. 대신 신흥청년동맹이 결성되는 1924년 2월, 서울

조선청년총동맹 결성을 축하하는 음악회 모습
지방에서 올라온 청년운동 대표 6~700명이 모인 대규모 대회였으나, 장내에 종로경찰서 경관이 여러 명 출동해 긴장된 분위기였다고 전한다.

파는 조선청년총동맹발기준비회를 열었다. "계급적 대단결을 목표로 청년운동의 통일을 도모하고, 대중 본위의 신사회 건설을 기도하고, 조선민중해방운동의 선구가 되기 위한 조직"이라고 선언했다.

1924년 4월 21일, 지방에서 올라온 대표들이 서울 경운동慶雲洞 91번지 숙소에서 일제히 서울 종로의 중앙기독교청년회관으로 몰려들면서 청년총동맹발기대회가 열렸다. 서울청년회의 한신교가 사회를 보았는데 30~40여 통의 축전과 223개 단체에서 6~700명이 참가한 대규모 대회였다. 《동아일보》(1924년 4월 25일자)에는 장내에 종로경찰서 경관이 여러 명 출장했는데, 팔에 '호위護衛'라는 붉은 완장을 차고 단속해서 분위기가 긴장됐다고 전하고 있다.

조선청년총동맹에 신흥청년동맹도 가담할 수밖에 없을 정도로 이 시기 사회운동의 중심은 서울청년회였다. 서울청년회는 스물다섯 명의 중앙집행위원에 이영·박원희朴元熙(김사국의 부인)·최창익崔昌益·임봉순 등 좌파뿐 아니라 김찬·김단야·조봉암·신태악 등 신흥청년동맹 계열도 선임해 명실상부한 전국 단일의 청년단체임을 과시했다. 223개 단체, 4만3천여 명의 회원을 둔 청년총동맹은 청년운동뿐 아니라 노동운동·농민(소작)운동·사상운동·여성운동 등 모든 운동의 전위를 자임했다.

서울청년회는 이런 실력을 바탕으로 코민테른 조선지부를 자신들이 창건하는 것을 당연하게 생각했다. 그러나 이는 코민테른의 생각과는 달랐다. 코민테른은 국내에 확고한 기반을 가진 서울청년회보다 자신들이 직접 보낸 파견원들에 의해 공산당이 건설되기를 바라고 있었다.

8 · 서울청년회와 화요회의 격돌

마침내 '아서원'에서
조선공산당을 결성하다

국내 사회운동의 주도권을 장악한 서울청년회는 조선공산당을 창당해 코민테른의 승인을 얻으려고 했다. 그러나 코민테른 파견원들이 주축인 화요회는 서울청년회에 공산당 창당의 주도권까지 넘겨줄 생각은 없었다. 결국 화요회는 북풍회를 끌어들여 당 창건에 나섰다.

1925년 4월, 일제 경찰(일경)은 정신없었다. 4월 15일~17일 '조선기자대회'가 열릴 예정인 데다, 20일부터는 '조선민중운동자대회'가 예정되어 있었기 때문이다. 1924년 1월 출옥한 박헌영·임원근·김단야가 각각 《동아일보》·《조선일보》 기자로 입사한 데서 알 수 있는 것처럼, 기자들 중에는 이른바 '주의자'들이 많았다.

4월 15일 오전 10시, 서울 경운동 천도교기념관(수운회관)에서 열린 '조선기자대회'는 1921년 한인 기자들이 조직한 무명회가 주최한 것으로, 당초 2월에 열기로 했다가 4월로 연기된 행사였다. 연기 이유는 조선공산당 창당 날짜와 밀접한 관련이 있었다. 기자대회 마지막 날인 17일에는 동대문 밖 상춘원常春園에서 간친회가 열렸는데 일경의 시선은 각종 언론 대표 693명이 모인 기자대회에 쏠릴 수밖에 없었다. 더구나 상춘원은 천도교 교주 손병희가 3·1운동을 기획한 곳이기도 했다.

일경은 조선기자대회 행사가 별일 없이 끝난 데 안도할 사이도 없이 4월 20일부터 시내 장곡천정 경성공회당에서 열리는 조선민중운동자대회(이하 민중대회)에 온 신경을 집중해야 했다. 4월 18일까지 민중대회에 참가 의사를 밝힌 단체 수는 노농단체 263개, 청년단체 100여 개, 백정 등 신분해방단체인 형평단체 18개, 사상단체 44개 등 도합 425개나 되었다. 그러나 민중대회는 서울청년회 계열로부터 격렬한 반발을 샀다. 민중대회의 배후에 화요회가 있었기 때문이다.

서울청년회는 1925년 4월 7일 서대문 한성강습원漢城講習院에서 230여 개 단체가 모여 '전국민중운동자대회 반대단체전국연합회(이하 연합회)'를 결성했다. 연합회는 결의문에서 "화요회 일파가 주최하는 조선민중운동자대회는 그 소집 시기와 방법, 주최의 동기로 보아서 운동선線을 규란糾亂하는 것임을 인정하고 적극적으로 반대 대회를 개최한다"고 결의했다. 민중대회가 조선 민중의 투쟁 역량을 나누어 결과적으로 일제를 이롭게 한다는 논리였다.

연합회는 조선 사회운동의 가장 큰 문제점을 분규와 혼란으로 규정짓고 그 원인은 "화요회 일파, 해외에 있는 전 상해파 및 이르쿠츠크 일파의 수령首領 등에 있다"면서 "아등我等은 조선운동전선의 통일과 정의를 위해서 화요회 일파 및 전 상해파 및 이르쿠츠크파 수령 등을 철저히 구축하겠다"고 결의했다. 서울청년회는 코민테른 파견원들이 주축인 화요회가 자파의 세력 확장을 위해 국내 운동선을 분열시킨다고 본 것이다. 그래서 연합회는 화요회 일파의 죄악서罪惡書를 작성해 발표하고, 화요회 성토 전국대회를 개최하겠다고 선언했다.

조선기자대회가 열렸던 수운회관
무명회 주최로 열린 이 행사는 조선공산당 창당 날짜와 밀접한 관련이 있었다.

주목할 것은 서울청년회에서 화요회의 뿌리인 이르쿠츠크파뿐 아니라 상해파도 격렬하게 비판했다는 점이다. 결의문은 "해외에 있는 상해파 및 이르쿠츠크파 수령" 등에 대해서 "저들이 조선운동선상에서 범한 상세한 죄악서를 발표하되 특히 흑하사정黑河事情(자유시 참변)과 40만 원 사건의 진상을 정확히 적발할 것"이라고 경고했다. 이르쿠츠크파에 대해서는 독립군을 무차별 학살한 자유시 참변의 책임을 묻고, 상해파에 대해서는 레닌 자금 횡령사건의 책임을 묻겠다는 것이었다.

그러나 화요회에 대한 서울파의 공세는 일제가 18일 밤 11시쯤 돌연 민중대회 불허를 통보하면서 일제에 대한 분노로 옮겨갔다. 19일 아침 민중대회 관계자들은 낙원동대회준비회로 몰려들었으나 일경에 의해 해산되었다. 일경은 준비회 정문과 집안 곳곳에 정복과 사복 경찰들을 배치해 일반인들의 출입을 봉쇄했다. 그러자 민중대회 관계자 300여 명이 오후 3시쯤 낙원동 파고다 공원으로 몰려들었지만 다시 일경에 의해 공원 밖으로 쫓겨났다. 밤 9시쯤에는 종로2가 단성사와 우미관 앞에 200여 명의 시위대가 모여 붉은 기 5개를 들고 "전 조선민중운동자대회 만세!" "무산자 만세!"라고 외치며 종로3가 방향으로 진행했다.

가두시위에 야시夜市에 나왔던 수천 명의 군중이 가세하면서 대규모 시위로 발전했다. 깃발 중에는 "무리한 경관의 압박에 반항하자!"라는 내용도 있었다. 종로경찰서의 송천松川 경부보는 예비경비대와 사복 경관, 기마경찰대 등 50여 명을 출동시켜 진압했다.《동아일보》(1925년 4월 22일자)에서는 "시위 행렬에 참가한 사람들은 물론 거리에 번적거리는 사람은 부인만 빼놓고는 누구든지 닥치는 대로 곤봉으로 구타를 하는 등 극히 폭력적으로 해산시켰다"고 전하고 있다. 밤 10시쯤에야 단성사 앞에서 시위 군중을 겨우 해산시킬 수 있었을 정도로 저항은 격렬했다.

일경은 시위 광경을 촬영하던《시대일보》·《조선일보》·《동아일보》사진기자의 카메라를 부수거나 구타하고 사진을 압수해 언론계와 법조계의 항의를 받기도 했다. 일경은 마산청년회원 김상주金尙珠·대구청년회원 신철수申哲洙·서울청년회원 정용석鄭溶錫·신흥청년동맹회원 김창준金昌俊 등 주모자 열다섯 명을 체포했다. 이중 마산청년회원 김상주는 이틀 전 비밀리에 조선공산당 창당 모임에 참석했던 인물이었다. 이들이 서울시내 한복판에서 시위를 조직한 세력이었다. 조선기자대회와 민중대회는 화요회가 조선공산당 창당 움직임에 쏠릴 일제의 정보망을 돌리기 위한 것이기도 했다.

일경의 눈이 기자 간친회가 열리는 상춘원에 쏠려 있던 1925년 4월

기자간친회가 열렸던 상춘원
일경의 시선이 상춘원에 쏠린 틈을 타서 화요회는 비밀리에 조선공산당을 결성했다.

17일 오후 1시. 서울 황금정(을지로)의 중국음식점 아서원 2층 방에 20여 명의 사람이 모여들었다. 코민테른에서 파견된 김재봉·김찬·김약수·윤덕병·조봉암·조동호趙東祐(조동우)·송봉우·유진희兪鎭熙·독고전獨孤佺 등이었다. 겉으로는 주연酒宴을 가장했지만 코민테른 파견원 김재봉이 "오늘의 집회 목적은 공산당 조직을 논의하는 데 있다"는 개회 선언을 한 것에서 알 수 있는 것처럼 공산당 결성을 위한 것이었다. 김약수가 사회를 보는 가운데, 지방 대표들의 현지정세 보고 때 신의주 대표 독고전은 "국경지방의 사상 동향이 사회주의자들에게 고무적이다"라고 보고했고, 이틀 후 민중대회사건으로 구속된 마산의 김상주는 "공산주의 사상이 점차 광범위하게 보급되어 장래가 유망하다"고 보고했다.

이 모임이 바로 김재봉을 책임비서로 하는 제1차 조선공산당이다. 한국근현대사에 숱한 파란과 족적을 남긴 조선공산당은 이렇게 출범했다.

이 대회의 의사록이 남아 있지 않기 때문에 관련 내용을 파악하려면 체포된 관련자들의 진술에 의존해야 하는데 그 내용이 조금씩 다르다. 대략 김찬·조동호·조봉암을 전형위원으로 선출해 이들에게 중앙집행위원 일곱 명과 중앙검사위원 세 명의 선임을 위임한 것으로 보인다. 일곱 명의 중앙집행위원은 책임비서 김재봉·조직부 조동호·선전부 김찬·인사부 김약수·노농부 정운해·정경부 유진희·조사부 주종건朱鍾建이었고, 중앙검사위원은 윤덕병·조봉암·송봉우였던 것으로 보인다. 김재봉·김찬·조동호·조봉암 등은 코민테른 파견원들이 주축인 화요회에 속해 있었고, 김약수·송봉우·정운해는 일본 유학생들이 주축인 북풍회(북성회) 소속이었다.

조선공산당은 국내 최대 사회주의 운동 세력이었던 서울청년회를 배제한 채, 화요회와 북풍회가 연합해 결성한 것이었다. 당의 명칭을 '고려高麗'가 아니라 '조선朝鮮'이라고 한 이유는 상해파와 이르쿠츠크파 고려공산당의 악명 높은 파쟁을 연상시키지 않으려는 의도였다.

그러나 코민테른 파견원들의 계보를 따지면 이르쿠츠크파 고려공산당 관련자들이므로 이르쿠츠크파가 조선공산당 창당을 주도한 것이었다. 그래서 북풍회의 김약수는 일경에 체포된 후 화요회가 주도한 당 건설에 큰 불만을 갖고 있었다고 진술했다. 아서원에 모였을 때 최초의 집합인 것처럼 자신에게 보이게 했고, 화요회가 북풍회를 서울청년회와 대립하는 데 끌어들였다는 것이었다. 또한 자신은 일종의 장식물로 만들면서 비밀에 속하는 일은 모두 화요회에 속하는 사람들이 처리했다고도 말했다.

김약수는 민중운동자대회에 소비한 5,000여 원에 대해서도 진술했는데●

● 〈김두전 외 6인 조서〉

결국 코민테른 자금이 유입된 것 아니냐는 이야기였다. 책임비서 김재봉과 김찬, 유진희 등은 훗날 일제 신문조서에서 "강령, 규약 등을 통과시켜야 했지만 때가 때인 만큼 중앙집행위원회에 맡기기로 하고 오후 4시쯤 산회했다"고 전하고 있다. 당 창건대회가 3시간 만에 끝나면서 필수적인 당 강령과 규약도 통과시키지 못했음을 말해주는 대목이다.

당 강령은 전해지지 않지만 김찬은 일제 신문조서에서 당의 당면 문제 슬로건을 "일본 제국주의 통치의 완전한 타도, 조선의 완전한 독립, 8시간 노동제·최저임금제·사회보험제, 여성의 정치적·경제적·사회적 평등, 의무교육 및 직업교육, 중국 노동혁명지지, 소비에트 연방의 옹호 등이었다"고 진술하고 있다. 또한 "민족개량주의자와 사회투기주의자의 기만을 폭로하자"는 것도 들어 있었다. 이렇게 조선공산당은 결성됐지만 코민테른의 승인을 받는 일과 일제의 수사망을 따돌리면서 세력을 확장해야 하는 과제가 남아 있었다.

9 · 신의주사건
신의주 청년들, 소영웅주의에
조선공산당 붕괴하다

사회주의 운동은 국제주의 운동이기 때문에 국제적 관점에서 자신들의 활동을 계량하는 것이 필요했다. 그러나 대일對日항쟁기 때 한인 사회주의 운동가들은 이런 국제적 시각 속에서 자신들의 처지를 객관화할 능력이 부족했고, 이것이 운동 역량 강화에 많은 장애를 초래했다.

조선공산당이 결성된 지 약 7개월 후인 1925년 11월 22일 밤 10시경, 국경도시 신의주 노송동 경성식당 2층에서는 신의주 청년단체인 신만청년회 집행위원장 김득린金得麟 등 스물여덟 명이 모여서 결혼식 피로연을 열고 있었다. 공교롭게도 1층에서는 신의주 변호사 박유정朴有楨과 의사 송계하宋啓夏·최치호崔致鎬가 신의주 경찰서 순사 스즈키 도모요시鈴木友義, 한인 순사 김운섭金運燮과 회식하고 있었다. 스즈키와 김운섭은 2층의 결혼식 피로연에 크게 주목하지 않았다.

그런데 청년회원들이 술김에 먼저 친일 변호사와 의사, 일경들에게 시비를 걸면서 '신의주사건'이란 대사건이 촉발되었다. 청년회원 김경서金景瑞가 박유정과 스즈키 도모요시에게 "나의 동지 결혼식 피로연인데 축배를 받으라"고 강권하면서 시비가 붙자 2층에 있던 청년회원 10여 명이 내려와서 "순사를 때려라. 잘난 체하는 변호사, 자산가를 때려 부수라"면서 집단 구타를 했던 것이다.

스즈키 도모요시는 식당 밖 일본인이 많이 사는 영정榮町 노무라野村 상점으로 도주했다. 청년들이 상점 안까지 쫓아가서 그를 구타하자 상점주부는 이웃집으로 달려가서 신고했고, 일경이 달려오자 청년들은 일본어로 "적敵이 왔다"고 호응하면서 도주했다. 그 전에 집행위원장 김득린은 박유정 등을 구타하고 나서 오른쪽 팔의 붉은 완장을 가리키면서 "이것이 성공했다"고도 말했다. 신의주경찰서 측은 붉은 완장을 가리키면서 "성공했다"고 말하고 경찰을 '적'으로 지칭한 것 등이 '혁명'을 의미하는 것일지 모른다는 생각으로 치밀한 내사에 들어갔다.

상황이 이렇게 돌아가는 것도 모르고 청년회원들은 다음날 밤 8시쯤 진사정眞砂町 영생루永生樓에 모여 "체면 있는 사람을 음식점에서 구타하면 체면상 고발 못 한다", "관권 및 자산가를 구타한 축하회를 개최하자" 등의 무용담을 늘어놓았는데, 이것도 고스란히 일제 정보망에 들어갔다.

김경서의 집을 압수수색하는 과정에서 일제는 예상하지 못했던 문서들을 압수했다. 고려공산청년회(이하 고려공청) 책임비서 박헌영이 상해의 여운형을 통해 코민테른으로 보내는 비밀문서들이었다. '고려공산청년회 중앙집행위원회의 회원 자격 사표査表 및 통신문 3통' 등의 문서들을 통해 일제는 국내에 이미 조선공산당과 고려공청이 결성되었다는 사실을 알게 되었다.

조선공산당 결성 다음날인 1925년 4월 18일, 서울 훈정동 4번지 박헌영의 집에서 20여 명의 '주의자'가 모여 고려공청을 결성했던 것이다. 박헌영이 개회사를 하고 김단야가 낭독한 강령 및 규약을 통과시켰는데,

조선공산당 및 고려공산청년회 관계자에 대한 재판 보도
《동아일보》(1927년 4월 3일자)에 실린 내용으로, 일제에게 공산당 결성 당시 비밀문서가 발각된 빌미를 제공한 사건이었다.

참석자들은 《동아일보》의 박헌영·임원근, 《조선일보》의 김단야·홍증식, 《시대일보》의 조리환曺利煥, 노동총동맹 권오설權五卨, 신흥청년동맹 김찬·김동명·조봉암 등과 각 지방 청년회의 대표들이었다.

그 가운데 마산청년회 대표 김상주는 하루 뒤에 민중대회 개최 금지 항의시위를 주도했다가 체포되었는데, '신의주사건'으로 비밀결사 조직 혐의가 추가되었다. 고려공청은 조봉암·김단야·박헌영 세 명을 전형위원으로 선출해 일곱 명의 중앙집행위원과 세 명의 중앙검사위원의 선임을 맡겼다. 증언이 일치하지 않지만 중앙집행위원은 책임비서 박헌영, 국제부 조봉암, 조직부 권오설, 교양부 임원근, 연락부 김단야, 김찬·홍증식 등이 선임된 것으로 전한다. 고려공청도 조선공산당처럼 화요회가 주도한 것이었다.

조선기자대회, 민중대회 등에 일경의 시선을 쏠리게 해놓고 당과 청년회를 결성했기에 조직 결성 사실을 모르고 있던 일제에게 국경지방 청년들의 소영웅주의 행태가 조직의 기밀을 넘겨준 셈이었다. 박헌영은 비밀문서를 《조선일보》 신의주지국 기자 임형관林亨寬에게 주어 상해로 보내게 했는데, 신의주의 청년운동을 주도하던 독고전·임형관은 일경의 주목을 받는 자신들보다 김경서의 집에 보관하는 것이 안전하리라고 판단했다가 거꾸로 피해를 보게 된 것이었다.

일제는 이 사건을 치안유지법 위반으로 다루었다. 일제는 1919년 3·1운동이 발생하자 4월에 허겁지겁 '대정大正 8년 제령制令 제7호'를 제정해 독립운동가들을 억압했다. 제령 제7호 제1조는 "정치 변혁을 목적으로 다수가 공동하여 안녕질서를 방해하거나 방해코자 한 자는 10년 이하의 징역 또는 금고에 처한다"는 것이고, 제2조는 "이를 선동한 자의 죄도 동일하다"는 것이었다. 그런데 제령 제7호로써 사유재산제도를 부정하는 이른바 '주의자'들을 처벌하기가 애매하자 1925년 5월 치안유지법을 제정한 것이었다.

치안유지법은 한국뿐 아니라 일본 본토의 사회주의자들도 겨냥한 것이었다. 제1조는 "국체를 변혁 또는 사유재산제도를 부인할 목적으로 결사를 조직하거나 또는 그 정을 알고 이에 가입한 자는 10년 이하의 징역 또는 금고에 처한다"는 것으로서 '사유재산제도 부인'이 추가되었다. 제2조와 제3조는 '이의 실행을 협의한 자나 선동한 자는 7년 이하의 징역 또는 금고에 처한다'는 것이었다. 치안유지법은 일본 본토와 식민지 또는 조차지였던 조선·대만·화태樺太(하얼빈)·관동주關東州(대련)·남양제도 등지에도 그대로 적용되었다. 조선공산당과 고려공청은 결성 직후 각각 조동호·조봉암을 코민테른과 국제공청에 보내 승인을 받으려고 했다. 승인을 받을 경우 공산주의 운동의 정통성을 확보하는 계기도 되고, 예산을 비롯해 많은 물적 지원도 받을 수 있었기 때문이다.

그렇다면 화요회는 어떻게 국내의 최대 운동세력이었던 서울청년회를 배제한 채 조선공산당과 고려공청을 조직하겠다고 결심할 수 있었을까? 서울청년회, 곧 서울파는 화요회의 조선공산당보다 2년여 빠른 1923년 2월(일제 정보자료에서는 1924년 10월) 고려공산동맹(이하 공산동맹)을 결성했다. 공산동맹은 책임비서 김사국을 블라디보스토크의 코민테른 집행위원회 원동부로 보내 코민테른 국내지부로 승인해줄 것을 요청했다. 책임비서 김사국이 직접 간 것은 경성자유노동조합사건으로 수배 중이기도 했지만, 그만큼 코민테른 승인 여부를 중요하게 생각했기 때문이기도 했다.

그러나 코민테른은 승인을 거부했다. 서울청년회는 국내 사회운동을 장악하는 세력이 국내 공산당도 조직할 자격이 있다고 생각했지만 이는 코민테른의 생각과 달랐다. 이 무렵 코민테른은 세계 공산주의 운동의 총지휘부가 아니라 러시아 공산당의 하부기관으로 전락하고 있었기 때문이다.

러시아 혁명 초기만 해도 레닌을 비롯한 볼셰비키 지도자들은 유럽의 다른 나라로 사회주의 혁명이 확산되리라고 생각했다. 레닌이 전 세계 사회주의자들 중에서 볼셰비키 노선을 지지하는 사회주의자들을 모아서 코민테른을 결성한 것 자체가 러시아 혁명을 유럽으로 확산시키기 위한 것이었다. 볼셰비키들이 특히 주목한 나라는 자본주의가 발달했던 독일이었는데, 독일혁명이 지지부진하면서 러시아의 볼셰비키 사이에서 노선 투쟁이 발생했다. 크게 보아서 영구혁명론과 일국─國사회주의론이 대립했다. 레닌과 트로츠키가 주장한 영구혁명은 원래는 마르크스와 엥겔스가 1850년 '공산주의자동맹중앙위원회의 동맹자에 대한 호칭'에서

모스크바 공산대학
고려공청의 박헌영은 청년회를 결성한 후 비밀리에 21명의 한인 학생을 뽑아서 이곳으로 유학을 보냈다.

사용한 용어였다.

영구혁명론의 핵심은 후진국인 러시아 일국으로는 사회주의 혁명을 완성할 수 없기 때문에 유럽 혁명이 뒤따라야 한다는 것으로서 세계혁명론이라고도 한다. 이 노선에 따르면 러시아 공산당도 세계 혁명에 우선 종사해야 하기 때문에 러시아 공산당이 유럽이나 다른 국가의 공산당에 대해 우월적 지위를 주장할 수 없었다. 여기에 맞서 스탈린이 제기한 일국 사회주의론의 핵심은 유럽의 사회주의 혁명이 뒤따르지 않아도 러시아 일국만으로 사회주의 건설이 가능하다는 논리였다. 이 노선에 따르면 러시아 공산당은 전 세계의 모든 공산당을 지휘할 수 있고, 각국 공산주의자들 역시 러시아 혁명의 보위를 최우선의 혁명 과제로 삼아서 활동해야 했다.

1922년 5월 즈음 레닌이 뇌졸중으로 쓰러져 요양하게 되면서 스탈린의 권력이 강해지고, 코민테른은 사실상 러시아 공산당의 하부조직으로 전락하기 시작했다. 마찬가지로 코민테른 지부와 각국 공산주의자들에게도 소련에 대한 충성이 가장 우선시되기 시작했다.

이런 상황이었으니 국내 최대 운동세력이라는 기반으로 코민테른의 승인을 획득하려 했던 서울청년회의 공산동맹은 코민테른의 승인을 받을 수가 없었다. 화요회가 서울청년회를 종파주의자라고 비난하는 문서를 코민테른에 보낼 수 있었던 것도 이 때문이었다. 김사국이 러시아 볼셰비키 지도부의 노선 변화의 의미를 정확히 간파하기는 어려웠을 것이다. 화요회도 일국 사회주의론이 한국의 혁명노선에 어떤 영향을 미칠지 정확하게 가늠하기는 힘들었을 것이다. 다만 화요회로서는 국내 공산주의 운동 주도권 장악에 국내의 지지보다 해외, 곧 러시아의 지지가 중요해져 자파에 유리한 환경이 조성됐다. 이른바 국제무대에서 서울청년회는 화요회에 밀릴 수밖에 없는 구조였다.

10 · 제2차 조선공산당의 궐기

순종 인산일에
6·10만세시위를 벌이다

대일항쟁기 때 조선공산당은 일본공산당과 함께 가장 혹독한 탄압을 받았다. 잘 정비된 일제의 고등경찰은 조선공산당이 본격적 활동을 개시하기도 전에 일제 검거로 무너뜨리곤 했다. 그러나 조선공산당도 여기에 맞서 순종 인산일에 6·10만세시위를 조직해 일제에 저항했다.

신의주사건을 전혀 예상하지 못했던 조선공산당과 고려공청은 일경의 급습에 대거 붕괴되었다. 중앙집행위원 일곱 명 가운데 김두전金枓佺·유진희·정운해鄭雲海가 검거되었고, 고려공청 책임비서 박헌영도 체포되었다. 코민테른의 승인을 얻기 위해 출국한 조동호를 제외하면 김재봉·김찬·주종건 세 명이 남아 있을 뿐이었다. 코민테른 파견원으로 거처가 불분명했던 김재봉·김찬 등을 제외하면 사실상 '전원 검거'였다.

서울 돈의동 명월관 뒤 김미산金美山의 한옥에 은신해 있던 김재봉은 김찬·주종건과 후계당鸞에 대한 대책을 논의했다. 세 사람은 간부 후보였던 강달영姜達永·홍남표洪南杓·김철수·이봉수·이준태李準泰 등에게 후계당을 맡기기로 했다. 책임비서 김재봉은 《조선일보》 지방부장 홍덕유

1926년 6·10만세시위 장면
고려공청 책임비서 권오설과 서울의 주요 대학 학생들이 6·10만세시위를 주도했다.

洪悳裕를 통해《조선일보》진주지국장 강달영을 만났다.

경남 진주·합천의 3·1운동을 주도한 혐의로 복역했던 강달영은 중앙에 그리 알려지지 않았기에 후계당 재건에 적임자였다. 민족주의자였다가 사회주의로 전향한 강달영은 1924년 4월 화요회 계열의 조선노농총동맹 중앙위원이기도 했다. 또한《동아일보》경제부장 이봉수,《시대일보》업무국장 홍남표와는 같은 언론계 인사로서 안면이 있었고, 새로 고려공청 책임비서가 된 권오설과 이준태와는 같은 영남 출신에 노농총동맹 집행위원으로서 친분이 있었다. 김철수와 이봉수는 상해파였지만 분파적 견해를 내세우지 않아 김재봉 책임비서 시절처럼 극심한 내분이 없었다.

강달영은《조선일보》진주지국장 자리를 조선공산당 경남 간부인 김재홍金在泓에게 넘겨주고 상경했다. 1926년 2월, 경운동 29번지 구연흠具

然欽의 집에서 회의를 개최해 책임비서 강달영·비서부 차석 이준태·조직부 이봉수·홍남표, 선전부 김철수로 구성된 후계당을 출범시켰다.

고려공청의 새로운 책임비서 권오설은 당 규칙에 의해 자동으로 중앙집행위원이 되었다. '전덕全德'이란 별명으로 유명한 러시아 공산당학교 출신의 김정관金政琯까지 모두 일곱 명이 중앙집행위원이었다. 일경의 집중 추적을 받던 김재봉과 김찬은 해외 출국 기회를 엿보았다. 이준태가 일제 신문 조서에서 "자기들(김재봉·김찬)은 일시 조선을 떠날 뿐이고 해외에 나가서도 간부의 성질은 조금도 다름이 없으니 그때그때 적당히 지휘할 것"●이라고 말했다고 전하고 있다. 망명지에서 계속 조선공산당을 지휘하겠다는 뜻이었다.

그러나 김재봉은 고급 담배가 다수 소비되는 것을 보고 매음굴로 의심한 일경에 의해 12월 19일 체포되고 말았다. 상해 밀항에 성공한 김찬은 강달영에게 자신과 조동호·조봉암을 '중앙간부 해외부'라고 자칭하면서 "대내·대외의 중대한 문제는 언제라도 자신들과 협의해 처리해야 하며, 국제(코민테른)에 보내는 보고문 및 기타 중대한 교섭 같은 것도 전부 임시부(중앙간부 해외부)를 거쳐야 한다"고 주장했다.

강달영은 조선공산당 중앙집행위원회 황산黃山이란 가명으로 답장을 보내 조봉암을 중앙위원으로 인정할 수 없고 "우리가 대리일지라도 정원을 모두 정해 중앙의 실권을 잡고 있는 이상, 두 동지(김찬·조동호)는 중앙간부 직무를 수행할 수 없기 때문에 지금부터는 중앙의 지도를 받아 일에 종사하여 주시기 바란다"고 반박했다. 레닌이 스위스로 망명해 볼셰비키당을 지도한 적은 있지만 강달영은 김찬 등을 조선의 레닌으로 대접할

● 〈강달영 외 48인 조서〉

생각은 없었다.

강달영이 후계당을 이끌 무렵인 1926년 4월 26일, 마지막 황제 순종이 세상을 떠났다. 조선공산당은 순종 인산일인 6월 10일에 대대적인 만세시위를 전개하기로 결정했다. 일제는 대대적인 단속에 들어갔지만 비밀리에 후계 진용을 갖춘 조선공산당과 고려공청이 만세시위를 주도할 것은 예상하지 못했다. 상해로 망명한 김찬은 직접 "곡복哭服하는 민중에게 격檄함. 창덕궁 주인의 서거에 제際하여"라는 격문 5,000장을 이삿짐으로 가장해 만주 안동현을 거쳐 고려공청 책임비서 권오설에게 보냈다. 황제라는 표현 대신 '창덕궁 주인'이라고 쓴 것이 이채롭다.

가장 적극적으로 나선 인물은 고려공청 책임비서 권오설이었다. 그는 '6·10운동투쟁지도특별위원회'를 구성하고 조선공산당 학생부의 프랙션fraction 조직인 '조선학생과학연구회'를 통해 시위를 준비했다. 권오설은 천도교 청년동맹 간부이자 조선공산당 야체이카(세포조직) 책임자였던 박래원朴來源에게 원고 다섯 종과 200원을 주면서 인쇄를 부탁했다. 박래원은 민창식閔昌植과 명치정明治町(중구) 앵정櫻井 상점에서 인쇄기 두 대를 구매해 약 5만 장의 격문을 인쇄했는데, 서울은 물론 지방에도 배포해 3·1운동 때처럼 전국적인 만세시위를 전개할 계획이었다.

그러나 상해의 김단야가 보내기로 한 거사자금이 도착하지 않으면서 차질이 생겼다. 그래서 격문을 일단 천도교 잡지사인 개벽사 구내에 있는 손재기孫在基의 집에 숨겨두었는데 뜻밖의 사건으로 시위 계획이 탄로났다. 일본 오사카大阪에서 중국 화폐 위조사건이 발생한 뒤 오사카 경찰서에서 한국인 연루자 세 명을 체포하라고 종로경찰서에 요청한 것이 계기였다.

이들이 체포될 때 위조지폐와 격문 한 장도 압수되었다. 격문의 출처

권오설 | 6·10만세시위를 주도했던 그는 박헌영이 투옥된 뒤 고려공청 책임비서가 되었다.

를 탐색한 결과 권오설이 평북 선천에서 금광을 경영하는 안 씨에게 주었다는 사실이 밝혀졌다. 《동아일보》(1926년 6월 19일자)에서는 김단야로부터 자금이 오지 않자 권오설은 안 씨에게 5,000원의 자금 지원을 부탁하면서 격문 서너 장을 준 것이 발각된 것이라고 보도하고 있다. 격문을 인쇄했던 박래원은 손재기 부인과 친했던 개벽사 제본부 여직공이 격문이 담긴 상자를 우연히 발견하고 한두 장을 가지고 간 것이 지폐위조사건을 수사 중이던 일경에 발각된 것이라고 달리 증언했다. 일경은 천도교 계통의 개벽사 수색 와중에 손재기 집안에 보관 중이던 격문 상자를 발견하고 대대적인 검거 선풍을 일으켰다. 이것이 6월 4일쯤이었는데 조선공산당의 많은 간부가 체포되거나 수배되었다.

6월 10일 인산일 하루 전, 조선총독부는 용산 조선군사령부 소속의 보병·기병·포병 등 5,000여 명에게 시내를 행진하게 하고 3·1운동의 발생지였던 파고다공원에 주둔시켜 공포분위기를 조성했다. 순종의 시신을 실은 대여大輿는 6월 10일 오전 8시에 돈화문을 떠났다. 기마경찰대가 애도행렬을 주시하는 가운데 인산 행렬이 황금정黃金町(중구 을지로)까지 늘어섰다. 순종의 후사였던 이왕李王(영왕)과 이강李堈(의왕)이 탄 마차가 대여 뒤를 따르는 와중에 8시 40분쯤 행렬이 송현동松峴洞에 이르자 보성전문학교(현 고려대학교) 학생 수십 명이 격문을 뿌리며 "조선독립만세"를 외쳤다. 격문이 이왕의 마차 부근까지 휘날리는 가운데 연희전문학교(현 연세대학교) 학생들이 가세하고 기마경찰들이 달려들어 아수라장이 되었다.

9시쯤에 종로3정목 동양루東洋樓 앞에 도열해 있던 중앙고등보통학교(현 중앙고교) 학생들이 만세를 부르면서 격문을 뿌렸고, 9시 20분쯤에는 황금정 부근의 도립 사범학교 학생들도 가세했다. 인산 행렬이 동대문을 지나던 오후 1시쯤에는 동대문 부인병원婦人病院 앞에서 양복을 입은 청년 한 명이 깃발을 들고 호각을 불며 "조선독립만세"를 삼창하자 군중이 대거 가담했고, 장사동長沙洞 부근에서도 세브란스의학전문학교 학생들이 격문을 뿌렸다. 3시쯤에는 동묘東廟 앞에서 중동학교 학생들이 격문을 뿌리는 등 인산 행렬이 지나는 곳곳마다 만세시위가 발생했고 일경과 기마경찰이 달려들어 아수라장을 이뤘다.

시위는 고려공청 산하의 조선학생과학연구회 소속 대학생들과 중앙고보·중동학교 학생들이 중심인 통동계에서 주도했다. 사건 당일 종로경찰서에 105명, 동대문서에 50여 명, 본정本町서에 10여 명 등이 체포되었다. 이것이 순종 인산일에 발생한 6·10만세시위사건이다. 일경은 김찬이 상해에서 화물로 위장해 보낸 격문의 교환증이 강달영을 거쳐 권오설에게 들어간 사실을 확인하고 강달영 체포에 전력을 기울였다.

드디어 7월 17일 명치정(중구)에서 바나나 행상으로 변장한 강달영을 체포했다. 일제의 〈제2차 조공당 검거朝共黨檢擧〉라는 사료에 따르면 강달영이 체포 후 일절 자백을 거부한 채 몇 차례 자살을 기도했다고 전한다. 당시 일제 고등계의 심문은 상해 영사관 경찰에게 고문 받던 병인의용대원 이영전李英全(이덕삼)이 숨진 데서 알 수 있듯이 혹독하기로 유명했다. 나중에 자신이 책임비서라고 자백한 강달영은 투옥 후 고문 후유증으로 한때 정신이상이 발생했다. 5년형을 선고받고 복역 중이던 권오설도 1930년 고문 후유증인 폐렴으로 옥사했다. 전국적으로 100여 명의 관련자가 체포되면서 조선공산당과 고려공청은 또다시 붕괴되었다.

11 · 조선공산당의 잇따른 수난

악조건 속에서도
당을 재건하려 노력하다

대일항쟁기에 조선공산당의 역사는 조선총독부 고등계 형사들과의 숨바꼭질 게임이라고 해도 과언이 아니다. 독립운동가와 '주의자'를 검거·고문하는 총독부 고등계의 능력과 실력은 세계 제일이었다. 그러나 조선공산당은 이런 일경의 대대적인 검거가 진행되는 와중에도 당을 재건했지만, 1928년 초반의 대검거로 인해 제3차 조선공산당도 또 무너진다.

일본 오사카에서 발생한 중국 지폐위조사건에 대한 불똥이 조선공산당으로 번지면서 1926년 6월 4일쯤부터 조선공산당과 고려공청에 대한 대대적인 검거가 시작되었다. 이런 와중에서도 조선공산당과 고려공청은 6·10만세시위를 주도했다. 조선총독부 고등계가 눈에 불을 켜고 관련자들 체포에 광분한 것은 어찌 보면 당연했다. 그해 8월까지 무려 130여 명에 달하는 관련자가 체포되었다.

겨우 검거를 피한 제2차 조선공산당 선전부 책임자 김철수는 1926년 9월 3일 오후 9시쯤 서울 동소문東小門(혜화문) 부근의 삼림 속에서 중앙위원 후보 원우관·신동호申東浩·오희선吳義善을 만났다. 한밤중에 동소문 삼림 속에서 조선공산당 재건회의가 열린 것이었다. 이후 강달영의 거처였던 서울 인사동 42번지 집과 동소문 부근 산중에서 10여 차례 회합한 끝에 조선공산당을 재건했다. 이것이 강달영의 뒤를 이은 김철수 책임비서 시대의 제3차 조선공산당인데, 조직부 오희선·선전부 원우관·무임소 신동호 등을 선임했다.

정상적인 당 활동을 전개할 수 있는 상황은 아니었지만 김철수가 훗날 일제의 신문조서에서 "10회에 걸친 회의에서 가장 중요한 결의는 당원 모집 및 서울계(서울청년회) 동지의 입당 권유였다"고 전하는 것처럼, 그들은 당원 숫자를 늘리고 서울청년회를 끌어들여 명실상부한 국내 사회주의 세력의 정당으로 만들려고 노력했다.

신의주사건과 6·10만세시위는 제1·2차 조선공산당을 주도했던 화요회를 붕괴시키는 결과를 낳았다. 원래 상해파였던 김철수는 그 공백을 서울청년회로 메우려고 했다. 코민테른 파견원들이 주축이었던 화요회는 코민테른의 지지를 받고 있었지만 국내 운동기반이 서울청년회보다 약하다는 약점을 갖고 있었다. 이런 현실을 무시할 수 없었던 화요회는 몇 차례에 걸쳐 서울청년회와 회합해 통합조건을 논의했다.

1925년 11~12월의 제1차 회합에서 화요회는 서울청년회 리더 김사국을 배제시킬 것을 요구했다. 서울청년회의 영수를 배제하라는 요구를 서울청년회에서 수용할 수 없었던 것은 당연했다. 제2차 회합은 1926년 1~2월에 있었는데, 화요회는 제2차 조선공산당의 중앙집행위원 김철수·이봉수가 대표였고, 서울청년회는 이영·박형병(朴衡秉)·이정윤이 대표로 나섰다.

화요회는 김사국을 배제하는 것은 물론 당의 중앙간부 숫자에서도 화요회가 우위에 있어야 한다고 주장했다. 이때 김사국은 지병인 폐병이 악화되어 요양이 필요한 상황이었기 때문에 서울청년회는 화요회의 요

제3차 조선공산당
엠엘(ML)당으로 불렸으며, '마르크스·레닌당'이란 뜻이다. 1928년 초반의 대검거로 인해 제3차 조선공산당도 무너진다.

구사항을 수용했다. 그럼에도 화요회는 이를 거부했다. 표면적인 이유는 서울청년회 계열의 합법적 사상단체인 전진회에서 1926년 2월 조선사회단체중앙협의회 발기를 계획했기 때문이라고 내세웠지만 서울청년회에 주도권을 빼앗길까 우려했던 것이다.

그러자 1926년 5월 서울청년회에서 제3차 회합을 제의했다. 서울파의 이영·이정윤과 화요회의 이준태·김철수가 회합을 했는데, 서울청년회에서 김사국 배제와 당 간부를 화요회가 더 많이 차지해도 좋다고 양보했지만 화요회는 다시 "중앙 간부는 화요회에서 특정하는 인물로 할 것"을 주장했다. 서울청년회 출신 간부도 화요회에서 선임하겠다는 것으로서 서울청년회로서는 받아들일 수 없는 안이었다. 코르뷰로 국내부 출신의 이준태는 "우리 당은 코민테른의 승인을 얻은 코민테른 한국지부인

만큼 1대 1 합당이란 있을 수 없다"면서 "서울파는 개별적인 입당 절차를 밟고 당으로 들어와야 한다"고 서울파의 실체 자체를 부인했다.

그러면서 서울청년회는 당 대 당 통합파와 개별 입당파로 나뉘었다. 코민테른의 권위에 복종하려는 인물들이 개별 입당파였다. 강달영이 1926년 4월 상해의 김찬에게 보낸 편지에서 "서울청년회 김사국파에 대한 분해운동이 주효해서 개인 입당자가 속출하고 있다"고 말한 것처럼 화요회는 서울청년회를 해체시키거나 약화시켜 주도권을 계속 장악하려 했다. 이런 상황에서 서울청년회의 리더 김사국이 1926년 5월 8일 병사하면서 개별 입당파가 크게 증가했다. 그 직후 6·10만세시위가 터져서 화요회가 대거 검거되면서 김철수가 책임비서가 된 것이다.

김철수는 "나를 일부에서는 상해파라고도 하고, 화요회라고도 하지만 나 자신은 파벌 관념이 없었다"라면서 서울청년회 계열 통합에 나섰다. 당 대 당 통합을 반대했던 화요회 출신의 조선공산당 비서부 차석 이준태는 이미 검거되어 투옥 중이었다. 이준태는 고문 피해자들과 연명으로 고등계 형사들을 고문 혐의로 경성지법 검사국에 고소할 정도로 투쟁성은 있었지만 화요회라는 파당적 시각이 너무 강했다. 김철수는 이동휘의 레닌 자금을 국내의 최팔용에게 전달했던 인물이기도 했다. 와세다 대학 출신의 김철수는 1921년 상해에서 이동휘의 상해파 고려공산당에 입당했고, 1922년 9월에는 이동휘의 심복 김립에게 10,000원을 받아 서울 영락정 욱(旭)여관에서 최팔용에게 전달했다.

김철수는 자신의 임무는 후계 당 체제 건설에 국한된다는 사실을 잘 알고 있었다. 김철수는 "우리는 조만간 도망하지 않으면 안 될 몸이므로 후사를 맡길 수 있는 인물을 한 사람 선택해서 중앙간부에 보충하지 않으면 안 된다"면서 서울청년회도 화요회도 아닌 무소속을 물색했다. 그가 바로 대한제국 시의侍醫 안왕거安往居의 아들이자 경성의학전문학교 출신의 의사 안광천安光泉이었다. 1926년 9월 20일에 입당한 안광천이 3개월 만에 선전부 책임자가 된 데는 이런 배경이 있었다. 안광천이 소개한 양명梁明도 중앙위원으로 선임됐다. 김철수가 책임비서를 지낸 시기는 1926년 9월부터 11월까지 불과 3개월 정도에 그치는데, 김철수는 1926년 12월 6일 서대문구 천연동에서 제2차 당대회를 개최하고 안광천을 책임비서로 선임한 것이다. 선전부장 김준연金俊淵·선전부원 한위건韓偉健·조직부원 하필원河弼源·권태석權泰錫 등의 진용이었다.

제2차 당대회에서 조선공산당은 한국독립운동과 관련한 중요한 결정을 한다. 민족단일당 결성을 결의한 것이다. 이 결정은 이듬해 사회주의자들과 비타협적 민족주의자들의 통일전선체인 신간회가 결성되는 계기가 된다. 작업을 마친 김철수는 1926년 12월 중순, 국내를 몰래 빠져나가 블라디보스토크로 향했다. 조선공산당 재건상황을 코민테른에 보고하기 위해서였다. 그는 모스크바로 갈 생각이었는데 블라디보스토크의 '선봉先鋒'사에서 상해에서 온 조선공산당 '중앙간부 해외부'의 김찬을 만났다.

김찬은 김철수가 재건한 조선공산당은 물론 제2차 당대회 자체를 부인했다. 자신들로 구성된 해외부의 지시를 받지 않고 재건된 당 조직은 무효이자 규율 위반이라는 것이었다. 김찬은 상해로 가서 극동부 간부의 지시를 받자고 주장했으나 김철수가 거절하고 모스크바로 떠나자 모스크바까지 쫓아와 자신의 주장을 펼쳤다. 상해파의 윤자영과 서울청년회의 김영만도 모스크바로 와서 김철수를 도왔다.

이때 코민테른은 김철수가 재건한 조선공산당을 승인하는 한편 11개 조의 지령을 내려 김찬·조봉암 등으로 구성된 해외부 해체를 지시했다.

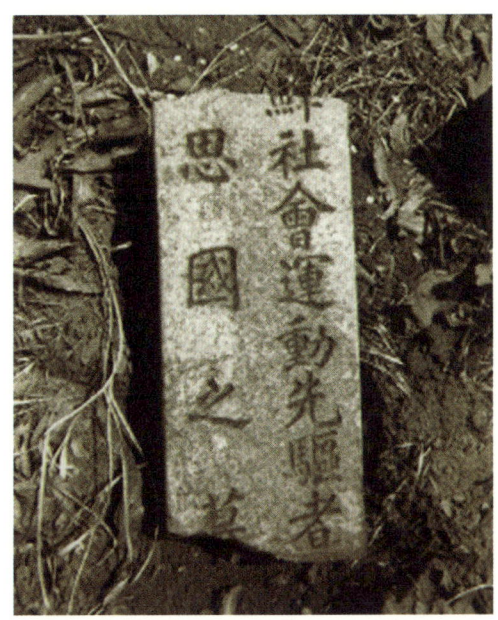

김사국의 묘비 일부
원래 서울 망우리 묘지에 있던 것으로, 그의 묘는 2002년 국립대전현충원으로 옮겨졌다.

11개 조는 "①조선운동은 민족혁명 단일전선이 필요한데 노동자, 지식계급, 소부르주아, 일부 부르주아까지 포함시켜야 한다"는 것이었다. 제2차 당대회에서 결정한 민족단일당 조직을 지지한 것이다. 코민테른은 또 "③조선의 현상에서는 단일민족당을 만들려고 하면 단일공산당이 있어야 한다. ④공산주의자 등이 민족단체에 들어가 활동할 때는 공산주의자임을 알게 해서는 안 된다. 그래서 그 단체 안에 있는 노동자·농민을 토대로 하여 전체 단체를 좌경화하지 않으면 안 된다. …… ⑧아직 공산당에 입당하지 않은 공산주의자들은 유일의 조선공산당 및 고려공산청년회의 기치 아래 들어가지 않으면 안 된다. 또 조선공산당도 전체 공산주의자를 망라하는 데 힘쓰지 않으면 안 된다. …… 해외에 있는 단체 및 개인 등이 조선운동에 접근해서 지도적 간섭을 행하기 때문에 당 파쟁을

야기시킨다. 국제당으로서는 앞으로 지도적 간섭을 행하지 말 것을 엄명하며 중앙간부는 해외부를 철폐할 것을 명한다"고 지시했다. 코민테른의 지지를 얻어 당권을 장악하려던 해외부는 오히려 코민테른에 의해 해체되고 말았다.

안광천은 1926년 12월 6일부터 1927년 9월 20일쯤까지 10개월 미만의 짧은 기간 동안 책임비서로 있으면서 당 조직을 확장시키고 특히 민족단일당인 신간회를 발족하고, 해외부를 확대했다. 만주총국과 상해부, 일본부를 부활시켰다.

그러나 일경이 조선공산당 재건을 눈치채자 1927년 9월 20일쯤 책임비서를 김준연金俊淵으로 교체했다가 3개월 만인 1927년 11월쯤 다시 김세연金世淵(김성현)으로 교체했다. 이후 1927년 말부터 김철수 등이 국내로 밀입국했다는 첩보가 입수되다가 이듬해 2월 3일,《동아일보》에 실린 "ML당을 중심으로 종로서鍾路署 돌연 검거에 착수"라는 보도에서 알 수 있는 것처럼 대검거가 다시 시작되면서 조선공산당은 또 붕괴되었다.

12 • 조선공산당의 해체

사회주의 세력, 민족 단일당 신간회 해체를 주장하다

화요회에서 조직했던 조선공산당은 김철수 책임비서 시절부터 서울청년회 계열이 대거 입당했다. 제4차 조선공산당에서는 노동자 출신의 서울청년회 계열 차금봉이 책임비서가 되었다. 그러나 일경의 대검거와 식민지 상황에 맞지 않는 코민테른의 재조직 지시로 조선공산당은 해체되고 만다.

서울청년회의 비밀당 공산동맹과 화요회의 비밀당 조선공산당은 표면적으로 민족주의 세력과의 민족협동전선, 즉 민족단일당 결성에 나섰다. 먼저 시작한 것은 서울청년회여서 1926년 7월 조선물산장려회의 비타협적 민족주의자들과 조선민흥회를 발족했다. 조선민흥회는 "정치, 경제, 산업 등에서 조선민족의 공통의 이익을 목적으로 …… 각 계급을 망라한 조선민족의 단일전선을 조직한다"●고 선언했다. 조선민흥회는 발기 취지에서 "일본 제국주의 세력을 구축하기 위해서는 공산주의자와 혁명적 민족주의자가 서로 제휴하여 공동전선을 만드는 것이 절대적으로

● 《동아일보》1926년 7월 10일자.

필요하다"고 분석했다. 혁명적 또는 비타협적 민족주의자란 일본의 지배하에 자치권을 획득하자는 민족 개량주의자와 대립되는 개념이었다.

그러나 1926년 5월, 서울청년회의 리더 김사국이 병사하고, 1926년 9월 조선공산당 책임비서가 된 상해파 출신의 김철수가 서울청년회 계열의 조선공산당 입당을 독려하면서 서울청년회와 화요회의 대립 구도는 약해졌다. 코민테른은 김철수가 재건한 조선공산당을 승인하면서 내린 11개조 지령문에서 가장 먼저 "조선은 민족혁명 단일전선이 필요한데 노동자, 지식계급, 소부르주아, 일부 부르주아까지 포함시켜야 한다"고 지시했기 때문에 조선공산당도 민족 단일당 결성에 박차를 가하지 않을 수 없었다.

이에 따라 조선공산당은 비타협적 민족주의자들과 신간회 결성을 추진하는데, 1927년 1월 19일 발표한 신간회 3개 강령은 "①우리는 정치적·경제적 각성을 촉진함. ②우리는 단결을 공고히 함. ③우리는 기회주의를 일절 부인함"이었다. '기회주의'란 물론 자치를 주장하는 민족 개량주의를 뜻했다. 이광수는 《동아일보》에 1924년 1월 2일부터 6일까지 5회에 걸쳐 〈민족적 경륜〉이란 사설을 썼는데 "조선 내에서 허許하는 범위 내에서 일대 정치적 결사를 조직해야 한다"고 주장해 큰 파문을 일으켰다. 일본의 식민 지배 속에서 자치권을 획득하자는 주장이었기 때문이다. 이는 《동아일보》의 김성수金性洙·송진우宋鎭禹, 천도교 신파의 최린崔麟 같은 민족 개량주의자들의 견해를 대변하는 것이었다.

일제의 《고등경찰요사》는 이에 대해 "사회주의 운동의 전성기였기 때문에 이에 귀를 기울이는 사람이 없었을 뿐만 아니라 사회주의자 및 동경 유학 조선인 일파의 맹렬한 공격을 받게 되어 마침내 《동아일보》의) 일부 간부의 경질까지도 불가피하게 되었다"고 쓸 정도였다. 고등경찰요사는

안동예안지구 신간회 지회 결성 기념사진
서울청년회와 화요회의 대립구도가 약화되면서 조선공산당은 비타협적 민족주의자들과 신간회 결성을 추진한다.

"사회주의자와 비타협적 민족주의자들이 서로 화합하여《동아일보》불매운동을 형성해서 각지에 성토문을 발송하는 등 맹렬한 공격을 가했다"고 전한다. 그 여파로 이광수는《동아일보》를 퇴사하지 않을 수 없었다.

이광수의 사설 〈민족적 경륜〉은 거꾸로 비타협적 민족주의자들과 사회주의자들을 결집시켰다. 1927년 1월 19일 신간회 발기가 공표되자 조선민흥회도 기득권을 주장하지 않고 신간회와 합동을 서둘렀다. 신간회는 조선민흥회의 합동 조건을 모두 승인해서 1927년 2월 15일, 종로 기독교청년회관에서 200여 명의 회원이 참석한 가운데 명실상부한 민족단일당인 신간회가 창립되었다. 회장은 민족주의자 이상재李商在, 부회장은 사회주의자 홍명희洪命憙였고, 각 부서도 민족주의자들과 사회주의자들이 반분했다. 신간회는 창립 10개월 만인 1927년 12월 27일, 지회 100개 돌파 기념식을 거행할 정도로 급격히 확장되었다.

일제의 《고등경찰요사》는 "본회本會(신간회)는 조선공산당의 지지가 있었고 각지 사상단체에서도 극력 지원했다"고 분석했다. 신간회의 배후에 조선공산당이 있음을 알고 있었다는 이야기다. 1928년 초 전국 지회 총수 143개, 회원 2만여 명에 달하게 되자 이에 놀란 일제는 1928년 2월의 신간회 정기대회를 금지시키는 한편, 1928년 2월 2일부터 엠엘당에 대한 대검거에 나섰다. 엠엘당은 김철수→안광천→김준연→김세연 책임비서로 이어지는 제3차 조선공산당을 뜻하는 것이다. 제3차 조선공산당은 1926년 9월부터 1928년 2월까지 1년 5개월에 불과하지만 책임비서가 자주 교체된 것은 일경의 수사를 피하기 위해서였다. 이때의 대검거로 30여 명이 체포되면서 제3차 조선공산당은 또 붕괴되었다.

그런데 대검거가 진행되는 와중인 1928년 2월 27일 오후 10시부터 다음 날 새벽 2시까지 경기도 고양군 용강면 아현리(현 마포구 아현동) 537번지 김병환金炳煥의 집에서 조선공산당 제3차 당대회가 개최됐다. 이 회의에서 조선공산당 당책을 통과시키고, 코민테른 결정서를 가결했다. 이는 이정윤이 1928년 1월 상해의 코민테른 기관에서 받아온 '조선공산당에 대한 코민테른 결정서'였다.

코민테른은 이 문건을 통해 "조선의 전투적 프롤레타리아트의 가장 중요하고 긴급한 임무는 완전한 당의 실현이며, 상존하는 모든 종파 및 그룹의 즉각적인 해체다. 조선공산당은 편협하게도 지식계급과 학생의 결합체로 되어 있다. …… 새 중앙집행위원회와 그 밖의 당 지도기관에 노동자 출신을 더 많이 배치해야 한다"고 지시했다. 조선공산당은 이 대회에서 29개 항에 달하는 '국제공산당(코민테른)에 보고할 국내 정세'란 논

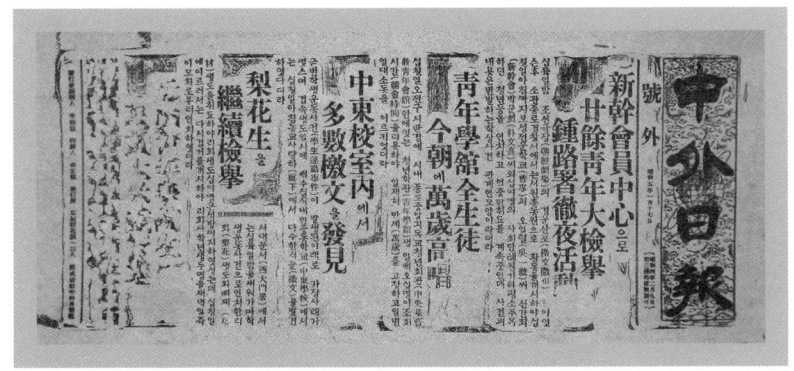

신간회원 검거 내용을 보도한 《중외일보》
신간회가 광주학생운동을 계기로 민중대회를 개최하려 하자 일제는 대검거로 이에 맞섰다.

강論綱을 채택했다. "유럽과 미국, 특히 일본 자본주의의 침입은 조선 재래사회의 관계를 근본적으로 파괴하였다. 서양과 같은 근대적 대공업은 당초부터 발달하지 않았기에 조선에는 강대한 부르주아지도 없다. 따라서 프롤레타리아트의 광대한 집단도 없다"면서 일제 식민통치의 실상을 낱낱이 보고했다. 예컨대 조선에서 일본인 수는 전체 농민 수의 0.028퍼센트에 불과하지만, 소유 토지는 56.6퍼센트라는 내용 등이다.

보고서의 내용은 다음과 같이 이어진다. "조선의 객관적 정세는 혁명적이다. 그러나 직접혁명의 조건은 아직 존재하지 않는다. 현재로서는 소비에트 공화국을 건설하는 것이 불가능한 일이다. 시민적 공화국을 건설하는 것도 불가능한 일이다. 투쟁은 노동대중의 민주적 집권자를 갖는 인민공화국을 위해서 행해져야 한다. …… 민족해방운동은 이른바 자치운동을 적극적으로 반대해야 한다." 또한 사업 보고에서는 "홍명희를 수반으로, 권태석·송내호朱乃浩 두 사람을 보조자로 신간회 안에 프락치를 설치하고 신간회로 하여금 당 정책을 구현하도록 노력 중"이라고 말해서 신간회를 배후에서 움직이고 있음을 보고하고 있다. 검거된 간부 대신 새로운 중앙위원을 선임할 전형위원으로 정백鄭栢·이정윤·이경호李慶浩를 선임했는데, 정백과 이정윤은 모두 서울청년회 계열이었다.

그런데 당 대회가 끝난 28일 당일에 정백·이정윤 두 전형위원이 종로서에 체포되었을 만큼 일제 수사망은 바싹 좁혀오고 있었다. 그럼에도 두 위원은 3월 10일 석방된 윤택근尹澤根에게 새 중앙위원 명단을 주어 전형위원 이경호에게 건네도록 했다. 이런 과정을 거쳐 안광천·차금봉車今奉·김한경金漢卿·한명찬韓明燦·김재명金在明·이성태李星泰·양명·한해·윤택근 등이 새 간부로 선임됐다. 책임비서는 차금봉이었다. 차금봉은 용산기관차화부 견습공 출신으로 서울청년회 계열의 조선노동공제회를 주도했고, 또 1923년 코민테른에서 파견된 정재달을 동소문 근방의 산중에서 구타했던 인물이기도 했다. "당 지도기관에 노동자 출신을 더 많이 배치해야 한다"는 코민테른 결정서가 영향을 미쳐서 최초로 노동자 출신 책임비서가 탄생한 것이었다.

그러나 1928년 6월 중순에 이성태가 체포되자 당 조직이 드러난 것으로 판단한 간부들은 6월 20일 공덕리(현 마포구 공덕동) 뒷산에서 회합해 일시 해산을 결정해야 할 정도로 상황은 열악했다. 아니나 다를까 1928년 7월 5일부터 다시 대검거가 시작되었고, 10월 5일까지 모두 175명이 체포되었다. 일제는 중앙위원 한명찬의 압수품 중에서 유독 사상 색채가 없는 잡지 《재계연구財界研究》와 명반明礬을 발견하고 불에 쪼여 검사한 결과 명반으로 쓴 조선공산당 세칙 및 정치 논강 등을 발견할 수 있었다고 전한다. 143명이 검사국에 송치되면서 노동자 출신이 책임비서였던 제4차 조선공산당도 붕괴되었다.

엎친 데 덮친 격으로 1928년 12월 코민테른은 "조선의 공산당원은 대부분 지식계급 및 학생"이라면서 조선공산당의 승인을 취소하고 재조직을 요구하는 이른바 '12월 테제'를 발표했다. 그뿐만 아니라 신간회도 새 중앙집행위원장 김병로金炳魯 집행부의 온건 노선에 불만을 품은 지회들의 반발이 잇따르다가 1931년 5월 대회에서 사회주의자들의 해소 요구로 해체되고 말았다. 이는 1928년의 코민테른 제6차 대회에서 스탈린의 극좌 정책에 따라 코민테른이 계급 대 계급 전술로 전환하면서 국내 좌우 합작운동 지속에 부정적 영향을 미친 것이었다. 한국인의 시각이 아니라 코민테른의 시각으로 한국을 바라봐야 했던 식민지 사회주의자들의 한계였다.

제2부

대일항쟁기 아나키즘 운동사

1 · 아나키즘 조직의 결성
일제와 좌파 전체주의를
모두 공격하다

아나키즘 연구가 다니엘 게렝Daniel Guerin은 《현대 아나키즘Anarchism: From Theory to Practice》에서 아나키스트와 마르크시스트의 관계를 "형제이자 적"이라고 표현했다. 사회주의를 지향하는 형제지만 좌파 전체주의를 공격한다는 점에서 적이다. 일제는 물론 좌파 전체주의와도 치열하게 싸운 존재가 아나키스트들이었다.

1920년 6월 20일부터 29일까지 서울시 종로 중앙청년회관에 스무 명 정도가 모여 무엇인가를 열심히 배우고 있었다. 시인 김억金億이 가르치는 에스페란토Esperanto어 강좌였다. 강좌를 마친 이들은 6월 30일, 시내 장춘관에서 모임을 갖고 조선 에스페란토 협회를 결성했는데 회두會頭로는 김억, 부회두로는 이병조李秉祚를 선출했다. 이 무렵 국내에는 에스페란토어에 큰 관심이 일고 있었다. 《동아일보》(1920년 6월 24일자)에 한 투고인이 쓴 〈청년 제군에게, 에스페란토를 권함〉이란 글이 실렸다. 그는 "에스페란토는 일명 세계 공통어라 칭하는 것이요 …… 그 조직이 극히 간명簡明하고 그 문법이 극히 단순해 서양 어학 중 한 개 언어를 조금만 이해(少解)하는 사람은 4~5일 내에 학습할 수 있는 것이외다"라고 말하고 있다.

에스페란토어는 1887년 유대인 안과의사 루드위크 자멘호프Ludwik Zamenhof가 창안한 국제어다. 자멘호프는 제정 러시아의 비아리시토크(현재는 폴란드령)에서 출생했는데 이곳은 러시아인·폴란드인·독일인·유대인 등이 어울려 살던 다민족 사회였다. 그의 모국어는 부친의 언어인 러시아어였지만 모친의 언어였던 유대계 이디시어Yiddish도 유창했고 폴란드어도 구사할 수 있었다. 부친이 독일어 교사였던 자멘호프는 프랑스어·라틴어·그리스어·히브리어·영어를 익혔고, 이탈리아어·스페인어·리투아니아어에도 흥미를 가졌다. 자멘호프는 각 민족 사이의 언어 불통을 해소하는 것이 여러 민족 사이의 평화를 가져오는 주요 수단이라는 생각에서 다양한 언어 실력을 기반으로 에스페란토어를 창안했는데, 1910년 노벨평화상 후보에 오를 정도로 큰 반향을 일으켰다.

영어가 현재 국제 공용어 비슷한 지위를 차지한 것은 제국 미국의 하드파워와 소프트파워의 결과지만 에스페란토어는 모든 국가, 모든 민족이 동등하다는 철학에서 나온 국제 공용어였다. 그런데 1907년 암스테르담에서 개최된 국제 아나키스트 대회는 에스페란토어를 아나키즘 공식 언어로 채택했다. 전 세계 아나키스트들은 에스페란토어로 서로 소통했던 것이다. 1902년 도쿄 대학 학생 게무야마 센타로煙山專太郎가 근세 무정부주의에서 아나키즘Anarchism을 무정부주의로 번역하면서 아나키즘은 동아시아에서 '무질서, 혼돈'을 뜻하는 것으로 오해 받아왔다.

아나키즘은 그리스어의 '아나르코anarchos'에서 나온 말로서, '없다an'와 '지배자arche'라는 뜻의 합성인데, 글자 그대로 '지배자가 없다'는 뜻이다. 아나키즘은 각 개인·지방·조직이 자유롭고 동등한 권리 속에서 서로 연합해 정부를 구성하자는 것이지 정부 자체를 부정하는 사상은 아니다. 아나키즘이 억압과 제국주의에 맞서는 이론적 배경은 러시아의 표트르

러시아 모스크바에 위치한 크로포트킨의 묘
1921년 크로포트킨의 장례식은 사회주의 러시아에서 마지막으로 아나키스트들이 합법적으로 결집할 수 있었던 기회였다.

크로포트킨Pyotr Kropotkin이 주창한 상호부조론에 있다. 그는 《상호부조론: 진화의 한 요인Mutual Aid: A Factor of Evolution》(1902)에서 서로 돕고 의존했던 생물종들은 진화에서 살아남았고, 서로 협력하지 않고 돕지 않는 종은 도태되고 사라졌다고 주장했다. 다윈의 진화론을 인간 사회에 적용하려던 두 사상이 영국의 허버트 스펜서의 사회진화론과 표트르 크로포트킨의 상호부조론이다.

스펜서의 사회진화론은 강자의 약자 지배를 정당화해 제국주의 침략을 옹호하는 정치철학이 되었다. 반면에 크로포트킨의 상호부조론은 피압박 개인과 민족의 해방을 위한 정치철학이 되었다.

국제노동절International Workers' Day은 1886년 5월 1일 미국 시카고에서 발생한 8시간 노동제 쟁취 총파업에서 비롯된다. 경찰의 발포로 사망자가 발생하자 노동자들은 헤이마켓Haymarket 광장에 모여 대규모 항의시위를 전개했는데, 시위 도중 폭탄이 터지는 아수라장 속에서 다시 인명 피해가 발생했다. 경찰은 이 시위를 조직한 아나키스트 여덟 명을 경찰 살해 교사 혐의로 재판에 넘겨 다섯 명은 사형, 세 명은 금고형을 선고받았다. 7년 후 사건 조작이 드러나면서 미국 사회는 큰 충격을 받았고 일리노이 주지사 게르드는 구금되었던 세 명을 특별사면했지만 아나키스트 아돌프 피셔Adolph Fischer 등 네 명은 1887년 11월 이미 교수형을 당했고, 한 명은 그 전날 자살한 후였다.

아돌프 피셔는 "아나키스트라면 누구나 사회주의자지만 사회주의자라고 반드시 아나키스트는 아니다"라는 말을 남겼다. 양자를 가르는 기준은 좌익 전체주의에 대한 입장 차이에 있다. 마르크스의 《자본론》을 러시아어로 번역했던 바쿠닌Mikhail Bakunin이 '과도적 독재', 즉 프롤레타리아트 독재에 대해 "마르크스처럼 총명한 사람이 어떻게 그러한 것을 생각할 수 있었을까 의심할 수 있을 정도로, 상식과 역사적 경험에 어긋나는 사설邪說이다"라고 비판한 것처럼 아나키즘은 우익은 물론 좌익 전체주의도 강하게 비판했다. 흔히 "공산주의가 이론은 좋지만……"이라고 말하지만 아나키즘은 공산주의 이론 속에 전체주의의 씨앗이 내재되어 있다고 비판하는 사상이다.

바쿠닌은 1870년대에 "(극도로 과격한 혁명가에게) 러시아 인민 전체 위에 군림할 왕좌를 주거나 독재권을 줘보라. …… 1년도 못 가서 그는 차르(황제)보다 더 악독한 자가 되어 있을 것"이라고 스탈린 집권 50~60년 전에 이미 좌파 전체주의 출현을 예견했다. 러시아 혁명에 참가했다가 서유럽으로 망명했던 볼린Volin이 "정치권력은 불가피하게 관료적 강제기구를 만들어낸다. …… (국가 사회주의자들은) 일종의 새로운 귀족·지도자·관료·군인·경찰관·여당……을 산출한다"고 비판한 것도 마찬가지 맥락이다. 좌파 전체주의에 의해 인민들이 극도의 고통을 겪었던 러시아, 중국, 그리고 지금의 북한 현실을 예견한 것이었다.

허버트 스펜서의 사회진화론은 국내에서 실력양성론이란 민족 개량주의 노선으로 나타난다. 이에 한계를 느낀 재일 유학생들은 아나키즘을 받아들였다. 1920년 1월 도쿄에서 결성된 조선고학생동우회는 아나키즘 색채가 짙은 단체였다. 1921년 10월 김약수·박열·김사국 등이 조직한 '흑도회'도 아나키즘 색깔인 검은색을 사용한 것에서 알 수 있듯이 아나키즘 조직이었지만 결성 직후 공산주의를 지지하는 김약수 등과 노선갈등을 겪다가 박열·정태성·홍진후 등이 따로 흑우회를 결성했다.

에스페란토어를 만든 자멘호프 | 아나키스트들의 공식 언어였던 에스페란토어는 각 민족 사이의 언어 불통을 해결하려는 방안이었다. 그는 1910년 노벨평화상 후보에도 올랐다.

1920년 4월 서울 황금정(을지로) 광무대光武臺에서 발족한 조선노동공제회는 선언에서 "만일 우리 인류가 진정한 평화세계와 복지사회를 동경하고 원구願求한다면 정복민족과 피정복민족이 없는 세계, 특권계급과 노예계급이 없는 사회인 것이다. 고로 약소민족은 강대민족으로부터, 천자賤者는 귀자貴者로부터, 빈자貧者는 부자로부터 각각 해방되지 않으면 안 된다"라고 주장했다. 또한 그 강령 중에 "각종 노예의 해방과 상호부조를 기期함"이라는 내용도 있어서 조선노동공제회도 아나키즘에 경도되었음을 말해주고 있다.

조선총독부와 일경이 가장 두려워했던 것이 아나키즘 조직이었다. 그들은 직접행동을 주창했기 때문이었다.《동아일보》(1925년 4월 30일자)는 청주경찰서 고등계가 교사 신○○를 연행해 취조 후 비밀리에 경성경찰서로 보냈는데 "사건 내용은 절대 비밀에 부쳐서 알 수 없으나 탐문한 바에 의하면 흑기연맹黑旗聯盟사건과 맥을 통한 혐의"라고 보도하고 있다. 일제의 예심豫審 종결 전문全文에 따르면 1925년 4월쯤 서울 낙원동 수문사修文社에서 조직한 흑기연맹은 "일본의 현재 정치 및 경제 제도 변혁變革을 목적으로 한 무정부주의자 결사조직"이라고 전하고 있다.

흑기연맹은 조직 결성 혐의로 이창식李昌植·서상경徐相庚·홍진유洪鎭裕 등 아홉 명이 실형을 선고받았다. 이 중 서상경·홍진유는 재일 아나키스트 박열 등이 1923년 4월 비밀결사 불령사를 조직하고 그해 10월 일본 왕세자 히로히토裕仁의 혼례식 때 일왕을 암살하려 했다는 이른바 대역사건에 연루되었던 인물들이었다. 서상경·홍진유는 예심에서 석방되자 귀국해 이창식·신영우申榮雨·서정기徐廷夔·한병희韓昞熙·이복원李復遠 등과 흑기연맹을 결성했던 것이다. 흑기연맹은 비록 본격적인 활동에 들어가기 전에 일경의 검거로 와해되었지만 이는 국내에 직접행동을 주창하는 아나키즘 조직이 본격적으로 등장했음을 알리는 신호였다.

2 · 박열 부부 대역사건

아나키스트 박열, 대역죄로
사형 선고를 받다

아나키즘의 특징은 개인의 절대적 자유와 직접행동을 추구한다는 점이다. 또한 아나키즘은 프롤레타리아트의 계급 독재도 부인하고, 혁명의 결정적 순간까지 기다리지도 않는다. 지금 이 순간, 목숨을 던져 직접행동에 나서기 때문에 일제는 아나키즘을 두려워했다.

홍진유는 "나는 그날 일을 마치고 돌아가던 중 방청하러 가서 보니 조선인 공산주의자인 김약수가 그 모임의 사회를 보고 있었다. 내가 보니 노동조사회에 노동자 같은 사람은 한 명도 없어서 이상하게 생각했고, 김약수 일파가 매우 뻐기면서 노동자에 대해 잘 아는 것처럼 말을 해서 나는 야유를 퍼부었다"●고 전하고 있다. 이때 신영우가 주소를 가르쳐 달라면서 "노동자의 일은 노동자 자신이 해야 한다. 저들은 야심으로 한다"고 말하고, 보름쯤 후에 찾아와 박열을 알게 되고 흑우회를 만들게 되었다고 전한다. 재일 유학생들이 만든 흑도회는 아나키즘과 볼셰비즘 사이

● 〈홍진유 제2회 신문조서〉

의 노선투쟁인 '아나-볼 논쟁'을 거치면서 아나키즘 계열은 흑우회가 되고 공산주의 계열은 북성회로 갈라섰다.

박열·홍진유 같은 20대 초반의 고학생들이 흑우회를 결성하고 김약수·김종범 같은 20대 후반~30대의 유학생들이 북성회를 만들었다는 특징도 있다. 흑우회에는 박열의 부인 가네코 후미코金子文子와 구리하라 가즈오栗原一男 같은 일본인 아나키스트들도 함께했다. 박열은 흑우회 기관지《강한 조선인》을 1923년 3월부터는 좀더 온건한 제목의《현사회現社會》로 바꾸어 발행하기도 했지만 근본적으로 그들은 '직접행동가'였다. 그는 일왕日王 및 주요 인사들이 모이는 곳에 폭탄을 터뜨리는 것을 당면 목표로 삼았다. 박열은 무산자동맹회의 초청으로 니가타 현 한인 노동자 학살사건 조사 결과를 발표하기 위해 1922년 9월 서울에 와서 김한을 만났다. 박열은 김한이 의열단과 관계있다는 사실을 알고 폭탄 구입을 요청했다. 박열은 11월에 다시 서울로 되돌아와 김한에게 "늦어도 1923년 가을까지는 폭탄을 인계해달라"고 요청했다. 1923년 11월로 예정되어 있는 왕세자 히로히토의 결혼식을 염두에 둔 것이다.

박열 부부는 1923년 4월 정태성·홍진유·육홍균陸洪均·이필현李弼鉉·구리하라 가즈오·니야마 하쓰요新山初代 등과 도요타마豊多摩 군 요요하타 초 요요기도미카야 1474번지 2층 셋집에서 따로 불령사를 조직했다. 박열이 '불령사'라는 나무 간판을 집 밖에 내건 것처럼 비밀조직은 아니었다. 정태성은 "불령사에서는 아나키즘 연구뿐 아니라 직접행동도 논의되었지만 직접행동은 회원들의 자유의지에 맡기기로 했다"고 말하고 있는데, 역시 직접행동에 나서기로 한 것은 박열이었다.

박열은 1921년 12월, 외항선원 모리다森田를 통해 외국에서 폭탄을 구입할 것을 논의하기도 하고, 약국 수백 군데에서 폭약 판매 허용치인

재판 받고 있는 박열
불령사에서 희생양이 필요했던 일본은 왕세자 결혼식 때 일왕 등을 암살하려 했다는 혐의를 씌워 박열 부부에게 대역죄를 적용했다.

0.02그램씩 사 모아서 폭약을 제조하려 했지만 실패했다. 그래서 박열은 서울의 기생 이소홍李小紅을 통해 여성용 손수건에 알파벳과 숫자를 조합한 암호편지를 김한에게 보내 폭탄 구입을 재촉했다. 그러나 김한이 1923년 1월 의열단원 김상옥金相玉의 서울 종로경찰서 폭탄투척사건과 관련되어 체포되는 바람에 무산되었다. 박열은 포기하지 않고 김중한金重漢에게 "조선에 돌아가 폭탄을 구해줄 수 있겠느냐"고 물었다. 김중한은 "귀국하면 수행해보겠다"고 답했다. 그런데 박열은 훗날 일제 신문조서에서 "다른 방법에 의해서 소기의 목적을 달성하기로 생각을 굳히고 있어서 김중한에게 부탁했던 것을 거절했다"고 전하고 있다. 그러자 김중한과 애인 니야마 하쓰요는 불령사 모임 때 박열에게 크게 항의하고, 8월 31일 도쿄 역에서 야간열차를 타고 조선으로 돌아갔다.

다음 날 9월 1일 낮 12시, 도쿄 일대에 대지진이 발생하면서 상황이 급변했다. 105,000여 명이 사망하고, 109,000여 동이 무너지고, 212,000여 동의 건물에 화재가 발생했다. 일본인들이 공황상태에 빠진 상황에서 그날 오후부터 돌연 "조선인이 방화했다" "우물에 독약을 탔다"는 유언

비어가 퍼져 나갔다. 일본 각의는 이날 밤 계엄령을 발동하고 군대를 출동시켰는데, 일본 내무성은 "어딘지 모르게 흘러나온 조선인 폭동을 진압하기 위한 조치"라고 발표했다.

《도쿄일일신문》(9월 3일자)에 "불령선인不逞鮮人 각소各所에 방화, 제도帝都에 계엄령 선포"라고 보도했다. 아이치愛知 현의 《도요하시일일신문》(9월 5일자)은 "대화재大火災의 원인은 지진도 있지만 일면에는 불령선인 수천 명이 폭탄을 투하하고 시중에 방화한 데 있다"고 보도했다. 이는 대지진의 공포를 한인과 아나키스트·사회주의자 등으로 돌리려는 일본 극우세력의 조직적 음모였다. 이 때문에 저명한 아나키스트 오스기 사카에 부부 등이 헌병 장교에게 살해되었고, 일본 노동조합 간부들도 살해되었다.

가장 집중적인 피해를 본 사람들은 재일 한인들이었다. 일본의 재향군인 등으로 구성된 자경단自警團은 무차별 한인 학살에 나섰다. 살해된 한인들의 숫자에 대해서 일본 사법성司法省은 233명이라고 발표했지만, 도쿄 대학 교수를 역임한 요시노 사쿠조吉野作造가 2,613명이라고 발표할 정도로 실상을 축소·왜곡한 숫자였다. 상해 임정의 《독립신문》은 6,661명이라고 보도했다. 한인으로 오인되어 살해된 일본인이 59명에 달했으니 얼마나 무차별 학살이 이루어졌는지 짐작할 수 있다.

일본 군부와 경찰은 9월 3일부터 "불령선인들을 수색하고 선량한 조선인들을 보호한다"는 명분으로 한인들을 검속했다. 박열과 가네코 후미코가 9월 3일 새벽 세다가야世田谷 경찰서로 연행된 것을 비롯해 정태성·장상중·최규종·홍진유 등 불령사 회원들이 일제히 검속되는 등 모두 6,200여 명의 한인이 검속되었다. 박열을 연행한 일본 경찰이 집주인에게 "영구히 돌아오지 않을지도 모르니 다른 사람에게 집을 빌려주는 게 좋겠다"고 말했던 것처럼 의도적인 검속이었다.

일본 정부는 10월 16일에야 한인 대학살 사건에 대한 신문 기사를 해금시키는 한편, 10월 20일 느닷없이 불령사 회원 열여섯 명을 비밀결사 조직 혐의로 검사국에 기소했다. 일경은 불령사를 "무정부주의 경향의 …… 사회운동 및 폭력에 의한 직접행동을 목적으로 하는 비밀결사단체"라고 주장했다. 하지만 불령사는 간판까지 내건 공개 조직이란 점에서 전형적인 희생양 만들기였다.

박열 부부에게는 왕세자 결혼식 때 일왕 등을 암살하려 했다는 혐의를 씌워 형벌이 사형 하나뿐인 대역죄를 적용했다. 그 유일한 근거는 김중한의 애인 니야마 하쓰요가 그런 말을 전해들었다는 진술뿐이었다. 일제 검찰은 1924년 2월 14일 박열 부부와 김중한에 대해 "천황 폐하와 황태자 전하에게 위해를 가하려 한 대역 예비죄"라고 예심을 종결지었지만 폭탄 구입에 관해 논의한 것을 대역죄로 모는 것은 무리였다. 그래서 나머지 불령사 회원들은 예심 종결과 함께 1924년 6월 방면되었고, 이 가운데 홍진유와 서상경은 귀국해서 흑기연맹을 만들었다.

박열 부부 재판은 일본 사회에 큰 충격을 주었다. 가네코 후미코는 일본의 국가 사회제도를 '제1계급-황족, 제2계급-대신 및 기타 실권자, 제3계급-민중'으로 나누고 "황족은 정치의 실권자인 제2계급이 무지한 민중을 기만하기 위해 날조한 가엾은 꼭두각시이자 나무인형이라고 생각한다"고 진술해 큰 충격을 주었다. 박열도 결혼식에 폭탄을 투척할 생각을 갖고 있었다는 사실 자체는 부인하지 않았다. 앞에서 박열이 "다른 방법에 의해서 소기의 목적을 달성하기로 생각했다"고 서술했는데, 해방 후 흑우회원 최영환崔英煥은 "재판 과정에서 드러나지는 않았지만 자신이 상해에서 도쿄까지 실제로 폭탄을 운반했다"고 말했다. 그러면서 "도쿄 대지진이 일어나지 않아서 예정대로 결혼식이 거행되었으면 폭탄을 투

박열과 가네코 후미코
옥중에서 찍은 이 사진은 일본에 큰 여파를 일으켰고, 사진 촬영을 허가한 판사가 파면당하는 한편 와카쓰키 내각도 무너졌다.

척했을 것"이라고 증언하기도 했다.

1926년 3월 판결공판 때 사형을 선고하자 박열은 "재판장, 수고했네"라면서 "내 육체야 자네들이 죽일 수 있지만 내 정신이야 어찌하겠는가?"라고 태연했고, 가네코는 판결 순간 "만세!"라고 외쳐 재판장을 아수라장으로 만들었다. 가네코는 "모든 것이 죄악이요 허위요 가식이다"라고 덧붙였다.

두 사람은 대역사건으로는 이례적으로 무기로 감형되어 각각 다른 감옥으로 이감되었는데, 도치기 현 우쓰노미야宇都宮 형무소로 이감된 가네코가 1926년 7월 23일 갑자기 사망했다. 형무소 측은 자살로 발표했지만 후세 다쓰지布施辰治 변호사와 원심창元心昌 등 흑우회원들의 사인 규명과 시신 인도 요구를 모두 거절해 '타살 의혹'이 짙어졌다.

옥중에서 "한 번은 저버린 세상이지만/ 글 읽으니/ 가슴에 솟는 가여운 슬픔"*이라는 시를 짓기도 했던 가네코는 23세에 불과했다. 박열은 일제 패망 후인 1945년 10월 27일에야 아키다秋田 형무소에서 22년 만에 석방되었다.

● 가네코 후미코, 〈나는 어디까지나 불행했나이다〉

3 · 민족을 초월한 한·일 연대

죽음으로 맹약하고,
폭력으로 조선 혁명에 나서다

아나키즘은 국제 연대조직이었다. 그래서 한국 아나키즘 사건에는 대부분 일본인들이 동지로 참여하고 있었다. 한국인들은 피압박 민족의 관점에서, 일본인들은 피압박 민중이란 관점에서 사물을 바라보니 민족의 틀을 넘어서 동지로서 연대할 수 있었던 것이다.

1923년 9월, 관동대지진으로 비상계엄이 선포되었을 때 계엄사령관은 군부 실력자 후쿠다 마사타로福田雅太郎 대장이었다. 일본 극우파는 대지진 때 "아나키스트·사회주의자·재일 한인들이 우물에 독약을 풀었다"는 등의 유언비어를 퍼뜨려 많은 사람을 학살했다. 그중 헌병대위 아마카스 마사히코가 아나키스트 오스기 사카에와 동지 이토 노에 및 7세인 조카 다치바나 무네카즈를 죽여 시신을 우물에 던진 '아마카스 사건'을 일으켜 큰 충격을 주었다. 저명한 사상가 오스기 사카에가 처참하게 학살당한 사건은 큰 물의를 일으켰고, 후쿠다는 계엄사령관직에서 물러날 수밖에 없었다.

그런데 이듬해 아나키스트 와다 규타로和田久太 등이 9월 1일 전날 계

엄사령관 후쿠다 마사타로를 저격해 큰 화제를 일으켰다.《도쿄아사히신문》(1924년 9월 2~5일자) 등에 따르면 와다 규타로는 오스기 사카에에 대한 복수라고 주장했다고 전한다. 비록 후쿠다 마사타로의 목숨을 끊는 데는 실패했지만 일본 극우파의 무차별 테러행위에 대한 응징이란 점에서 비상한 관심을 끌었다. 와다 규타로는 기로틴ギロチン사의 나카하마 데쓰中浜哲·후루타 다이지로古田大次 등과 손잡고 후쿠다 마사타로 저격에 나선 것이었다. 나카하마 데쓰는 1922년 8월 '자유노동자동맹'을 결성하고 박열과 만나서 니가타 현에서 발생했던 한인노동자 학살사건을 함께 조사했던 아나키스트였다. 단두대를 조직 명칭으로 삼은 기로틴사는 1922년 결성된 직접 행동조직이었는데, 나카야마 데쓰가 박열의 동지라는 점에서 알 수 있듯이 이 무렵 한인과 일본인 아나키스트들은 서로 동지였다. 일왕日王을 암살하려 했다는 이른바 박열·가네코 후미코의 대역사건에 연루되었다가 석방된 서동성徐東星은 1925년 9월 대구에서 진우연맹을 결성하는데, 이 조직은 기로틴사와 관계를 맺고 있었다.

경상북도 경찰부에서 작성한《고등경찰요사》에서는 1925년 11월 진우연맹이 방한상方漢相을 오사카·나고야·도쿄 등에 몰래 보내 일본의 자아인사自我人社·자연아연맹自然兒聯盟·기로틴단 등과 교섭했다고 전하는데, 기로틴단은 바로 기로틴사를 뜻한다. 기로틴사는 학살자였던 헌병대위 아마카스 마사히코도 습격하고, 후쿠다 마사타로의 자택에도 폭탄을 보내는 등 계속 응징에 나서 일경이 대대적인 수사를 전개하는데, 그 와중에 한인 독립운동가들이 연루된 사실이 드러났다. 함북 명천경찰서 고등계는 한인 여성 김선희金善姬와 전정화全鼎花를 체포하는데, 기로틴사의 후루타와 그 동지 다카시마高島三次와 접촉한 혐의였다.

1925년 12월 청진 지방법원에서 열린 공판에 따르면 후루타와 다카

후쿠다 마사타로를 암살 사건의 공판 결과
《동아일보》(1925)에 실린 내용으로, 관동대지진 때 계엄사령관 후쿠다 마사타로를 암살하려 했던 한국 여성과 일본 아나키스트가 연계된 사건이다.

시마는 1923년 서울 견지동에서 전정화를 만나 권총과 폭탄을 구해달라고 부탁했다. 전정화는 후루타와 다카시마를 김선희에게 소개하는데, 간도 출신의 김선희는 남편 황돈黃敦이 제령 위반으로 징역 8년의 중형을 받고 복역 중이었으며, 부친은 간도에서 일본군 토벌대에 살해당한 독립운동가였다. 이때 후루타 등이 요구한 것은 의열단의 폭탄 열 개와 권총 다섯 정이었다. 결과적으로 무기 구입에 실패했음에도 불구하고 김선희와 전정화는 징역 3년을 구형받았다.

일본 아나키스트들도 박열 못지않은 탄압을 받아 1924년 9월에 체포된 기로틴사의 나카하마 데쓰는 이듬해 5월 사형을 구형받았다가 무기징역으로 감형되었고, 후루타 다이지로는 사형을 선고받고 항소를 포기해 1926년 4월 교수형을 당했다. 이처럼 일본인 아나키스트도 사형하는 판국이니 이들과 연결된 국내의 진우연맹이 무사할 리 없었다. 일경은

1926년 8월, 11명의 진우연맹원들을 검속했다. 이 당시 독립운동가들은 보통 1년 이상 구속 상태에서 무지막지한 고문을 당하면서 신문받았는데, 이 기간은 판결 때 구속 일수에 포함되지도 않았다. 《동아일보》(1927년 2월 28일자)는 "진우연맹원들이 대구형무소 벽을 두드리면서 '구속 1년이 넘은 현재까지 예심도 종결하지 않고 가족 면회도 시키지 않는다'면서 22일부터 단식투쟁에 돌입했다"고 전하고 있다.

대일항쟁기 때 독립운동가들의 옥중 단식투쟁은 묻혀 버리기 일쑤였지만 진우연맹원들의 단식투쟁은 세상의 이목을 끌었고, 일제는 부랴부랴 재판을 진행해 3월 8일 예심을 종결했다. 방한상·신재모申宰模 등 아홉 명의 한인들과 도쿄에서 압송당한 구리하라栗原一郞 등 두 명의 일본인들이 피고였다. 1927년 5월 대구 지방법원에서 열린 재판에는 수백 명의 방청객이 쇄도했는데 용수가 벗겨지자 연맹원들은 서로 악수하면서 방약무인한 태도를 지었다고 전한다. 야마자와山澤 검사의 방청 금지 요청을 가네다金田 재판장이 받아들이자 구리하라가 "공개 금지 이유를 말하라"면서 재판장을 크게 꾸짖어 소동이 벌어졌다. 기자도 내쫓고 피고측 가족 10여 명만 입석시킨 채 재판이 속개되자 변호사들이 항의 퇴정했다.

일제가 재판을 비공개로 하려고 했던 이유는 진우연맹원들의 혐의 때문이었다. 이들의 혐의는 "대구 부내의 관청과 회사·은행·우편국·신문사 등을 폭파하려는 음모"였다. 대구지방법원장과 대구경찰서장 등이 참석한 가운데 열린 언도공판에서 김정근金正根과 구리하라 등은 징역 10년, 방한상·신재모 등은 징역 5년 등이 구형되었다. 하지만 피고들이 재판장에게 노호怒號해서 주위가 크게 소란했다고 전하고 있다.

1926년 새해 벽두인 1월 4일에 서울 시내 곳곳에 '허무당虛無黨 선언'이란 인쇄물이 배포되어 일경에 비상이 걸렸다. 신문은 "시내 각 경찰서

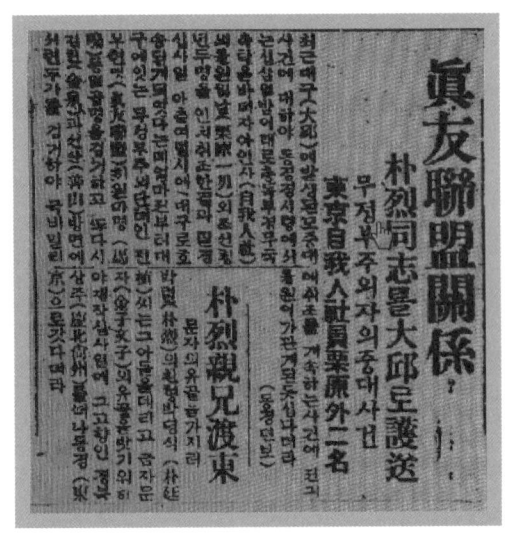

아나키스트 단체인 진우연맹 관련 기사
일본 아나키스트들이 대구로 함께 호송됐다는 제목이 눈에 띈다.

에서 비상하게 놀라서 각 서 고등계가 서로 연락하면서 대활동을 시작했다"고 전했다. 《동아일보》(1926년 1월 8일자)는 "허무당 선언에 관한 기사는 당국이 일체 게재를 금지했다"고 보도했다. 일경은 1월 12일 대구청년동맹 집행위원 윤우열尹又烈을 체포하는데, 신문은 '모 중대사건'이라고만 표현해야 했다. 훗날 밝혀진 허무당 선언은 "우리를 박해하는 포악한 적에게 선전을 포고하자!"며 "우리가 부인하는 현세의 이 흉포악독하기가 사갈(蛇蠍·뱀과 전갈) 같은 정치·법률 및 일체의 권력을 근본으로부터 파괴하자!"라고 덧붙이고 있다.

일제가 허무당 선언에 겁을 먹은 것은 "이 전율할 광경을 파괴하는 방법은 직접행동이 있을 뿐인데 혁명은 결코 언어와 문자만으로 되는 것이 아니다. 유혈과 전사의 각오가 없이는 안 된다"라고 직접행동을 주장하고 있기 때문이다. 총과 폭탄으로 일제에 직접 타격을 가하는 '직접행동'은 일제가 가장 두려워하는 혁명 노선이었다. 허무당 선언은 "합법적으로 현 질서 내에서 혁명의 가능성을 믿는 자가 있다면 그는 저능아다. 우리는 죽음으로써 맹약하고 폭력으로써 조선혁명의 완수를 기하고자 허무당을 조직한다"고 주장했다. 허무당 선언은 "우리를 착취하고 학대하고 살육하는 포악한 적에 대해 복수의 투쟁을 개시하자! …… 포악한 적의 학대에 신음하는 민중들이여, 허무당의 깃발 아래 모이자! …… 최후의 승리는 우리 것이다. 허무당 만세! 조선 혁명 만세!"로 끝맺고 있다.

이처럼 직접 혁명을 주창하는 아나키스트들의 동향을 일제가 주시하는 와중에도 1927년 평안도 지역에서는 관서흑우회가 만들어지고, 1929년 11월에는 조선무정부주의자연맹이 출범했다. 전국의 아나키스트들은 평양의 여성 사회사업가였던 '백선행白善行 기념관'에서 전조선 흑색사회운동자대회를 개최하고 조선무정부주의자 연맹을 결성하려 했지만 일제가 집회를 불허하자 평남 대동군 기림리 공설운동장 북쪽 송림에 전격적으로 모여 조선무정부주의자연맹을 결성한 것이다. 전국의 아나키스트들이 평양으로 집결하자 일경은 역과 여관 등지를 대대적으로 검문해 타지에서 온 아나키스트들을 체포하거나 평양 밖으로 추방했다.

이처럼 국내에서는 일제의 그물 같은 경찰망 때문에 활동하기가 사실상 불가능했다. 조선공산당이 결성되자마자 와해된 것도 일제의 탄압 때문이었다. 그래서 아나키스트들은 국외에 근거지를 둔 채 폭탄을 가지고 국내에 잠입하는 것으로 노선을 변경한다. 그런 대표적인 조직이 1919년 11월 10일, 길림성 파호문巴虎門 반씨객점潘氏客店에서 결성된 의열단이었다. 《동아일보》(1923년 4월 20일자)에서는 "지난 19일 아침에 경기도 경찰부를 위시해서 시내 각 경찰서에서는 돌연히 긴장한 빛을 띄우고 각 기관 내를 엄중히 경계하는 동시에 모 중대 범인의 자취를 엄중히 추적하였다"고 전하고 있다. 의열단원 한 명이 폭탄을 가지고 서울에 잠입했다는 정보 때문이라고 전하고 있듯이 의열단은 일제에게 공포 그 자체였다.

4 · 총독부를 떨게 만든 육탄 혈전
의열단, 쌀가마니에 숨긴 폭탄으로
거사를 계획하다

독립만세시위를 총칼로 진압하는 것을 본 청년들은 일제에게 총에는 총으로 맞서는 직접행동으로 전환했다. 의열단 소속의 청년들은 무기를 밀반입하고 몰래 입국해 기회를 엿보았다. 수세에 몰린 총독부는 의열단의 동향에 촉각을 곤두세우는 '의열단 대 총독부'의 구도가 만들어졌다. 아나키즘을 표방한 의열단이 만들어졌던 곳이다.

일제 첩보 보고는 의열단 단장 김원봉金元鳳이 평소에 "우리 단이 노리는 곳은 동경·경성 두 곳으로서, 우선 조선 총독을 계속해서 대여섯 명을 죽이면 그 후계자가 되려는 자가 없게 될 것이고, 동경 시민을 놀라게 함이 매년 2회에 달하면 한국 독립 문제는 반드시 그들 사이에서 제창되어 결국은 일본 국민 스스로가 한국 통치를 포기하게 될 것이 명약관화하다"라고 말했다고 전한다. 의열단이 결성 직후 '제1차 암살파괴계획'이라고 불리는 커다란 사건을 기획한 것은 이런 목적을 달성하기 위한 제1보였다. 조선 총독을 암살하고 조선총독부와 동양척식회사·조선은행·매일신보 같은 핵심 식민통치기구를 폭파하려는 계획이었다.

의열단의 이념은 아나키즘이었지만 그 창립 배경에는 민족주의 계열의 무장 항일투쟁단체인 조선독립군정사가 있었다. 1919년 2월 말 길림성에서 여준·조소앙趙素昻·김좌진金佐鎭 등은 대한독립의군부(이하 의군부)를 결성하는데, 의군부는 대한독립선언서에서 "육탄혈전으로 독립을 완성"할 것을 결의한 군부軍府 조직이었다. 의군부는 그해 4월 이상룡李相龍·유동렬柳東說·조성환曺成煥·이장녕李章寧 등과 연합해 조선독립군정사로 조직을 확대하는데, 군정사가 의열단 결성에 깊숙이 개입했다.

김원봉이 21세의 나이로 의열단 의백義伯(단장)으로 추대된 데는 군정사의 회계책임자였던 처삼촌 황상규黃尙奎의 역할이 적지 않았다. 의열단은 군정사의 물적 지원이 필요했고, 군정사는 일제와 전면전을 벌이기 전까지 단기적 성과를 낼 직접행동 조직이 필요했다. 이런 양자의 필요성이 "천하의 정의의 일을 맹렬히 수행"할 의열단을 탄생시킨 것이었다. 군정사 대표로 임정 수립에 참여하러 상해로 갔던 조소앙은 이동녕·이시영李始榮 등과 1919년 4월 "급증하는 망명 청년들의 예기銳氣를 한 곳으로 응집"시킬 목적으로 상해 공동조계에 비밀리에 폭탄 제조 학습소 겸 권술拳術 수련소를 설립했다.

그해 6월 김원봉을 비롯해 청년들이 길림에서 상해로 와서 폭탄 제조법을 배웠다. 같은 달 상해에서 40여 명의 청년은 "작탄炸彈(폭탄을 터뜨림)으로 구국의 책임을 부담"하겠다고 하면서 구국모험단을 결성한 뒤, 폭탄 제조와 사용법을 훈련받았다. 김원봉이 신흥무관학교에 입교한 것은 일본 육사 출신의 지청천池靑天 등에게 전문적인 군사교육을 받겠다는 의도도 있었지만 목숨 걸고 싸울 동지를 찾으려는 목적도 강했다. 그래서 결성 당시 의열단원 열세 명 중 여덟 명이 신흥무관학교 출신이었다. 신흥무관학교의 김동삼은 중국인 폭탄기술자 주황周況을 무관학교로 초빙하는데, 주황을 대동하고 만주로 간 인물이 바로 김원봉이었다. 여러 움직

김원봉과 박차정 | 신흥무관학교의 김동삼은 중국인 폭탄기술자 주황을 무관학교로 초빙하는데, 주황을 대동하고 만주로 간 인물이 바로 김원봉이었다.

임이 '폭탄 제조 및 투척'이란 한 가지 방향으로 집결되는 것이고, 그 실행 계획이 제1차 암살파괴계획이었다. 김원봉·곽재기郭在驥·이성우李成宇는 1919년 12월 하순, 길림에서 상해로 가서 이듬해 3월 폭탄 세 개와 탄피제조기 한 대를 구해 돌아왔다. 탄피제조기는 임정 내무총장 안창호安昌浩가 대양大洋 2,000원짜리를 사서 기증한 것이니 안창호도 한 측면에서는 무장투쟁론자였던 것이다.

의열단은 폭탄들을 우편국을 통해 안동현 중국세관에 있는 영국인 유스 포인 앞으로 발송했다. 안동현에서 이 폭탄을 인수받기로 한 곽재기는 직접 국내로 잠입해 암살파괴계획을 주도할 인물이었다. 그는 안동현에 가서 임정 외교차장 장건상의 서한을 포인에게 보이고, 무기가 든 소포를 찾았다. 안동현 원보상회의 이병철李炳喆이 의열단 연락기관이었는데, 그는 고량미 20가마니 속에 폭탄을 넣어 위장하고 경남 밀양의 미곡상 김병환에게 보냈다.

의열단은 폭탄 세 개로는 부족하다고 생각해서 다시 상해로 가서 프랑스 조계租界 오흥리에 거주하는 중국인 단익산段益山에게 폭탄 열세 개와 미국제 권총 두 정 등을 더 구입했다. 이 무기들은 중국어에 능통한 의열단원 이성우가 중국식 의류상자 속에 넣은 채 상해발 이륭양행 소속 기선 계림환桂林丸을 타고 안동현까지 운반했다. 이 폭탄 역시 안동현의 이병철을 통해 마산의 미곡상 배중세, 밀양의 김병환, 그리고 진영의 미곡상 강원석에게 보냈다. 곽재기·이성우·황상규·윤치영 등 의열단원 10

여 명은 국내로 잠입했고, 김원봉과 강세우姜世宇 등은 상해와 북경을 오가며 후방 지원 업무를 담당했다. 거사의 총지휘를 맡은 곽재기는 서울 공평동 전동典東여관에 지휘소를 설치하고 지방을 순회하면서 계획을 점검했다.

그런데 경기도 경찰부가 밀정의 제보로 5월 8일쯤 밀양 김병환의 집을 급습해 폭탄 세 개를 압수하면서 계획에 차질이 생겼다. 의열단은 남은 열세 개의 폭탄으로 거사를 진행하기로 했는데, 거사 때 뿌릴 격문이 마련되지 못하고, 일제가 비상경계망을 펼치면서 폭탄의 서울 반입이 늦어졌다. 폭탄이 압수되어 긴장이 팽팽해진 상황에서 의열단은 1920년 6월 16일 서울 인사동의 한 중국음식점에서 비밀 회합했는데 경기도경 김태석金泰錫이 일경을 이끌고 급습했다. 윤세주尹世冑·이성우·황상규·이낙준李洛俊·김기득金奇得·김병환 등이 체포되고 전국 각지에서 검거 선풍이 일었는데, 김태석은 1919년 사이토 총독에게 폭탄을 던진 강우규 의사를 체포했던 그 친일 경찰이었다.

곽재기가 부산 복성福成여관에서 체포된 것을 비롯해 부산에서도 여러 명이 체포되었다. 1년여에 걸친 살인적인 심문 끝에 1921년 6월 곽재기·이성우는 징역 8년, 황상규·윤세주·김기득·이낙준·신철휴 등은 징역 7년의 중형을 선고받았다. 스물한 살 청년 윤세주는 검사의 구형에 "체포되지 않은 우리 동지들이 도처에 있으니 반드시 강도 왜적을 섬멸하고 우리의 최후 목적을 도달할 날이 있을 것"이라고 외쳤다. 1920년 8월 1일자 《동아일보》는 〈직경 3촌寸의 대폭탄〉이란 제목으로 "총독부를 파괴하려던 폭탄은 비상히 크고 최신식의 완전한 것"이라고 보도해 이것이 폭파되었을 경우를 상상하게 했다. 《신한민보》는 7년 후인 1928년 4월 5일자에 이성우의 석방 소식을 전하면서 "3·1운동 이후 가장 세상의

대일항쟁기 때 부산경찰서 전경
박재혁은 의열단원 곽재기 등을 체포한 부산경찰서를 응징하기 위해 폭탄을 투척했다가 일제에 의해 사형된다.

이목을 놀라게 했던 제1차 의열단, 즉 밀양폭탄사건"이라고 표현하고 있듯이 의열단 사건이 준 충격파는 컸다.

　일제가 의열단원 대검거에 광분하던 1920년 9월, 부산 출신의 의열단원 박재혁은 중국 고서古書 상인으로 위장해 일본 나가사키長崎를 거쳐 부산으로 입국했다. 한 달 전 상해에서 박재혁은 김원봉과 곽재기 등 여러 명의 단원을 체포한 부산경찰서를 타격하기로 결정하고 실행에 나선 길이었다. 박재혁은 배 위에서 김원봉에게 "허다한 수익은 기약할 수 있으나 그대 얼굴은 다시 보지 못하리라〔可期許多收益, 不可期再見君顏〕"라는 편지를 쓰고 보내는 사람을 "와담臥膽 배拜"라고 적었다. 와신상담의 심정으로 결행하겠다는 결의의 표현이었다. 마지막으로 적은 칠언절구는 "열락선 타지 말고 대마도로 서 간다〔熱落仙他地末古, 對馬島路徐看多〕"인데, 자신의 이동 수단이 '연락선'이 아니며 '대마도'를 경유해 가는 것임을 보고한 것이다.

상해에서 헤어질 때 마지막임을 알았던 김원봉도 이 편지를 받고는 눈물을 흘렸다고 전한다.

박재혁은 1920년 9월 14일 아침, 중국 고서적상으로 위장해 부산경찰서장 면회를 청했다. 서장 하시모토橋本秀平가 나타나자 박재혁은 폭탄을 터뜨려 하시모토를 죽이고 자신도 큰 부상을 입었다. 그는 제1심에서 사형을 선고받았다가 대구복심법원에서 무기형으로 감형되었지만, 다시 고등법원에서 사형이 선고되었다. 그러나 박재혁은 "어찌 적의 손에 욕보기를 기다리겠는가"라며 스스로 목숨을 끊기 위해 단식투쟁을 전개했다. 드디어 1921년 5월 10일 박재혁이 아사했는데, 일제는 폐병으로 병사했다고 달리 발표했다. 그해 5월 14일, 박재혁의 시신이 본가가 있는 부산으로 운구되었고, 부산 고관역에 도착했을 때 당시 신문은 "다수의 경관들이 출장해서 두려운 폭탄 범인의 시체까지 경계를 했다더라"고 전하고 있다. 한편 과부의 몸으로 독자를 키웠던 박재혁의 모친은 아들이 시신으로 돌아온다는 소식에 정신을 잃었다.

12월 27일에는 밀양 출신의 의열단원 최수봉崔壽鳳이 밀양경찰서에 폭탄을 던졌는데 불발이어서 인명은 살상되지 않았다. 부산지방법원의 1심은 무기징역을 선고했으나 검사는 항소했고, 대구복심법원은 1921년 4월 사형을 선고했다. 의열단의 잇따른 공세에 겁먹은 일제는 인명살상이 없는 사건도 사형이란 야만적 수단으로 대응했는데, 최수봉은 그해 7월 사형이 집행되었다. 일제가 의열단에 가졌던 공포는 그만큼 큰 것이었다. 그러나 이것이 끝이 아니었다. 최수봉이 사형된 지 두 달 후인 1921년 9월, 드디어 총독부에 폭탄이 투척되는 사건이 발생했다.

5 · 일제에 던진 폭탄과 저격

김익상, 식민통치 심장부를 강타하고 유유히 사라지다

의열단이 활약하던 시기의 신문 보도를 보면 의열단을 때로 '정의혈단正義血團'이라고도 기록했다. 그만큼 의열단은 자신들의 희생을 전제로 일제 식민통치에 타격을 가해 조국의 독립을 달성하려 했던 직접행동조직이었다. 그들은 자신들의 목숨을 초개처럼 여겼고, 그만큼 일제를 두려움에 떨게 만들었다.

김산은 "의열단원들은 마치 특별한 신도처럼 생활했고, 수영·테니스, 그 밖의 다른 운동을 하면서 항상 최상의 컨디션을 유지하도록 하였다. 매일같이 저격 연습도 하였다. …… 언제나 죽음을 눈앞에 두고 있었으므로 생명이 지속되는 한 마음껏 생활했다. …… 또 모든 한국 소녀들은 의열단원들을 동경하였으므로 수많은 연애사건이 있었다"●고 전하고 있다. 김산의 선배 동지였던 김성숙金星淑은 의열단에 대해 "그때 젊은 사람들은 서로 죽으러 국내로 들어가겠다는 자세 …… 그런데 국내로 한 번 나가려면 여비도 있어야 되고 돈이 많이 들어야 되지 않아요? 그러니 나

● 님 웨일즈·김산, 송영인 옮김, 《아리랑》, 동녘, 2005.

가겠다는 사람을 모두 내보낼 수가 없어서 나중에는 제비를 뽑기도 했어요"•라고 회고했다. 김성숙은 또 의열단이 아나키즘으로 기울게 된 이유를 1921년 중국 천진天津에서 의열단에 가입한 아나키스트 유자명柳子明의 영향으로 회상했다. 그래서 "의열단은 유자명의 영향으로 아나키즘을 수용하고 그들의 민족주의적 테러 활동에 아나키즘적 논리를 갖추게 되었다"••고 평가받는다.

의열단의 잇단 공세에 당황한 일제는 1921년 7월 밀양경찰서에 폭탄을 던진 최수봉의 사형을 집행했다. 인명피해가 없는 사건임에도 사형으로 대응함으로써 의열단원의 또 다른 의거를 방지하고자 한 것이었다.

그러나 두 달 후인 1921년 9월 10일, 의열단원 김익상金益相이 북경 정양문正陽門 부근의 의열단 거처를 떠나 서울로 향했다. 단원들은 김익상에게 "장사는 한번 가면 돌아오지 않으리(壯士一去兮不復還)"라는 시구로 위로했다. 의열단원들이 거사하러 가는 단원들에게 즐겨 인용했던 이 시구는 《사기史記》〈자객열전刺客列傳〉에 나온다. 전국시대 자객 형가荊軻가 약소국 연燕의 태자 단丹을 위해 진왕秦王(진시황)을 암살하러 떠날 때 친구인 고점리高漸離가 역수易水가에서 축築을 타면서 위로하자 형가가 "바람이 쓸쓸하게 부니 역수가 차구나(風蕭蕭兮, 易水寒)"라면서 이 구절을 읊고 역수를 건넜다. 형가는 결국 진왕 암살 목전에서 실패하고 죽고 만다.

그러나 김익상은 "일주일이면 돌아올 것"이라면서 폭탄 두 개를 가지고 북경에서 봉천奉天(현 심양)으로 가는 경봉선京奉線에 올랐다. 심양에서 압록강 대안 안동(현 단둥)을 거쳐 서울로 들어갈 계획이었다. 일본어에 능숙

• 김용호 외 엮음, 《혁명가들의 항일회상》, 민음사, 2005.
•• 오장환, 《한국 아나키즘 운동사연구》, 국학자료원, 1998.

김익상 | 그는 조선총독부에 폭탄을 던지고 상해 황포탄에서 일본의 다나카 대장을 저격했다.

했던 김익상은 아이를 데리고 여행 중인 일본 여인에게 자신을 미다카미三田神라는 학생이라 소개하고 일행이 되었다. 열차에서 검문하던 일경들은 이들을 일본인 부부로 여기고 지나쳤다.

남대문역(서울역)에서 일본 여인과 헤어진 김익상은 이태원에 사는 동생 김준상金俊相의 집에서 아내 송씨와 하룻밤을 보냈다. 다음 날인 9월 12일 아침 김익상은 전기회사 공원으로 가장하고 남산 총독부를 찾아갔다. 이토 히로부미伊藤博文가 쓰던 통감관저가 1910년 이후 총독부로 바뀌었는데 왜성대倭城臺라고도 불렀다. 작가 박태원朴泰遠이 해방 후 김원봉의 증언을 토대로 쓴 《약산若山과 의열단義烈團》(1947)에 따르면 김익상은 총독부를 지키는 무장 헌병을 보고는 그대로 지나쳐 일본 찻집에 들어가 맥주를 한 병 청해 마셨다고 전한다. 다시 총독부에 들어가려 하자 무장 헌병이 "누구냐"고 물었고, 그는 "전기를 고치러 왔다"고 답변해 통과했다. 그렇게 조선총독부 폭탄투척사건이 시작되었다. 당시 《동아일보》(1921년 9월 13일자)에서는 이 사건을 아래와 같이 보도하고 있다.

12일 상오 10시 20분에 조선총독부에 폭발탄 두 개를 던졌는데 비서관 분실分室 인사계실人事係室에 던진 한 개는 스즈키鈴木 속屬의 뺨을 스치고 책상 위에 떨어져 폭발되지 않았으며, 다시 회계과장실에 던진 폭탄 한 개는 유리창에 맞아 즉시 폭발해 유리창은 산산이 부서지고 마루에는 주먹 하나가 들어갈 만한 구멍이 뚫렸는데 범인은 즉시 종적을 감추어서 방금 엄중 탐색 중이요, 폭발하는 소리가 돌연히 일어나자 총독부 안은 물 끓듯해서 일장 수라장을 이루었다더라.

불발탄을 두고 사무원이 "폭발탄"이라고 외쳐 큰 소동이 벌어지는 와중에 두 번째 폭탄이 터지는 소리가 벼락같이 들렸다. 회계과장 기쿠야마菊山 등이 자리를 비워서 인명피해는 없었지만 식민통치의 심장부 총독부에 폭탄이 터진 것이다. 신문들은 미즈노水野 정무총감이 경무국장실에서 아오키靑木 서무부장, 마루야마丸山 사무관, 야마구치山口 고등경찰과장 등을 불러 "무슨 일을 머리를 모아 비밀리에 협의했다더라"고 전하고 있다. 박태원의 《약산과 의열단》은 두 번째 폭탄이 터진 후 김익상이 아래층으로 내려가면서 올라오는 헌병·경찰 등에게 일본어로 "위험하다 위험해, 올라가면 안 된다"고 소리치면서 내려왔다고 전하고 있다.

총독부를 빠져나온 김익상은 황금정(을지로)에서 공구를 모두 버리고 일본인 가게에서 일본 목수들 옷을 산 다음 한강에서 갈아입고 평양행 야간열차에 몸을 실었다. 김익상이 평양→신의주→안동(단동)→봉천(심양)을 거쳐 북경에 돌아온 날이 9월 17일이었으니, 자신의 말대로 일주일 만에 돌아온 것이다. 의열단원 최수봉의 사형 집행 두 달 만에 발생한 총독부 폭탄투척사건에 일제가 경악한 것은 당연했다.

1922년 3월 초 상해로 간 김원봉은 북경의 의열단원들을 불렀다. 프랑스 조계 주가교朱家橋의 중국인 이발소 2층에서 김원봉·이종암李鍾岩·오성륜吳成崙·김익상·서상락·강세우 등 의열단원들이 마주 앉았다. 일본 육군대장 다나카 기이치田中義一가 싱가포르, 홍콩을 거쳐 상해에 온다는 정보 때문이었다. 1918년 9월~1921년 6월까지 제26대 일본 육군대신을 역임한 군부의 실세 다나카 기이치를 저격하자는 것이었다.

그런데 오성륜·김익상·이종암이 앞다투어 결행을 자청해 순서를 조정해야 했다. 다나카 기이치가 배에서 내릴 때 오성륜이 1선을 맡아 저격하고, 이것이 실패하면 김익상이 그가 차로 향할 때 저격하는 것이 2선이었다. 이마저 실패하면 그가 자동차에 오를 때 이종암이 저격하는 것이 3선이었다.

1922년 3월 29일, 기선이 상해 황포탄 공공마두에 도착하자 다나카 기이치는 마중 나온 인사들과 악수를 나눴다. 그때 오성륜이 권총을 꺼내 그를 저격했다. 적중했다고 생각한 오성륜은 "독립만세"를 외쳤지만 실제로 맞은 이는 곁에 있던 영국 여인 스나이더였다. 2선의 김익상이 승용차를 향해 도주하던 다나카 기이치에게 권총을 발사했는데 그의 모자창만 뚫었다. 김익상이 폭탄을 꺼내 옆의 전신주에 뇌관을 친 다음 그를 향해 던졌지만 불발이었다. 3선의 이종암이 군중을 헤치고 나가서 다나카 기이치가 탄 차량에 폭탄을 던졌지만 또 불발이었고, 미 해병이 발로 차 바다로 빠뜨렸다. 1선, 2선, 3선의 공격이 모두 실패했으니 이 또한 운명이었다.

이종암은 재빨리 입고 있던 외투를 벗어던지고 군중 틈으로 몸을 숨겼지만 오성륜·김익상에게는 일본 헌병과 경찰은 물론 중국 경찰과 인도 순포巡捕까지 달려들었다. 둘은 허공에 권총을 쏘면서 구강로九江路를 지나 사천로四川路까지 도주하다 결국 막다른 골목에서 체포되고 말았다. 김원봉과 강세우, 서상락은 각각 자전거를 가지고 부두 근처에서 소식을 기다리고 있었지만 다른 방법이 없었다. 오성륜과 김익상은 상해 일본영사관경찰서로 연행되어 혹독한 조사를 받았다. 조사 도중 김익상이 조선총독부 폭탄투척 사건의 주인공임이 밝혀지자 일제는 경악했다.

그러나 그해 5월 2일, 오성륜이 영사관 감옥을 깨뜨리고 탈출하자 또

상해 황포탄의 현재 모습
1922년 3월 의열단은 이곳에서 일본 군부의 실세 다나카 대장을 제거하기 위해 세 차례에 걸쳐 저격했지만 실패했다.

한 번 세상이 놀랐다.《고등경찰관계연표》와《동아일보》등에 따르면 오성륜은 일본인 죄수 다나카 쓰이치田中忠一와 함께 탈출했는데, 다나카는 항주杭州로 갔다가 다시 상해로 돌아와 체포되었지만 오성륜은 오리무중이었다. 오성륜은 만주로 갔다가 독일을 거쳐 소련으로 가서 동방노력자공산대학에 입학하면서 공산주의로 노선을 수정한다.

 오성륜의 탈출에 놀란 일제는 5월 6일 김익상을 부랴부랴 나가사키로 압송해 재판에 회부했다. 1922년 9월 25일 마쓰오카松岡 재판장이 김익상에게 무기징역을 선고하자 검사가 항소했고, 항소심에서 미요시三好 검사는 "피고 뒤에는 조선독립의용군을 위시해서 독립단이 뒤를 이어 일어날 염려가 있으니, 극형에 처해달라"고 주문했다. 그해 11월 6일 모리森 재판장은 김익상에게 사형을 언도했다. 김익상은 상고를 포기해 사형이 확정되었으나 이른바 은사恩赦로 무기로 감형되었다. 1927년에 다시 20년으로 감형되어 1942년에 만기 출소했는데,《약산과 의열단》은 그의 집으로 형사가 찾아와 데리고 나간 후 돌아오지 않았다고 전한다.

6 · 독립운동 노선의 치열한 다툼

의열단, 외교독립론에 '민중'과 '폭력' 선언으로 맞서다

독립운동의 노선 다툼은 치열했다. 크게 무장투쟁론자와 외교독립론자들의 노선 다툼이었는데, 의열단의 직접행동 노선에 대해 외교독립론자들이 비판하자 의열단은 단재 신채호에게 자신들의 주의·주장을 담은 선언문 작성을 의뢰했고, 그 결과〈조선혁명선언〉이 탄생했다.

1922년 3월, 의열단이 상해 황포탄에서 일본의 다나카 대장을 저격한 사건은 상해는 물론 전 중국과 일본, 한국까지 떠들썩하게 만들었다. 그러나 이는 상해를 조계지로 나누어 차지하고 있던 서구 열강들을 불편하게 만들었다. 일본 총영사관은 자신들이 관할하는 공동 조계는 물론 한국 독립운동에 우호적이었던 프랑스 조계에도 압력을 넣어 한국 독립운동을 단속하라고 요구했다.

이에 따라 공동 조계와 프랑스 조계의 경찰 당국은 '불온행동' 단속 강화 방침을 공포했다. 골자는 한인 독립운동가의 총기류 휴대를 억제하겠다는 것이었다. 주중 미국공사 샬먼은 상해에서 조선으로 향하면서 "조선인 독립당이 목적을 달성하기 위하여 공산주의자의 행함과 같은 잔혹

상해의 일본 조계지
'공동 조계'라고도 불렸던 일본 조계지는 한 발만 들이밀면 바로 체포되는 독립운동가들의 무덤이었다.

한 수단으로 나오는 데 대해 미국은 물론 세계 어느 나라든지 찬성치 아니하는 바이다"라고 유감의 뜻을 표했다. 미국의 이런 태도는 의열단에 대한 상해의 외국인 여론을 악화시켰는데, 문제는 여기에 임정까지 가세한 것이었다.

《동아일보》(1922년 4월 7일자)는 상해 임정이 "세관 부두의 폭탄사건(다나카 저격사건)에 대해 가정부假政府(임시정부)는 하등의 관계가 없으므로 저들의 행동에 절대로 책임을 지지 아니한다"는 성명을 냈다고 보도했다. 또 임정 측 관계자가 "독립정부 측과 저들은 하등의 관계가 없으며 조선독립은 과격주의를 채용하며, 공포수단을 취하여 달할 것이 아니다"라고 말했다고 전한다. 그러자 의열단은 자신들은 박재혁·최수봉이 사형당하고 김익상·오성륜이 체포돼 혹독한 고문을 받고 있는데 격려는 못할 망정 '관계없다'고 선을 긋고 나서는 데 격분했다. 의열단은 자신들이 무차별적

테러단체가 아니라 명확한 이념과 목표를 가진 혁명단체임을 내외에 천명할 필요성을 느꼈다. 그래서 김원봉과 유자명은 북경의 신채호를 상해로 초빙해 의열단의 주의·주장을 담은 선언문 작성을 요청했다. 신채호 역시 의열단의 직접행동을 지지하고 임정의 외교독립론에 부정적이었으므로 흔쾌히 수락했다.

이렇게 탄생한 것이 '의열단 선언문'이라고도 불리는 유명한 〈조선혁명선언〉이다. "강도 일본이 우리의 국호國號를 없이 하며, 우리의 정권을 빼앗으며, 우리 생존조건의 필요성을 다 박탈하였다"로 시작하는 〈조선혁명선언〉은 "식민지 민중이 빼앗긴 나라와 자유를 되찾기 위해서 행하는 모든 수단은 정의롭다"고 선언했다.

〈조선혁명선언〉은 모두 다섯 부분으로 나뉘어 있는데 첫 부분에서 "강도 일본이 헌병정치, 경찰정치를 힘써 행하여 우리 민족이 한 발자국의 행동도 임의로 못하고 언론·출판·결사·집회의 일체 자유가 없어 고통과 울분과 원한이 있어도 벙어리의 가슴이나 만질 뿐"이라며 일제 식민통치의 가혹성을 강하게 비판했다. 〈조선혁명선언〉은 일제뿐 아니라 "내정독립이나 참정권이나 자치를 운동하는 자가 누구이냐"라면서 국내의 친일파나 개량주의자들의 타협노선에 대해서도 강하게 비판했다. 일제를 완전히 구축하고 독립을 쟁취하자는 게 혁명노선이라면, 일제의 지배를 인정하면서 부분적인 정치적 권리를 얻자는 것이 개량주의 노선으로서 내정독립론內政獨立論·참정권론·자치론 등이 있었다.

단군교의 정훈모는 1922년 3월 9일 일본 왕실의 일원인 귀족원 의원 고노에 후미마로近衛文麿 공작의 소개로 일본 귀족원에 조선내정독립청원서를 냈다. 내정독립이란 일본의 통치를 인정하면서 조선 내정은 조선인들이 맡겠다는 주장이었다. 고노에 후미마로는 1933년에는 일본 귀족원

의장을 지냈고, 군국주의가 한창이던 1941년에는 사법대신을 역임한 인물이었다. 단군교는 나철이 대종교로 개칭하고 만주로 망명해 적극적인 항일운동에 나서자 단군교란 이름을 고수한다면서 적극 친일에 나섰던 단체였다. 참정권은 일본 정우회의 대의사代議士 다키 쓰네지多木常次 등이 1922년 3월 일본 중의원에 제출한 것으로서 '내지연장주의內地延長主義'의 일환으로 제청된 내용이었다. 즉 식민지 조선에도 내지(일본)와 같은 법령과 정책을 시행하자는 것이었다. 자치론 또한 일본의 지배 아래 일부 자치라도 획득하자는 것이었다.

신채호와 의열단은 이런 노선들은 친일파와 개량주의자들이 자신들의 정치적 야욕을 달성하기 위한 투항노선이라고 보고 있었다. 〈조선혁명선언〉은 "일본 강도 정치하에서 문화운동을 부르는 자가 누구이냐?"라면서 "우리는 우리의 생존의 적인 강도 일본과 타협하려는 자나 강도 정치하에서 기생하려는 주의를 가진 자나 다 우리의 적임을 선언하노라"고 규정하고 있다. 내정독립론자·참정권론자·자치론자 모두 자신들의 적이라는 선언이었다.

세 번째 부분에서 〈조선혁명선언〉은 외교독립론과 준비론에 대해서도 강하게 비난하고 있다. 외교독립론에 대해 "이들(외교독립론자)은 한 자루의 칼, 한 방울의 탄알을 …… 나라의 원수에게 던지지 못하고, 탄원서나 열국공관列國公館에 던지며, 청원서나 일본 정부에 보내어 국세國勢의 외롭고 약함을 애소哀訴하여 국가존망·민족사활의 대문제를 외국인, 심지어 적국인의 처분으로 결정하기만 기다리었도다"라고 비판했다. 신채호는 준비론에 대해서도 "실로 한바탕의 잠꼬대가 될 뿐"이라고 부인했다. 그러면서 신채호와 의열단은 "이상의 이유에 의하여 우리는 '외교', '준비' 등의 미몽을 버리고 민중 직접혁명의 수단을 취함을 선언하노라"라고 선

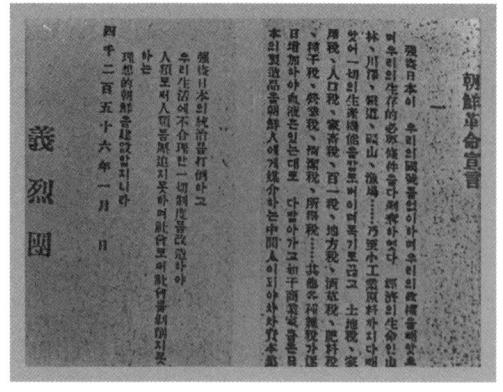

〈조선혁명선언〉
신채호와 의열단은 이 선언을 통해 "민중은 우리 혁명의 대본영이다. 폭력은 우리 혁명의 유일한 무기다"라고 주장해 일제를 경악에 빠뜨렸다.

포했다.

네 번째 부분에서 신채호와 의열단은 "강도 일본을 구축하려면 오직 혁명으로써 할 뿐이니, 혁명이 아니고는 강도 일본을 구축할 방법이 없다"며 혁명이 유일 수단이라고 선언했다. 의열단의 혁명론은 민중혁명론이었다. 신채호와 의열단은 "구시대의 혁명으로 말하면, 인민은 국가의 노예가 되고 그 위에 인민을 지배하는 상전, 곧 특수세력이 있어 그 소위 혁명이란 것은 특수세력의 명칭을 변경함에 불과하였다. 금일 혁명으로 말하면 민중이 곧 민중 자기를 위하여 하는 혁명인 고로 '민중혁명'이라 '직접혁명'이라 칭한다. 오직 민중이 민중을 위하여 일체 불평·부자연·불합리한 민중 향상의 장애부터 먼저 타파해야 한다"고 주장한다. 같은 민족, 같은 국가 내에 어떠한 차별과 억압이 없어야 한다는 것인데, 이 부분이 바로 〈조선혁명선언〉이 갖고 있는 아나키즘적 요소다.

신채호는 '민중'과 '폭력'을 혁명의 2대 요소라면서 폭력(암살·파괴·폭동)의 목적물을 대략 열거했는데, "①조선총독 및 각 관공리, ②일본 천황 및 각 관공리, ③정탐노偵探奴·매국적賣國賊, ④ 적의 일체 시설물"이 그 대상

유자명 | 아나키스트이자 농학자였던 그는 김원봉과 함께 신채호를 찾아가 의열단 선언문 작성을 의뢰했다.

이었다. 또한 '이민족 통치', '특권 계급', '경제약탈제도', '사회적 불균형', '노예적 문화사상'을 파괴 대상으로 규정했다. 〈조선혁명선언〉은 "이천만 민중은 일치로 폭력 파괴의 길로 나아갈지니라"면서 "민중은 우리 혁명의 대본영大本營이다. 폭력은 우리 혁명의 유일한 무기다. 우리는 민중 속에 가서 민중과 손을 잡고 끊임없는 폭력—암살·파괴·폭동으로써 강도 일본의 통치를 타도하고, 우리 생활에 불합리한 일체 제도를 개조해 인류로써 인류를 압박하지 못하며, 사회로써 사회를 수탈하지 못하는—이상적 조선을 건설할지니라"라고 끝맺었다.

1923년 1월 〈조선혁명선언〉이 발표되자 일제는 크게 놀랐다. 간도 총영사 스즈키鈴木安太郎와 만주 해룡海龍 현의 영사관 분관 주임 다나카田中繁三는 각각 1923년 5월과 7월에 외무대신 우치다 고사이內田康哉에게 '불온 인쇄물 조선혁명선언의 반포를 개시한 건' 등의 보고서에서 "〈조선혁명선언〉이 만주 지역에 배포되고 있다"면서 신경을 곤두세웠다.

의열단이 신채호에게 〈조선혁명선언〉의 집필을 맡긴 데는 이유가 있었다. 사실 의열단은 안창호가 탄피제조기를 구입해주고 김원봉·이종암 등이 상해에서 임시정부의 별동대로 불리던 구국모험단 단장 김성근金聲根과 합숙하면서 폭탄제조법과 사용법을 배울 정도로 가까운 관계였다.

그러나 임정 대통령 이승만李承晩이 한국의 위임통치안을 토머스 윌슨 미국 대통령에게 요청한 사실이 전해지면서 상해 임정에 반대하는 인사들이 북경에 모이는데, 신채호·이회영·박용만·김창숙 등이다. 이들 북경파의 일부 원로 독립운동가들과 젊은 아나키스트들이 1924년 4월 말 북경에서 재중국조선무정부주의자연맹(이하 무련)을 결성하는데, 장소는 알려지지 않았지만 연구자들은 이회영의 숙소로 추정하고 있다. 창립 당시 회원은 이회영·이을규李乙奎·이정규李正奎·정현섭鄭賢燮(화암)·백정기白貞基·유자명 등 여섯 명이다. 정화암은 "신채호는 순치문順治門 내 석등암石燈庵에 칩거하며《사고전서四庫全書》를 섭렵하면서 역사 편찬에 몰두하느라, 유림柳林은 성도대학成都大學에 재학 중이라 참석하지 못했다"고 회고했다. 이 조직은 이회영의 자금 출자로 순간旬刊《정의공보正義公報》를 발간하다가 1924년 10월 자금난으로 사실상 해체되지만, 이후에도 이들은 재중국 한인 아나키즘 운동의 중심이 된다.

7 • 민족사관의 확립

신채호, 아나키즘과
선비정신을 강조하다

신채호는 민족주의자이자 아나키스트다. 피압박민족의 시각으로 바라본 세상과 민중의 시각으로 바라본 세상이 같았기에 신채호에게는 한국 민족주의와 국제주의인 아나키즘이 서로 모순되지 않았다. 이런 관점에서 쓴 신채호의 저작은 21세기에 되살아나야 할 역사학이다.

'의열단선언문'이라고도 불리는 〈조선혁명선언〉에 정치적인 내용뿐 아니라 일제의 식민지 국어·국사 교육에 대해서도 강하게 비판한 것은 집필자가 신채호이기 때문이었다. 〈조선혁명선언〉은 "자녀가 나면 '일어日語를 국어國語라, 일문日文을 국문國文이라' 하는 노예 양성소 학교로 보내고, 조선 사람으로 혹 조선사를 읽게 된다 하면 '단군을 무誣(왜곡)하여 소전오존素戔嗚尊(일본 고대의 삼신三神 중 하나)의 형제'라 하며 '삼한시대 한강 이남을 일본의 땅'이라 한 일본놈들이 적은 대로 읽게 되며, 신문이나 잡지를 본다 하면 강도 정치를 찬미하는 반半 일본화한 노예적 문자뿐이며……"라고 하면서 일제의 국어·국사 교육을 강하게 비판했다.

일제는 1912년 '보통학교용 언문철자법'을 제정해 훈민정음의 표기법을 크게 왜곡했는데, 현행 '한글맞춤법통일안'은 아직도 이 문제를 극복하지 못하고 있다. 현재 우리는 영어식 발음 중 r과 l, p와 f, b와 v를 구분할 수 없지만 세종이 편찬한 《훈민정음해례본解例本》은 이를 모두 구분해서 표기할 수 있는 방법을 제시하고 있다. 아직껏 일제 식민언어학자들이 만든 '언문철자법'의 테두리에서 벗어나지 못하고 있는 것이다.

일제는 1916년 조선반도사편찬위원회(이후 조선사편수회)를 만들어 식민사학을 조직적으로 유포시켰다. 고대사의 경우 단군 조선을 부인하는 한편 한나라의 식민통치기구였다는 한사군(낙랑·진번·임둔·현도)의 위치를 한강 이북이라고 강변했다. 또 한반도 남부에는 고대 일본의 식민통치기구인 임나일본부가 있었다고 주장해 남북 모두를 식민지라고 창작했다.

그런데 석주 이상룡이 1911년 2월 만주로 망명하면서 쓴 기행문 《서사록西徙錄》에는 《수서隋書》를 인용해 "한사군은 압록강 이서以西를 넘지 못했음을 알 수 있다"고 서술했다. 《수서》〈양제煬帝 본기〉에는 수隋 양제가 113만 대군을 24군으로 나누어 현 북경지역인 탁군(郡)에서 평양까지 오가면서 각 군의 진군로를 명령하는데 그 진군로에 낙랑·현도·조선·요동 등의 지명이 있다. 이 지역들이 모두 만주에 있었다는 뜻이다. 이상룡뿐 아니라 조선의 성호 이익李瀷도 《조선사군朝鮮四郡》에서 한사군은 한반도가 아니라 만주에 있었다고 주장했다. 현재 한강 이북지역에 한사군이 있었다고 주장하는 중국의 동북공정은 일제 식민사학의 중국판에 불과하며, 아직도 이를 추종하는 국내 식민사학은 조선총독부 조선사편수회의 후신에 불과하다.

신채호가 1928년 5월 아나키즘 사건으로 체포되었을 때 《조선일보》 신영우申榮雨 기자가 "오랫동안 끊어졌던 그의 소식이 의외의 사실로 나타나자 일세一世의 경악과 흥미가 크고 많았다"고 말한 대로 국내는 크게

중국 여순감옥 정문
저항적 선비였던 신채호는 끝내 10년의 형기를 채우지 못하고 여순감옥에서 옥사했다.

놀랐다. 신채호는 1927년 9월, 광동廣東의 중국인 아나키스트 진건秦健의 발의로 결성된 무정부주의자동방연맹에 한국 대표로 가담했다. 한국·중국·일본·대만·인도·안남安南(베트남)의 6개국 대표 120여 명이 모여 결성한 이 조직은 'A동방연맹'이라고 약칭되는데, 신채호는 이필현과 함께 한국 대표로 참석했다.

북경 우편관리국 외국위체계外國爲替係에 근무하는 대만인 아나키스트 임병문林炳文은 외국위체 200장을 위조 인쇄해 북경 우편관리국을 통해 일본·대만·조선·만주 등 32개소의 우편국에 유치위체留置爲替로 발송했다. A동방연맹의 활동자금을 마련하기 위한 것인데 총 64,000원에 달하는 이 거금을 찾기 위해 신채호는 대만, 임병문은 조선과 만주, 이필현은 일본으로 향했다. 임병문은 1928년 4월 25일 만주의 대련大連은행에서 위체 2,000원을 가명으로 찾아서 북경의 이필현에게 부치는 데 성공했다. 고무된 임병문은 일본 후쿠오카福岡 현 모지門司를 거쳐 고베神戶의 일본은행에서 2,000원을 더 찾으려다 일경에 체포되었다. 유병택柳炳澤이란 가명을 사용했던 신채호도 일본 모지를 거쳐 1928년 5월 대만 기룡항基隆港에 도착했으나 수상서원水上署員에게 체포되고 말았다.

신채호는 1929년 2월 치안유지법 위반 및 유가증권위조행사, 사기 등의 혐의로 대련지방법원에 서는데, 재판장 아즈미安住가 "무엇에 쓰려고 한 짓인가?"라고 묻자 "동방연맹 자금으로 쓰되 우선 주의主義 선전잡지를 발간하여 동지를 규합코자 한 것"이라고 답했다. "사기詐欺를 나쁘다고 생각하지 않나?"라고 묻자 "우리 ○○가 ○○를 ○○하기 위하여 취하는 수단은 모두 정당한 것이니 사기가 아니며 …… 양심에 부끄러움이나 거리낌이 없소"●라고 대답했다. 총독부가 삭제한 부분은 "우리 겨레가 나라를 회복하기 위하여" 또는 "우리 민중이 해방을 쟁취하기 위하여"라는 등의 말일 것이다. 신채호는 동방연맹에는 "이필현의 소개로 가입하였는가"라는 질문에 임병문의 소개로 가입했다고 대답했다. 임병문이 체포된 지 넉 달 만에 옥사獄死했다고 들었기 때문이다.

그런데 최근 임병문의 아들인 대만 작가 임해음林海音의 연보가 발견되면서 임병문이 이때 죽지 않고 석방되어 1931년 5월까지 살았다는 의문이 생기고 있다.●● 재판장이 "동방연맹에는 대정大正 14년(1926)경에 입회하였으며 그때 이필현과 안 일이 있는가?"라고 묻자 "일본 연대를 써보지 못하여 대정 몇 년이란 것은 모르며 어쨌든지 지금부터 3년 전 여름에 입회하였노라"고 답했다. 그는 일제의 모든 정체를 부정하기 때문에 대정

● 《동아일보》 1929년 2월 12일자.
●● 최옥산, 〈문학자 단재 신채호론〉, 2003.

여순 감옥에 수감된 신채호 | 그는 외국 위체를 찾으러 갔다가 수상서에 체포되어 대련으로 압송되었다.

운운하는 일본 연호를 모른다고 말한 것이다. 재판장이 동방연맹의 목적에 대해서 묻자 "무정부주의로 동방의 기성 국체를 변혁하여 다 같은 자유로서 잘살자는 것이요"라고 답했다.

그는 1930년 5월, 수감 2년 만에 10년 형을 선고받고 여순旅順 감옥에서 수형생활을 하게 되었다. 신채호가 미결수 신분이던 1928년 11월《조선일보》기자 이관용李灌鎔은 대련경찰서 마키다牧田 경무주임의 소개로 신채호를 면회했다. 이때 신채호는 이관용에게 허버트 웰스Herbert Wells의 일본어판《세계문화사》와 일문日文을 설명한 에스페란토 문전文典을 부탁하면서, "그밖에는《윤백호집尹白湖集》을 육당六堂에게 말하였는데 어찌 되었는지……"라고 말했다. 조선 후기 주자학자들에게 이단으로 몰려 사형당한 북벌론자 백호 윤휴尹鑴의 문집을 육당 최남선에게 부탁했는데 소식이 없다는 뜻이다. 주자학에 반기를 들었던 백호 윤휴 문집을 감옥에서 찾은 신채호는 한국 사상사에 나타나는 저항적 선비정신의 계승자라 할 수 있다.

《조선일보》신영우 기자는 1932년 12월, 여순 감옥에서 신채호를 면회하면서 "옥중에서 다소 책자冊子를 보실 수 있습니까"라고 질문했다. 신채호는 "될 수 있는 대로 책을 봅니다. 노역에 종사하여서 시간은 없지만 한 10분씩 쉬는 동안에 될 수 있는 대로 귀중한 시간을 그대로 보내기 아까워서 조금씩이라도 책 보는 데 힘씁니다"라고 답했다. 식민사학자들이 조선사편수회에서 총독부의 자금 지원을 받으면서 자국사 왜곡에 열중

할 때, 신채호는 감옥에서 노역 도중 틈틈이 자국사를 연구했다. 신채호는 안재홍의 주선으로 1931년 6월부터 이듬해 5월까지 《조선일보》에 조선사, 조선상고문화사 등을 연재했다. 당시 국내 신문들은 1면 상단에 대정大正(1912~25), 소화昭和(1926~) 등의 일본 연호를 표기했는데 신채호는 일본 연호를 사용하는 신문에는 글을 쓰고 싶지 않다고 중단을 요청하기도 했지만 이 원고료는 부인 박자혜朴慈惠와 차남 신두범申斗凡에게 요긴한 생활비가 되었다.

신영우가 "건강이 앞으로 8년을 계속하겠습니까?"라고 묻자 "이대로만 간다면 8년의 고역苦役은 능히 견디어 가겠다고 자신합니다"라고 답했다. 하지만 체포 당시(1928) 만 48세로 병약했던 신채호에게 살을 에는 만주 추위를 이겨내기는 쉽지 않은 일이었다. 신영우에게 "조선사색당쟁사四色黨爭史와 육가야사六伽倻史만은 조선에서 내가 아니면 능히 정확한 저작을 못하리라고 믿고 있다"면서 출소 후 이런 책을 쓰겠다던 신채호는 꿈을 이루지 못하고 1936년 2월 21일 뇌일혈로 세상을 떠났다.

국어학자 이윤재는 1936년 4월 《조광朝光》에 〈북경시대의 단재〉라는 회상기를 싣는데 북경에서 신채호가 "조선사통론, 문화편, 사상변천편, 강역고彊域考, 인물고人物考"라는 다섯 권짜리 저작을 보여주었다면서 "그 원고가 그 뒤에 어떻게 되었는지 알 수 없다"고 아쉬워하고 있다. 그 원고가 아쉽기는 동북공정이 기승을 부리고, 아직도 식민사학이 건재한 지금 우리도 마찬가지다.

8 · 재중국의 독립운동기지

한인 아나키스트들, '이상촌' 건설을 추진하다

재중국 한인 아나키스트들은 두 가지 방향으로 사업을 전개했다. 하나는 의열단이나 다물단 같은 행동조직을 만들어 일제 식민통치기관을 직접 공격하거나 친일분자들을 제거하는 일이었다. 또 하나는 자신들의 이상을 실현하기 위한 이상촌을 건설하는 사업이었다.

1923년 늦가을 북경 모아호帽兒胡동 아문衙門구. 모아호동은 청나라 마지막 황제 부의溥儀의 황후 완용婉容의 집이 있는 귀족 거주지이자 정원이 잘 가꿔진 사합원四合院이 즐비한 곳이다. 고궁故宮에서 불과 3킬로미터 떨어진 이곳에 유림 김창숙을 비롯해 한인 아나키스트 이을규·이정규 형제와 백정기 등이 잠입했다. 이들은 여기 사는 한인 고명복 모녀 집에 들어가 패물 등 값진 물건을 빼내 돌아왔다. 이튿날 각 신문에 이 사건이 대서특필되었고, 경계가 삼엄한 귀족 거주지가 털렸다는 소식에 모두 깜짝 놀랐다.

이 사건은 재중국 아나키스트들이 구상한 이상촌 건설 사업이었던 영정하永定河 개간 사업과 관련이 있었다. 우당 이회영과 이을규·이정규 형제, 정화암 등은 북경과 천진 사이를 흐르는 영정하 주위의 하천부지를 개간해 이상촌을 건설하고, 여기에서 나오는 자금으로 지속적인 독립운동을 전개하려고 계획했다. 여기에는 막대한 자금이 필요했기 때문에 정화암이 1921년 말 국내로 잠입했다. 정화암은 미곡상 등을 경영하기도 했지만 막대한 자금을 마련하는 것은 쉽지 않았다. 그는 약 1년 8개월 후 재력가였던 고명복 모녀를 대동해 북경으로 돌아왔다.

고명복의 이모는 1906년 경기도 관찰사를 역임한 고 이근홍李根洪의 첩이었는데 정화암은 자서전 《몸으로 쓴 근세사》에서 "(그 이모는) 사정이 있어서 동행하지 못했다"라고 전하고 있다. 1923년쯤 국내 신문에는 이근홍의 부인 정씨가 아들 이위룡李渭龍을 상대로 상속무효소송을 전개한 사실을 보도하고 있는데, 아마 이 사건 때문에 함께 오지 못했을 것이다. 그 이모는 윤택영尹澤榮에게 고명복 모녀를 모아호동 아문구로 이주시키고 나서 자신도 북경으로 왔다.

윤택영은 대한제국의 마지막 황제 순종의 계비繼妃 순정황후 윤씨의 부친으로, 일제에게 후작侯爵 작위를 받은 매국적이었다. 그는 막대한 가산을 탕진하고 사기행각에 나서 빚을 잔뜩 지고 북경으로 도주했는데 부채왕負債王이란 별명도 갖고 있었다. 고명복 모녀는 영정하 개간계획이 독립운동과 관련 있다는 사실을 알고는 연락을 끊고 윤택영에게 재산 관리를 맡겼다. 그래서 아나키스트들이 고명복 모녀의 집에 잠입했던 것이다. 그러나 이 정도 자금으로 개간사업을 진행하기에는 턱없이 부족했다. 대신 이 자금으로 경찰의 삼엄한 추적이 수그러든 1924년 4월 말 무렵을 결성할 수 있었다.

1923년 9월에는 중국인 아나키스트 진위기陳偉器 등과 이상촌인 양도촌洋濤村 건설 사업을 전개했다. 진위기의 친구 주 씨가 호남성 동정호洞庭

중국 윈난성 쿤밍의 윈난군관학교
김종진이 졸업한 이 학교는 중국의 주덕과 엽검영, 주보중, 북한의 최용건도 다녔던 명문 군사학교였다.

湖 서쪽 한수漢壽현 양도촌에 광대한 농지를 갖고 있었는데, 여기에 한인 인삼 경작자를 이주시키고 이상농촌건설조합을 만들어 공동 경작·공동 소비·공동 소유하는 이상촌을 건설하려는 계획이었다. 그러나 이 역시 주 씨 마을 내부의 사정으로 수포로 돌아갔다.

 이상촌 건설계획이 무산되면서 아나키스트들은 극심한 생활고에 허덕였다. 전 가산을 정리해 약 40여 만 원(현재 약 600억 원)에 달하는 거금을 가지고 만주로 망명했던 우당 이회영도 마찬가지였다. 북경에서 이회영과 친밀하게 지냈던 김창숙은 자서전 《벽옹 73년 회상기躄翁七十三年回想記》에서 "그(이회영)의 얼굴을 살펴보니 자못 초췌한 빛이 역력했다. …… 그의 아들 규학圭鶴에게 물었더니, '이틀 동안 밥을 짓지 못하였고 의복도 모두 전당포에 잡혔습니다……'"라고 해서 김창숙은 주머니를 털어서 식량과

땔감을 사주었다고 전하고 있다.

이회영의 아들 이규창도 자서전《운명의 여진》에서 북경 천안문 남쪽 영정문永定門의 관음사觀音寺 호동胡同에 살 때 "일주일에 세 번 밥을 지어 먹으면 재수가 대통한 것"이었다며 제일 하층민이 먹는 '짜도미雜豆米'로 쑨 죽 한 사발로 때우는 때가 많았다고 회고했다. 정화암도 1927년 7월 복건성 천주泉州로 가는 도중 천진에 들렀는데, "남개南開(천진의 한 지명)의 우당 이회영 집을 찾아갔더니 여전히 생활이 어려워 식구들의 참상이 말이 아니었다. 끼니도 못 잇고 굶은 채 누워 있었다"고 회상하고 있다.

이렇게 극도의 곤궁에 시달릴 무렵 천진 이회영의 우거寓居를 찾은 인물이 김좌진의 친척 동생 김종진金宗鎭이었다. 김종진은 고향 홍성에서 3·1만세시위를 주도한 후 1920년 북경으로 망명해 이회영을 만난 적이 있었다. 김종진은 중국군관학교에 입학해서 군사 실력을 쌓기 원했는데, 이을규의《시야是也 김종진 선생전》은 이런 구상에 대해 노장년층에서 "청년들이 일선에서 후퇴하면 그동안 누가 운동을 계속하라는 것이냐"면서 반대하는 의견이 많았지만 이회영은 김종진에게 상해의 신규식申圭植과 이시영을 소개했다고 전한다. 김종진은 이들을 통해 운남성 곤명昆明에 있는 운남군관학교에 입학했다. 운남성 독군督軍 당계요唐繼堯가 신규식 등과 친분이 있었기 때문이다.

1921년 4월쯤 군관학교에 입학한 김종진은 1925년 4월 졸업한 후 광동廣東·상해·남경南京·무한武漢 등지에서 북벌군과 군벌이 충돌하는 중국 내전의 현장을 경험하고, 1927년 가을 천진의 이회영을 찾았다. 둘은 빈민가 토방에서 염죽鹽粥 한 종기를 앞에 놓고 수일간 토론했다. 이회영은 자신이 "각금시이작비覺今是而昨非(지금 깨달으니 과거가 잘못되었음)식으로 무정부주의자가 된 것은 아니다"라고 말했다. 이회영은 구한말에 이미 "이서吏胥

김종진 | 그는 졸업 후 이회영의 감화를 받아 아나키스트가 된 다음 만주로 가서 한족총연합회를 만든다.

와 노비에 대한 차별적인 언사부터 경어敬語로 바꾸려고 노력"했다고 전하는데, 그 배경에는 양명학이 있었다. 망국 후 만주로 망명했던 강화도의 양명학자들은 물론 이회영과 이상설도 모두 양명학을 공부했다. 12세기 말 남송南宋의 주희朱熹(주자)가 집대성한 주자학(성리학)이 양반 사대부 계급의 선천적 우월성을 주장하는 반면, 16세기 초 명나라의 왕양명王陽明은 모든 직업이 평등하다는 이업동도異業同道를 주창했다.

이회영은 고종 망명계획에 관여한 것 때문에 복벽파復辟派(왕정복고파)란 오해도 받았는데, 김종진에게 "내가 고종을 앞세우려고 한 것은 복벽적 봉건사상에서가 아니라" 한국독립문제를 세계적인 정치문제로 제기하기 위한 "하나의 방책에 불과했다"고 설명했다. 이회영은 또 "무정부주의자들의 방법론인 자유연합이 너무 허황된 것이 아니냐"는 질문에 "자유연합이 독립운동의 견지에서 가장 적절한 이론"이라면서 "남들이 강철의 조직이라는 공산당도 적색赤色 러시아처럼 정권을 잡은 후에 강제와 복종의 규율이 생긴 것이지 그 전에는 운동자들의 자유합의로 행동했다"고 분석했다. "독립 후 어떤 사회를 건설해야 하겠는가"라는 질문에는 "각 국가와 민족이 모두 평등해야 하고, 민족 내부에서도 자유 평등의 원칙 아래 국민 상호 간에 일체의 불평등·부자유가 있어서는 안 된다"고 주장했다.

또한 권력집중을 피하고 지방 분권적인 지방자치제를 확립해야 한다면서 "지방자치체들의 연합으로 중앙정치기구를 구성해야 한다"고 주장

이을규 | 독립운동가인 그는 김종진에게 이회영이 아나키스트가 되었음을 알려준 인물이기도 하다.

했다. 경제체제에 대해서는 "재산의 사회성에 비추어 일체 재산의 사회화를 원칙으로 사회적 계획 아래 관리해야 하지만, 이 경우 자유를 제약할 위험이 있으므로 사회적 자유평등의 원리에 모순이 없도록 관리와 운영이 합리화되어야 할 것"이라고 말하고, 교육에 대해서도 "사회 전체의 비용으로 부담하고 실시"되어야 한다고 주장했다. 이회영은 "무정부주의는 공산주의와 달라서 꼭 획일성을 요구하는 것은 아니니까 그 기본원리를 살려 나가면서 그 민족의 생활습관이나 전통과 문화, 또는 경제적 실정에 맞게 적절히 변화를 가미하면 될 것"이라고 말했다.

이회영은 "무정부주의의 궁극의 목적은 대동大同의 세계를 추구하는 데 있다"고 말했는데, 공자가 《예기禮記》 〈예운禮運〉 편에서 말한 대동사회는 모든 사람들이 고루 잘사는 사회를 뜻한다. 한국 아나키즘이 해외 이론을 무조건적으로 수입한 것이 아니라 우리 전통 사상 속에서 그 장점을 수용했다는 뜻이다. 이회영은 "인간은 선사시대부터 상호부조相互扶助하고 협동노작協同勞作하는 사회적 본능이 있었다"면서 "태고로부터 연면히 내려온 인간성의 본능은 선한 것"이라고 간파했다.● 또한 그는 "목적이 수단과 방법을 규정짓는 것이지 수단과 방법이 목적을 규정할 수 없

● 이을규, 《시야 김종진 선생전》, 한흥인쇄소, 1963. 무정부주의운동사편찬위원회, 《한국 아나키즘 운동사》, 1989.

다"면서 "독립운동은 운동 자체가 해방과 자유를 의미하는 것"이라고도 말했다.

때로 한 개인의 결단이 큰 결과를 가져오기도 하는데, 김종진이 아나키즘을 받아들인 것도 마찬가지 사례다. 김종진은 만주로 가서 김좌진과 함께 아나키스트와 민족주의자 연합기구인 한족총연합회를 결성해 북만주에 이상촌 건설을 시도한다.

9 · 한족총련의 결성
공산주의자와 틀어진 김좌진,
아나키스트와 연대하다

이상과 현실의 조화만큼 어려운 과제도 없다. 아나키스트들은 상황이 아무리 어려워도 자유와 평등이 실현되는 공동체를 만들기 위한 노력을 포기하지 않았다. 그 결과 많은 어려움을 겪지만, 북만주에서 김좌진 장군과 손잡고 이상을 실천할 수 있는 기회를 갖게 된다.

1927년 10월 하순, 북만주 일대를 관할하던 신민부新民府 김좌진 장군의 목단강 거처에 족제族弟 김종진이 찾아왔다. 대련에서 소·만 국경 만주리까지 연결하는 2,400킬로미터의 중동선中東線 상에서 목단강·영안寧安·해림海林 등은 신민부의 요지였다. 김종진이 김좌진을 찾았을 무렵, 신민부의 상황은 그리 좋지 못했다. 1925년 3월 발족한 신민부는 김혁金爀 등이 이끄는 대한독립군정서와 김좌진 등이 이끄는 대한독립군단이라는 두 군사세력에 민간세력이 가담한 조직이었다. 김혁이 중앙집행위원장, 김좌진이 군사부위원장 겸 총사령이었는데 목릉현 소추풍에 성동사관학교를 세워 무관들을 양성했을 정도로 무장투쟁을 중시했다. 남쪽으로는 백두산 북방의 돈화敦化·안도安圖에서부터 북쪽으로는 러시아 국경 부근의 밀산

密山까지 15~16현에 50만여 명의 한인들을 관장하고 있었다.

그러나 신민부 결성 직후인 1925년 6월, 만주 군벌 장작림張作霖이 조선총독부 경무국장 미쓰야三矢宮松와 미쓰야 협약을 맺고 독립운동가들을 체포해 조선총독부에 넘겨주면서 사정이 급격히 나빠졌다. 심지어 신민부 중앙집행위원장 김혁까지 체포되어 조선총독부에 넘겨지는 상황이었다. 격분한 김좌진은 중국 국민당의 자금과 무기지원을 받아 신민부를 중국 중앙군 제8로군으로 개편해서 장작림 군벌을 타도하려 계획했다. 그러나 국민당의 만주공작 책임자 공패성貢沛誠 등이 장작림에게 체포되는 바람에 무산되고 말았다. 이때 신민부가 장작림 군벌 정권 타도에 나섰다면 독립운동사에 지각변동이 일어났을 것이다. 부패한 군벌정권이 의기충천한 독립군들을 상대하기는 쉽지 않았을 것이다.

이 무렵 신민부에서 활동했던 이강훈李康勳은 "당시 김좌진 장군은 중국 국민당의 밀사와 약속한 것이 수포로 돌아가 크게 실망하고 계셨다. 아무리 큰일이 일어나도 눈 한 번 깜짝하지 않는 분인데 이번만큼은 무척 상심이 크신 모양이었다●"라고 회상했을 정도다. 설상가상으로 신민부는 1927년 12월 위하현 석두하자에서 열린 총회에서 김좌진의 군정파와 김돈金墩 등의 민정파로 양분되고 말았다. 이런 상황에서 제 발로 찾아온 김종진은 김좌진에게 큰 힘이었다. 그에겐 김좌진에게 절대적으로 필요했던 운동 노선과 구체적인 방법론이 있었기 때문이다. 김종진은 먼저 만주를 근거로 한 한국 독립운동의 기본계획안을 작성해 제출했다.

김종진은 일제와 만주 토착지주들에게 이중 착취를 당하는 만주 교포들에게 가장 절실한 것은 "①의식주 ②토지 ③협조와 비호의 따뜻한 손

● 이강훈, 《민족해방운동과 나》, 제삼기획, 1994.

한족총연합회가 있던 산시역 광경
김좌진 장군과 아나키스트들이 주도해서 운영한 이곳은 대련에서 만주리까지 가는 중동선의 요지였다.

길"이라고 판단했다. 그래서 그는 만주 한인들의 생활공동체로서 경제적 협력기구를 조직하고, 이를 중심으로 농촌자치제를 실시하려고 구상했다. 농사를 짓는 한편 군사훈련도 받는 병농일치제의 둔전양병제屯田養兵制가 그 방안이었다.*

　김종진은 탁상공론만 일삼는 지식인이 아니었다. 그는 먼저 북만주의 지리를 숙지하고 독립운동 현황과 교포들의 생활상을 체험해야 한다는 생각에서 영하 30~40도의 혹한을 무릅쓰고 1928년 1월 중동선 해림역을 출발해 8개월 동안 신민부 전 지역을 방문했다. 다시 해림으로 귀환한 김종진은 답사 결과를 김좌진에게 보고하면서 앞으로의 대책을 건의했다. 한인들의 생활에 직접적인 도움을 주면서 독립운동도 전개할 수 있는 조직체를 꾸려야 한다는 것이었다. 이때만 해도 김좌진은 김종진의 아나키즘에 관심은 있었지만, 단체 통합까지는 생각하지 않고 있었다.

김좌진에게 더 중요한 것은 삼부(참의부·정의부·신민부) 통합문제였다. 김좌진의 신민부 군정파가 1928년 9월, 길림성 근방 신안둔新安屯에서 열린 삼부 통합회의에 대표를 파견한 것은 이 때문이었다. 그러나 민정파에서도 대표를 파견하면서 대표권 문제가 발생했다. 민정파가 정의부를 지지하자 군정파는 삼부통합회의를 탈퇴하고, 1928년 12월 하순 정의부의 김동삼, 참의부의 김승학 등과 혁신의회를 조직한 뒤 유일독립당 재만책진회(이하 책진회)를 만들어 만주 독립운동단체의 통합에 나섰다. 그러자 신민부 민정파는 1929년 3월 길림성에서 참의부의 심용준沈龍俊, 정의부의 현익철玄益哲 등과 국민부를 결성하는 것으로 혁신의회의 통합 요구를 일축했다. 김좌진이 이끄는 신민부 군정파는 통합운동을 포기하고 책진회를 떠나 북만지역으로 돌아갔다. 어떻게 보면 김좌진의 신민부 군정파가 고립되었다고 볼 수도 있는 상황이었기에 아나키스트들과 더욱 가까워지게 되었는지도 모른다.

1929년 7월 김종진·이을규·유림柳林·이붕해李鵬海·엄형순嚴亨淳·이강훈·김야봉金野蓬·이달李達·이준근李俊根 등 열일곱 명의 아나키스트들은 북만주 해림의 소학교에서 아나키스트들과 신민부 일부 인사들의 연합체인 재만조선무정부주의자연맹(이하 연맹)을 결성했다. 연맹은 3개항의 강령에서 "①우리는 인간의 존엄과 개인의 자유를 완전 보장하는 무지배 사회의 구현을 기약한다. …… ③각인은 능력껏 생산에 근로를 바치며 각인의 수요에 응하여 소비하는 경제 질서의 확립을 기한다"●●라고 규정했다. 중요한 것은 연맹의 당명 강령 제6항에서 "우리는 항일독립전선

● 이을규,《시야 김종진 선생전》, 한흥인쇄소, 1963.
●● 같은 책.

에서 민족주의자들과는 우군적友軍的인 협조와 협동작전적 의무를 갖는다"고 명기했다는 점이다.

항일투쟁에서 공산주의가 아닌 민족주의와 협동전선을 펼치겠다는 뜻이었다. 삼부 중에서 신민부는 공산주의에 대한 반감이 가장 강했다. 1921년 6월 러시아 자유시(알렉세예프스크)에서 적군赤軍에 의해 독립군이 참살된 자유시 참변이 결정적인 역할을 했다. 여기에 조선공산당 만주총국滿洲總局이 신민부 조직 와해 공작에 나선 것이 상황을 악화시켰다.

1927년 9월부터 이듬해 9월까지 조선공산당 만주총국 위원이었던 김낙준(김찬)은 1931년 일제 신문조서에서 만주에서 자신의 주요 활동 중에 "신민회에 대한 반대……"가 있었다고 진술했다. 그리고 "신민부는 조선의 독립을 표방하지만 사실은 독립운동이 아니라 독립운동의 가면을 쓰고 자금을 징수해서 농민들을 괴롭히고 있다"●고 선전했다고 덧붙였다.

김낙준은 1928년 9월 정의부의 중앙집행위원이 되고 이후에도 만주에서 민족통일전선의 지속을 주장하다가 그해 12월 만주 총국 위원에서 해임되는데, 정작 북만주에서는 신민부 와해 공작에 나섰다. 그 결과 신민부는 "주의主義에는 주의로 맞서야 한다"고 주장하던 아나키스트들에게 더욱 다가갔고, 1929년 7월 21일 신민부와 연맹의 연합조직인 재만한족총연합회(이하 한족총련)가 결성되었다.

위원장 김좌진, 부위원장 권화산權華山 등 최고지도부에는 신민부 출신을 추대하고, 농무農務 및 조직선전위원장 김종진, 교육위원장 이을규 등 아나키스트들은 실무를 책임졌다. 연합회는 강령에서 "①본회는 국가의 완전한 독립과 민족의 철저한 해방을 도모한다"고 명기했으며, 사업정강

● 〈김낙준 조서〉

김좌진 장군이 거주하던 산시 정미소
신민부 군정파에는 대종교 계통의 민족주의자들이 다수 가담해 있었다.

에서는 "혁명: ①파괴, 암살, 폭동 등 일체 폭력운동을 적극적으로 진행한다. ②일반 민중은 혁명화하고, 혁명은 군사화한다……"라고 규정했다. 신민부의 무장항일투쟁 전통과 의열단의 혁명노선을 결합시킨 것이다. 또한 중국인 지주에게 토지를 공동으로 빌려서 공동으로 경작하는 공농제共農制의 적극적 실시를 주장했다. 그리고 "공동판매, 공동소비조합 설치를 장려하고, 농촌식산금융조합을 설립"해 이상적인 농촌공동체를 만들려고 시도했다.

또 중앙집권제를 배격하고 지방자치제 실시를 명기했는데, 아나키스트들 스스로 "4천년 조선 역사 이래 새로운 방식에 의한 농민자체의 조직체"라고 자부할 정도로 새로운 운동방향이었다. 정화암이 "지금까지 대부분의(독립운동)조직들은……교민 위에 군림하는 관료주의적 조직"으로서 "독립운동 자금이나 조직운영비 명목으로 갹출되는 돈 때문에(한인 교포들은) 생활에 큰 타격을 받고 있었다"**라고 쓰고 있었는데, 아나키스트들은 자신들의 식생활은 자신들이 해결하겠다고 선언해 농민들의 환영을 받았다.

그러나 일종의 직업혁명가로서 자체적으로 생계를 해결하는 것은 쉽지 않았다. 한족총련의 아나키스트 활동가들의 생계는 곤란에 빠질 수밖에 없었다. 이때 복음이 들려왔다. 국내로 들어갔던 아나키스트 신현상申鉉商이 친자 최석영崔錫榮과 충청도 호서은행의 거금을 빼돌려 북경으로 들어왔다는 소식이 전해졌기 때문이다.

- 〈산시사변의 진상〉,《탈환》1930년 4월호.
- ●● 정화암,《몸으로 쓴 근세사》, 자유문고, 1992.

10 · 거성 김좌진 암살사건

청산리 대첩의 영웅,
공산주의자의 총탄에 스러지다

우파는 아나키즘을 공산주의의 사촌이라고 공격했지만 공산주의를 가장 먼저 비판한 것도 아나키스트들이었다. 특히 볼셰비키 러시아가 전체주의 사회로 변하면서 아나키스트들은 공산주의자들과 적대적 관계로 변했다. 김좌진 장군의 암살사건도 이 과정에서 발생한 것이었다.

1930년 벽두, 김좌진 장군은 오랜만에 활기차게 새해를 맞았다. 전년 7월 결성된 한족총련이 북만주지역 운동에 새 바람을 일으키고 있었다. 1월 20일 오후 김좌진은 중동선 산시역 근처에 있던 한족총련 소속 도정搗精 공장으로 나갔다. 중동선 일대의 한인들이 생산하는 수만 석의 미곡을 도정해 위탁판매 과정에서 중국 상인들에게 농단을 당하지 않게 설치한 정미소였다. 그러나 그날 오후 4시, 김좌진은 이 정미소에서 조선공산당 만주총국 소속 한인의 총에 사망하고 말았다.

공산주의 세력이 '김좌진 제거'라는 극단의 선택을 한 배경에는 아나키스트들과의 갈등이 있었다. 김좌진 등이 주도한 신민부 군정파는 "독립운동의 가면을 쓰고 자금을 징수한다"는 공산주의자들의 비난에 이론적으로 대응하지 못하고 있었다. 신민부의 자금 징수는 불가피한 측면이 있었다. 신민부는 1925년 10월 총회에서 매호당 6원의 의무금 징수를 결의하고 가능한 지역부터 징수해 목릉현 성동사관학교에서 500여 명의 독립군 장교를 양성하는 비용 등에 충당했다. 그러나 신민부 군정파는 공산주의자들의 선전 공세에 대응책을 찾지 못했다. 그래서 공산주의에 대한 반박 이론을 갖고 있었고, 자신들의 이상을 펼칠 활동공간이 필요했던 아나키스트들과 결합해 한족총련을 결성했던 것이다.

연맹의 6개 항의 당면 강령 중 1번이 "우리는 재만동포의 항일 반공사상의 계몽 및 생활개혁의 계몽에 헌신한다"는 것이었다. 항일과 반공을 같은 가치처럼 대했던 것은 볼셰비키 혁명 후의 러시아 상황 때문이었다. 아나키스트 바쿠닌은 1870년에 이미 "그에게 러시아 인민 전체에 군림할 왕좌를 주거나 독재권을 주어 보라. …… 일 년도 못 가서 그는 차르(러시아 황제) 자신보다 더 악독한 자가 되어 있을 것이다"라고 공산주의의 전체주의화를 예견했다. 러시아 혁명에 참여했다가 서유럽으로 망명했던 볼린은 "비록 잠정적이고 과도기적인 형태라 할지라도 국가사회주의자들에게 그 운명이 맡겨진 혁명은 반드시 파산하고야 만다"고 주장했다.

그래서 다니엘 게랭은 《현대 아나키즘》에서 "사실상 사회주의 정부와 사회혁명은 서로 양립할 수 없는 요소다. 양자를 화해시킬 수는 없다"고 서술했다. 이회영도 1921년 5월 러시아에 갔던 조소앙이 북경으로 돌아오자 그 상황을 물은 후 "그러한 독재권을 장악하고 인민을 지배하는 정치는 옛날의 절대왕권 정치보다도 더 심한 폭력 정치이니 그러한 사회에 평등이 있을 수 없으며, 마치 새 왕조가 세워지면 전날의 천민이 귀족이 되듯이 신흥 지배계급이 나타나지 않겠는가?"라고 비판했다.

우익은 물론 좌익 전체주의에도 아나키스트들은 반발했다. 이을규가

충남 홍성의 김좌진 장군 사당
김좌진은 독립운동에 나서기 전 집안 노비들을 모두 해방시켰다고 전한다.

"소위 좌익이란 자들이 그 지방에 끼어 있거나 넘나드는 곳에서는 반드시 운동자 상호간은 물론이요 주민들 사이에서도 불화와 알력이 일어나고 있었다"●고 회고한 것처럼 정서적인 반감도 심했다. 김종진은 "공산주의는 본질적으로 인간의 존엄과 자유를 무시하고 유린하는 강권노예적인 사대주의적 독재사상이기에 민족자주독립과 국민의 자유인권을 위해 투쟁하는 우리로서는 배격해야 될 반동사상이라는 것을 적극 계몽선전하자는 결론을 얻었다"●●고 말했다.

그런 김종진에게 공산주의자 김남천金南天이 찾아와 타협을 요청한 적

● 이을규,《시야 김종진 선생전》, 한흥인쇄소, 1963.
●● 같은 책.

이 있었다. 대화가 결렬되자 김남천은 토론회를 개최해 민중의 판단을 받자고 제안했고, 아나키스트 김종진·이을규와 김남천 외 두 명의 공산주의자 사이에 토론회가 열렸다. 토론 당사자 이을규는 그 상황을 생생하게 전한다.

> 만주에서 그들의 반민족적·비인도적인 행동을 열거 성토하여 '민족의 죄인이요, 인류의 반역자'라고 단죄하고 '소련의 주구는 물러가라'고 호령을 하자 청중들이 만세를 부르며 일제히 호령하는 바람에 그 자들 10여 명 일당은 형세 불리함을 알고 도망했다.•

이렇듯 공산주의 세력을 항일 공동전선의 우군友軍으로 바라보지 않고, '민족의 죄인', '인류의 반역자', '소련의 주구'로 공격했으니 타협이 불가능했다. 한족총련에서 활동했던 정화암은 "해림海林을 중심으로 한 한족총련 지역과 영안寧安현을 중심으로 한 공산지역은 항상 팽팽한 대결상태에 있었다. 어쩌다 잘못하여 상대방 지역으로 들어가게 되면 서로 죽고 죽이는 비극이 벌어지기도 했다"••고 회고했을 정도였다.

한족총련은 이처럼 일제와 공산주의 세력 모두를 적으로 돌린 채 조직 확장에 나섰다. 재만한인무정부주의자연맹의 강령 중에 "우리는 한 개의 농민으로서 농민대중과 같이 공동으로 노작勞作하여 자력으로 자기 생활을 영위"한다는 조항이 있었다. '한 명의 농민'을 자처하면서 생활비를 자체 해결하는 아나키스트들에게 농민들이 신뢰를 보낸 것은 당연했다. 한

• 같은 책.
•• 정화암, 《몸으로 쓴 근세사》, 자유문고, 1992.

족총련 교육위원장 이을규는 당시 활동을 이렇게 회고했다.

> 과거의 다른 단체와 같이 권력과 위세를 부리지도 않으며 공산당들과 같이 모략이나 또는 무조건 나를 따르라는 식의 궤휼이나 오만도 없이 자기네(농민)의 의견을 존중하면서 다같이 일하고 …… 부락적으로 집결해 이웃끼리 서로 도우며 안전하게 살자고 하는데 누구 하나 반대할 이유가 없었다. 또 중국 지주와 중국 관청과의 토지 매매, 임대 등의 교섭을 대행해준다고 하니 이런 고맙고 편리한 일이 또 있겠는가. 이것이야말로 하늘에서 떨어진 복이요 캄캄한 밤중의 햇빛이었다.●

그러나 러시아 국경과 접해 있었던 북만주지역은 만주의 다른 지역보다 공산주의 세력이 강한 지역이었기에 그만큼 공산주의 세력의 반발도 거셌고, 그 결과가 극단적인 암살로 나타났던 것이다. 테러를 부정하면서 결정적 시기에 봉기할 것을 주장하는 공산주의 혁명 이론과도 다른 일탈이었다. 더구나 그 대상이 청산리 대첩의 영웅 김좌진 장군이었으니 만주는 물론 국내에서도 큰 충격이었다. 김좌진이 암살되자 한족총련에서는 즉각 범인색출에 나섰다.

> 군사위원장 이붕해 씨의 지휘로 치안대의 일부는 그날 밤으로 해림역 부근에 있던 적마赤魔의 소굴을 급습해 김봉환金奉煥(일명 김일성) 외 1명을 잡는 동시에 놈들의 문서를 압수해서 이번 흉계가 김봉환의 지시라는 것과 직접 하수자가 박상실朴尚實(일명 박상범, 김신준)이라는 것이 밝혀졌으나 하수자 박상실은 끝내

● 이을규, 《시야 김종진 선생전》, 한흥인쇄소, 1963.

잡지 못했으므로 수일간 엄중한 조사를 마친 후 김봉환 외 1명을 처단했다.●

김봉환의 체포 장소에 대해 정화암은 "예배당에 숨어 있던 김봉환을 잡아 조사한 후 처형했다"고 조금 다르게 서술하고 있다. 그러나 박상실도 무사할 수 없는 운명이었다. 《동아일보》(1931년 9월 11일자)는 이렇게 보도하고 있다.

> 모처에 도착한 정보에 따르면 …… 전 신민부 수령 백야 김좌진 씨를 총살한 박상실(최영석)이 이번에 아성현 호로군護路軍 총사령부의 손에 체포되어 그곳 영심처令審處에서 사형의 판결을 받고 수일 전에 형을 집행코자 봉천奉天으로 압송되었다 한다.

《동아일보》는 만주 아성현의 조선인 공산당 열한 명이 중국 관헌에게 체포될 때 박상실도 체포되었는데, 때마침 민족주의 단체 행동대장 고강산高岡山도 체포되었다가 박상실을 알아보고 알려서 사형을 받게 했다는 것이다.

그런데 근래 연변에서는 김좌진의 암살범이 박상실이 아니라 공도진 公道珍(일명 이복림)이라고 주장하고 있다. 이는 고려공청 만주총국 선전부장 양환준의 증언에 바탕을 둔 것이다. 양환준은 "조공(조선공산당) 만주총국에서 김좌진을 제거하기로 결정하고 1929년 가을 공도진을 산시에 잠입시켜 이듬해 1월 제거한 것"이라면서 자신이 직접 만나서 들은 이야기라고 주장했다.●● 이복림으로도 불리는 공도진은 조선공산당 만주총국의 지시로 김좌진을 살해한 후 반일유격대에 가담해 동북항일련군 제3군 제1사 정치부 주임, 중국공산당 북만임시성위臨時省委 조직부장을 역임했다

김좌진 장군 동상
1930년 산시역 근처에서 김좌진이 암살되자 한족총련에서는 즉각 범인색출에 나섰다.

가 1937년 전사했다고 전한다.

한족총련은 엄동설한에 땅을 팔 수 없어 우선 초빈初殯했다가 4월이 되어서야 해림과 산시 사이의 석하역石河驛 동북방 산록에 안치했는데, 전 만주와 국내까지 수천 명의 조문객이 운집했다. 김좌진이 살해된 이후에도 한족총련은 조직을 정비하고 활동을 계속했다. 그러나 가장 큰 문제는 자금이었다. 이런 상황에서 국내에 잠입했던 신현상이 거금을 구해 북경으로 왔다는 소식이 전해지자 이을규는 "이 소식은 선생(김종진)과 재만무정부주의자 연맹원들은 물론 한족총련 간부들에게도 참으로

● 같은 책.
●● 《연변문사자료 제4집》, 1985년 11월.

제2부 • 대일항쟁기 아나키즘 운동사 | 167

기사회생의 기쁨이었다"라며 김종진과 함께 희망에 차서 북경으로 향했다.

11 · 북만주운동의 종말

한인 아나키스트들,
천진의 중·일합자은행을 털다

사상운동에서는 큰 틀의 성격 규정이 중요하다. 대일항쟁기 때 아나키즘과 공산주의 세력은 사상의 적이란 다른 측면과 함께 둘 다 항일 세력이란 공통점이 있었다. 양자는 같은 항일세력이란 공통점에서 연대해야 했지만, 사상의 적이란 측면에서 부딪치면서 숱한 비극을 낳았다.

1930년 3월 중순, 천안경찰서의 형사들이 인천에서 맹렬한 수색작업을 벌이고 있었다. 그 내용은 철저히 비밀이었다. 그래서 《동아일보》 기자가 탐문에 들어간 결과 "선하증권船荷證券을 위조, 6만여 원을 사취詐取"라는 제목의 보도를 내보낼 수 있었다. 화물 운송 기관이 발행하는 선하증권은 은행에서 현찰로 교환할 수 있었다. 기사는 "피해자는 호서은행"인데 충남 아산에서 미곡상을 하는 최석영이 7만여 원 상당의 선하증권을 위조해 천안 호서은행에서 6만여 원으로 할인해서 바꾸고는 "어디로인지 종적을 감추어버렸다"는 내용이었다. 일경이 긴장했던 것은 최석영이 국내로 잠입한 아나키스트 신현상과 함께 사라졌기 때문이었다.

형사대가 인천 일대를 뒤지고 있을 때, 신현상과 최석영은 이미 북경에 도착해 있었다. 정화암은 "호서은행 본점과 지점을 통해 15회에 걸쳐 5만8천 원이라는 거금"을 빼냈다면서 '엄청난 거액'이라고 회상했다. 1929년 말 최상품 쌀 10킬로그램이 2원 20전이었으니 현재 10킬로그램 당 25,000원 정도로 환산하면 6억 원이 넘는 거액이었다. 그래서 한꺼번에 들여오지 못하고 일부만 가져왔는데, 북경에 안전한 장소가 생기면 나머지도 가져올 계획이었다.

자금이 생기자 중국 내 한인 아나키스트들은 '재중국조선무정부주의자연맹대표대회'(무련대회, 일부에서는 무정부주의자 동양대회로 표기)를 개최했다. 앞으로 운동 방향을 토의해서 결정한 뒤 자금을 집중하기 위한 것이었다. 북경과 천진은 물론 상해, 복건 등지에서 활동하던 한인 아나키스트들이 북경으로 달려왔다. 북만주의 한족총연합회에서는 김종진과 이을규가 일제의 감시가 심한 중동선을 우회해 천진을 거쳐 북경에 도착했다.

1930년 6월 하순에 열린 이 무련대회에서는 두 방향을 놓고 논쟁이 벌어졌다. 유기석柳基石(일명 유서) 등은 의열단처럼 국내로 잠입해 직접행동에 나서야 한다고 주장했다. 반면 김종진, 이을규 등은 북만주운동에 집중해야 한다고 주장했다. 대회에 참석했던 이을규는 "선생(김종진)은 …… 각지 동지들이 만주기지의 중대성을 인식하고 재정적인 면에서는 물론 인적人的인 점에서도 우선적으로 총력을 기울여 민족대계의 기반을 만주에다 닦자고 호소해서 만장일치로 승인했다"●고 전하고 있다.

그런데 무련대회가 끝나갈 무렵 예기치 않은 사건이 발생했다. 그날 새벽녘, 몇 명씩 분산 숙식하던 아나키스트들의 한 숙사宿舍를 중국 경찰을 앞세운 일본영사관 경찰이 습격한 것이다. 자금을 마련해 온 신현상·

● 이을규, 《시야 김종진 선생전》, 한흥인쇄소, 1963.

천진의 금탕교
이회영과 한인 아나키스트들의 집단 주거지인 금탕교장이 이 다리 부근에 있었다. 현재 이 다리 양쪽은 중국의 경제 개발로 인해 격세지감이 느껴질 만큼 변모했다.

최석영은 물론 김종진·이을규 등과 이회영의 아들 이규창까지 체포되었다. 일제가 조선 강도단이 북경에 잠입했다고 사칭하면서 일부 부패 경찰을 매수해 숙소를 급습한 것이었다. 이들 중 일부는 국내로 압송되면 장기간 투옥되는 게 불가피했다. 이 무렵대회에 참석했던 오면직吳冕稙(일명 양여주)과 김동우金東宇는 훗날 일제에게 사형되었을 정도로 아나키스트들은 대일항쟁의 가장 일선에 있었다. 이때 중국 대학 출신인 아나키스트 유기석이 같은 아나키스트였던 북경시장 장음오張蔭梧를 비롯한 중국 국민정부 간부들에게 일제의 간계이자 중국 주권의 침해라고 설파해 신현상과 최석영을 제외한 전원을 석방시켰다.

문제는 사라진 자금이었다. 만주운동에 사용할 활동자금은커녕 여비도 없었다. 이회영의 거처인 천진 금탕교장金湯橋莊 부근에 큰 방 하나를 얻어서 공동으로 자취하던 아나키스트들은 비상수단을 사용하기로 결정했다. 천진의 일본 조계지 한복판인 욱가旭街의 중·일 합자은행 정실은호正實銀號를 털기로 한 것이다. 중국의 사법권이 미치지 못하는 치외법권 지대는 그만큼 경비가 삼엄했다. 거사에 동행했던 정화암은 "김지강金芝江·오면직·장해평莊海平(장기준)·김동우가 실행하고 내가 후견인으로 동행하기로 했다. 네 동지들은 정해진 시간에 권총을 가지고 떠났다. 나는 그들이 돌아올 길목에서 기다렸다. 12시15분 정각, 양여주와 장기준은 창구에서, 김지강은 정문에서, 김동우는 후문에서 일시에 총을 뽑았다"●라고 회고하고 있다.

잠시 실랑이 끝에 금고 문을 열지는 못하고 책상 위에 있던 돈만 자루에 담고 빠져나왔는데, 정화암은 "보따리를 풀고 돈을 세어보니 우리가 기대했던 금액에는 미치지 못했지만 그런대로 우선의 대책을 세울 수 있는 금액이었다. 중국 돈 3천 원과 일본 돈 몇백 원이었다"라고 설명했다. 이 사건은 다음 날 《중국대공보中國大公報》를 비롯한 각 신문에 대서특필되었는데, 은행을 빠져나간 지 불과 2~3분 후에 경찰이 출동했고, 30분 뒤에는 일본 조계에 비상경비망이 쳐졌다고 보도하고 있다. 조금만 지체했으면 백주에 총격전이 벌어졌을 상황이었다.

이들은 이 자금을 가지고 만주로 떠났는데, 무기 때문에 이동이 쉽지 않았다. 만약에 대비해 3진으로 나누어 1진이 떠난 다음 날 2진이 출발하고, 그 다음 날 3진이 출발하는 식으로 북만주로 향했다. 이때 이회영의 딸인 규숙·현숙 자매가 권총 10여 정과 폭탄 10여 개를 몸속과 짐 속에 넣어 운반했고, 이회영은 아들 규창과 복건성의 농민자치운동을 지원

● 정화암, 《몸으로 쓴 근세사》, 자유문고, 1992.

하기 위해 상해로 떠났다.

인원이 보강된 북만주의 한족총련은 사업 확장에 나섰다. 한족총련의 아나키스트들은 농민들에게는 지지를 받았지만 공산주의자들은 물론 일부 민족주의자들과도 대립했다. 한족총련의 지방자치주의에 중앙 중심의 사고에 젖어 있던 일부 민족주의자들이 반발했다. 1931년 구정舊正에 구파 백정기가 고령자高嶺子에서 공연한 항일 연극도 문제가 되었다. 독립운동가를 자칭하는 한 관리자가 국내에서 쫓겨온 부부의 재산과 미모의 부인을 빼앗기 위해 그 남편에게 일제 첩자라는 누명을 씌우는 연극 내용에 일부 민족주의자들이 반발했다. 결국 1931년 여름, 일부 민족주의자들이 한족총련을 탈퇴하고 말았다.

1930년 '5·30간도사건'은 아나키스트와 공산주의자를 무력대결로 몰고 갔다. 1930년 5월 30일 자정, 연변 용정촌龍井村의 한인 공산주의자들이 동산東山 대륙大陸 고무간판 밑에 집결해 책임자 김철金喆의 회중전등을 신호로 영사관, 정류장, 기관차, 전기공사, 철도 등을 차례로 방화한 것이 '5·30간도사건'의 시작이었다. 만주 전역을 충격으로 몰아넣은 이 사건은 한인들이 주도했지만 조선공산당이 아니라 중국공산당의 지시로 시작되었다는 특징이 있다. 코민테른에서 한 나라에는 한 개의 공산당밖에 없다는 '일국일당주의一國一黨主義'를 식민지에도 기계적으로 적용하면서 조선공산당 만주총국은 1930년 3월경부터 해체되었고, 그 자리를 중국공산당이 차지하게 되면서 명령권자가 바뀐 것이었다.

문제는 이때 중공中共은 이립삼李立三의 극좌 모험주의 노선이 지배하던 시기라는 점이다. 1930년 6월 중공 정치국 회의에서 '현 단계 당의 정치적 임무에 관한 결의'를 채택했는데, 이는 중심인 성시城市를 먼저 장악함으로써 전국적 승리를 쟁취하자는 '이립삼 노선'이었다. 중공 만주성

한국과 중국의 아나키스트들
복건성에서 농민 자위운동에 나섰던 이들은 중국공산당의 지시로 '5·30간도폭동'의 시작을 알렸다.

위원회에서 '5·30간도사건'을 통해 이립삼 노선을 먼저 시범으로 보인 셈이었다. 《조선일보》(1931년 6월 28일자)는 재판 결과를 보도하면서 "동일 동시에 화룡和龍, 연길延吉, 두도구頭道溝 등 간도 일대는 일대 수라장으로 변했다"고 보도했을 정도로 위력이 있었다.

또 다른 문제는 이즈음 만주군벌 장학량張學良이 1928년 6월 부친 장작림이 일본군에게 폭사한 이후 항일의지를 불태울 때였다는 점이었다. 장학량이 장개석蔣介石의 국민정부에 가담해 만주 전역에 청천백일기青天白日旗를 거는 역치易幟를 단행하고 항일에 나선 시점이었으니 시기에 문제가 있었다. 이 사건에 대해 일제 재판기록이 "(중공 만주성위원회에서) 조선공산주의자들에 대하여 중국공산당에 입당시킨다는 미끼를 던져, 그들을 총동

174

원하여……"•라고 말한 것처럼 한인들의 중공 가입을 미끼로 이립삼 노선을 먼저 실천해보였던 것이다. 여기서 문제는 중국인들은 빠지고 한인들만 앞세웠다는 점이다.

이후 장학량은 공산주의자 토벌에 적극 나서는데, 공비토벌대장인 길림성 군법처장 왕과장王科長에게 남대관南大觀·백남준白南俊 등 10여 명의 한족총련 회원들이 가담하면서 공산주의와의 충돌은 더욱 격화되었다. 공산주의자들도 이에 맞서 한족총련 간부차장인 이준근과 김야운金野雲을 석두하자 김좌진 장군의 동생 김동진金東鎭의 집에서 저격 사살했고, 1931년 7월 11일에는 김종진도 해림역전 조영원趙永元의 집에서 납치해 살해했다. 그러나 이때는 같은 식민지 백성들끼리 살상전을 벌일 것이 아니었다.

김종진 살해 두 달 후인 1931년 9월 18일, 일제가 만주사변(일명 9·18사변)을 일으켜 만주 전역을 장악하면서 아나키스트들은 만주에서 도주해야 했다. 민족주의자나 공산주의자들도 사정은 마찬가지였다.

• 《중국공산당사건판결사中國共産黨事件判決寫》, 1933.

제3부

일제 전쟁기계들, 만주를 침략하다

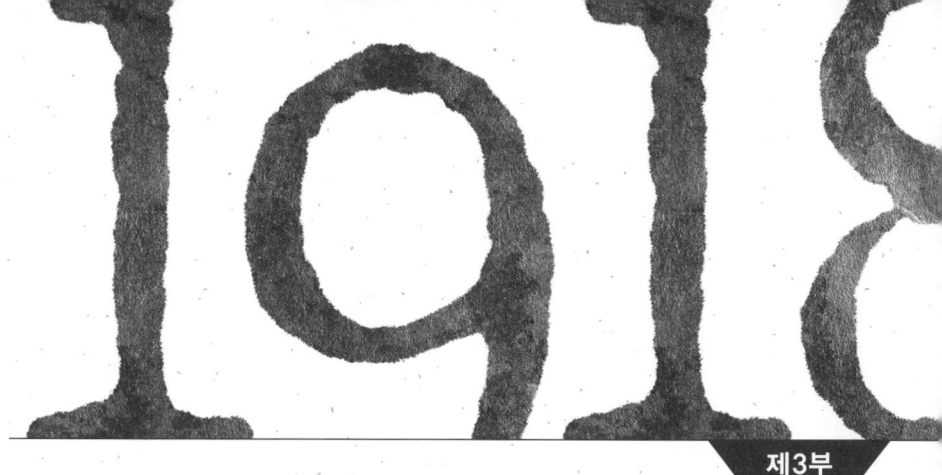

1 • 사쿠라회와 천검당

육군유년학교, 일본 군국의
전쟁기계를 양산하다

일본이 만주와 중국 본토, 아시아를 공격하고 심지어 미국까지 공격한 것은 누가 봐도 자해 행위였다. 이해할 수 없는 일본의 이런 무차별 확전 배경을 이해하려면 1930년대부터 일본 정계의 핵심으로 떠오르기 시작한 군부와 민간 파시스트들의 동향을 추적해야 한다.

1930년 10월 1일, 일단의 일본 정치군인들이 사쿠라회櫻會(벚꽃회)라는 비밀결사를 만들었다. 그런데 이 비밀조직을 결성한 핵심인물은 군 장성이 아니라 중좌에 불과한 하시모토 긴코로橋本欣五郎와 소좌인 초우 이사무長勇 등이었다. 하시모토 긴코로는 전후 에이급 전범으로 기소되었고, 초우 이사무는 1945년 6월 23일, 오키나와 전투에서 미군에게 쫓긴 끝에 동굴에서 할복하고 만다.

이들의 인생 궤적을 이해하려면 어린이들을 전쟁기계로 만들었던 일본의 육군유년학교를 주목해야 한다. 13~14세 어린아이들에게 전문적인 군사교육을 시키던 비정상적인 교육시스템이 육군유년학교였다. 1870년(조선 고종 7년, 메이지 3년) 요코하마橫浜 어학연구소를 오사카병학료大阪

兵學寮에 편입시킨 것이 시초였으니 어린이 군사교육의 뿌리는 생각보다 꽤 깊다.

1887년 육군유년학교 관제를 제정하고 청일전쟁 이후인 1896년에는 도쿄의 육군중앙유년학교 외에 도쿄·센다이仙台·나고야名古屋·오사카大阪·히로시마廣島·구마모토熊本 등지에도 육군지방유년학교를 설립했다. 학교당 학생 수는 대략 50명 남짓으로 중앙유년학교는 14세부터 2년간, 지방유년학교는 13세부터 3년간 교육시켰다. 이 학생들은 제복에 금성金星 마크를 달아서 '별의 생도生徒'라고 불렀다. 민간에서는 '육군중학교'라고 하며 별도로 취급했다.

일본 육군은 문부성 산하에서 자유교육을 받은 중학교 출신은 믿을 수 없다는 관념이 있었다. 육군유년학교 교습강령敎習綱領에는 "제국 육군의 장교가 될 자를 가르쳐 완성시키는 곳이다. …… 제국 군대의 정신력은 유년학교에 그 뿌리를 두고 있다"라고 명시하고 있다. 장교 중에서 유년학교 출신 비율이 3분의 1이나 되어 육군에서 출세하려면 참모장교 양성기관인 육군대학교 졸업 여부보다 육군유년학교 출신 여부가 더욱 중요하다는 말까지 있었다. 육·해군 사관士官의 자녀들은 학비가 절반이었고, 전사자 자녀는 전액 면제를 해줘서 군인 집안 자제들의 입학을 유도했는데, 실제로도 그렇게 되었다.

당시 육군유년학교의 분위기를 알 수 있게 해주는 사례는 1923년 관동대지진 때 헌병대위 아마카쓰 마치히코甘粕正彦에게 살해된 아나키스트 오스기 사카에다. 오스기 사카에는 군인이었던 부친 오스기 히카시大杉東의 권유로 14세 때인 1899년 나고야 육군지방유년학교에 입학했다. 그러나 자유분방한 기질을 가진 그에게 군사학교의 분위기가 맞을 리 없었다. 그는 학교 밖으로 나가면 쾌활한 소년이었지만, 학교에 돌아오면 흥

일본의 육군중앙유년학교
일본은 13~14세의 어린 소년들에게 군사훈련을 시켰다. 이 유년학교 출신들이 일본을 군국으로 몰아갔다.

포한 기분이 들었다고 전한다. 오스기 사카에는 "어린 시절을 보냈던 니가타新潟 현 시바타新發田의 자유로운 하늘을 본다"는 망상에 시달린 나머지 군의관으로부터 뇌신경질환이란 진단을 받기도 했다. 급기야 그는 1901년 동급생과 칼부림 사건을 일으켜 퇴학당하고 말았다. 인간이 갖는 자연스러운 감수성을 모두 억제하고 전쟁기계로 변모해야 살아남을 수 있던 육군유년학교의 분위기를 잘 말해주는 사건이다.

그런데 오스기 사카에를 살해한 극우 헌병대위 아마카쓰 마치히코도 같은 나고야 육군지방유년학교 출신이었다. 아마카쓰가 유명한 아나키스트 오스기 사카에가 한때 자신의 선배였다는 사실을 몰랐을 리 없다는 점에서 이는 인간으로 살고자 했던 오스기 사카에와 전쟁기계로 변모한 아마카쓰 마치히코 사이의 충돌이라고 볼 수 있다.

하시모토 긴코로와 초우 이사무는 구마모토熊本 육군지방유년학교와 육군중앙유년학교를 거쳐 각각 일본 육사 23기(1911)와 28기(1916)로 졸업했다. 사쿠라회 결성 당시 도쿄 경비사령부 참모였던 히구치 기이치로樋口季一郎도 오사카 육군지방유년학교와 육사를 졸업한 인물이었던 것처럼 사쿠라회의 주요 멤버 대부분이 육군유년학교 출신이었다. 감수성이 한창 예민한 13~14세 때부터 군인으로 훈련받은 이들이 이후 만주와 아시아는 물론 전 세계를 전쟁으로 몰아넣는 전쟁기계가 된 것은 어쩌면 당연한 귀결인지도 모른다.

100여 명의 중견 장교로 결성된 사쿠라회는 회원 자격을 "현역 육군 장교 가운데서 중령 이하 계급자로서 국가개조國家改造에 대해 관심을 가지고 사심 없이 노력한 사람에 한정한다"라고 규정했는데, 이들이 내건 '국가개조'의 다른 말이 '소화유신'이다. '소화'는 일왕 히로히토의 연호인데 '소화육군陸軍'이라고 불릴 정도로 소화유신은 국가개조운동, 좋게 표현해서 청년장교운동과 동의어였다.

이들이 '천황봉대天皇奉戴'를 명분으로 각종 쿠데타를 기도하고, 국가개조라는 명분으로 일본을 군국으로 만들어 만주와 중국, 아시아 전역을 침략하고 끝내 미국의 진주만까지 기습하면서 태평양전쟁으로 치닫는 것이 소화시대 일본의 내면이었다. 소화유신은 한마디로 말하면 일왕을 정점으로 하는 군국으로 일본을 개조하자는 것이었다. 소화유신의 또 다른 특징은 전쟁기계로 길러진 청년장교들에게 오가와 슈메이大川周明·기타 이키北一輝 같은 국가주의적 관점의 우익 사상가들이 정신적 세례를 주었다는 점이다.

청년 장교들이 군부 파시스트라면 이들 우익 사상가들은 민간 파시스트라고 볼 수 있다. 이들은 지금도 독도 문제를 도발하는 일본 우익세력의

하시모토 긴코로(위)와 오가와 슈메이 (아래) | 하시모토 긴코로는 사쿠라회의 결성을 주도했으며, 오가와 슈메이는 일본 청년 장교들에게 쿠데타를 부추긴 우익 사상가다.

뿌리다. 오가와 슈메이는 전후 도쿄 전범재판 때 민간인으로는 유일하게 에이급 전범으로 기소됐다. 기소 당시 잠옷 차림으로 맨발에 게다를 신고 출정해서 전쟁광 도조 히데키東條英機의 뒤통수를 여러 번 때린 일화로 유명하다. 또한 미군병원 주치의였던 우치무라 히로유키內村祐之는 그를 "매독에 의한 정신질환"으로 판정했지만 석방되자마자 정신이 멀쩡해진 사이비 사상가이기도 하다. 우파 지식인들의 집합소였던 만철滿鐵(만주철도)조사부에서 근무하기도 했던 오가와 슈메이는 서양에 맞서자는 아시아주의를 주창했다. 이들의 아시아주의는 아시아의 권익을 중시하자는 뜻이 아니라 일본이 전 아시아를 차지하는 '아시아의 통일'을 이루고 그 힘으로 서양과 맞서야 한다는 침략주의이자 호전好戰주의였다.

오가와 슈메이와 깊은 친분이 있던 기타 이키는 좌에서 우를 넘나든 민간 파시스트였다. 원래 기타 데루지로北輝次郎였던 본명을 기타 이키로 바꾼 이유는 한때 중국 혁명에 참가해 중국 혁명가들과 교분을 맺으면서 중국풍의 영향을 받았기 때문이었다. 그는 1936년 발생한 2·26쿠데타 미수사건에 개입했다가 민간인으로서는 드물게 사형당한다. 그가 출간한 《국체론 및 순정사회주의國體論及び純正社會主義》(1906)가 사회주의자였던 가와가미 하지메河上肇의 칭찬을 받을 만큼 한때는 그도 사회주의에 경도되었다. 하지만 나중에 쓴 《일본개조법안대강日本改造法案大綱》(1923) 집필 이유에 대해서 "좌익 혁명에 맞서 우익적 국가주의로 개조할 필요성에서 썼다"라고 말할 정도로 극우로 돌아섰다. 《일본개조법안대강》은 쿠데타로 헌법을 정지시키고 국가사회주의 정체政體를 도입해야 한다고 주창함으로써 일본 극우세력의 경전이 되다시피 했다. 한편 기타 이키는 일련종日蓮宗(니치렌주)의 열렬 신도로도 유명하다.

2·26쿠데타미수사건으로 사형된 또 한 명의 민간인은 니시다 미쓰지西田稅다. 니시다 미쓰지는 1918년 히로시마 육군유년학교를 수석 졸업하고 육사를 34기(1922)로 졸업한 전형적인 군인이었다. 육사 졸업 후 함경북도 나남에서 기병대로 근무하기도 했던 이 전쟁기계는 24세인 1925년 늑막염으로 예편할 수밖에 없었다. 그럼에도 군인이기를 포기하지 않은 그는 오가와 슈메이가 1924년 4월 도쿄 남청산南青山에 설치한 행지사行地社 부속 청년교육기관인 대학료를 맡았다. 그러고는 청년 장교들에게 우익 국가주의 사상을 주입시키면서 기관지 《일본日本》을 발간했다. 그는 2년 후 기타 이키의 지원을 받아 자신의 집에 사림장土林莊을 설치해 청년 장교들의 단골 집회소로 삼게 된다.

일본 청년 장교들의 정신적 지주가 된 니시다는 "시국이 중대한 국면에 이르렀다"면서 대개조를 하지 않으면 "모든 것이 무너지고 말 것"이라는 위기감 속에서 "망국의 화근이 되고 있는 정당정치인·재벌·군벌軍閥·학벌에 대해 모든 장소에서 폭동, 소란, 암살, 태업 등의 방법으로 절대혁명을 실천하라"고 요구했다. 니시다는 1927년 9월 사림장에서 오기시大岸賴好·후지 히토시 등 각 지역의 청년 장교 71명을 모아 천검당天劍黨을 결성하려다가 헌병대의 사전 탐지에 의해 실패한다. 그러나 사쿠라회와 천검당을 만들려던 이 세력들은 이후 일본을 군국의 길로 끌고 가는 핵심이 된다.

2 · 장작림 폭살사건과 3월사건
일제가 저지른 의문의 사건, 전 세계에 충격을 던지다

군이 정치에서 벗어나 자신들의 관점으로 정치를 바라볼 경우 쿠데타의 유혹을 받기 십상이다. 초기 단계에서 강한 제동을 걸지 않으면 군은 그 자신과 자신이 속한 나라를 파괴하게 된다. 1930년대 일본 육군유년학교와 육군사관학교 출신의 영관급 중견장교들이 그러했다.

1928년 6월 3일, 20량짜리 귀빈열차가 북경을 빠져나가고 있었다. 만주 군벌 장작림이 탄 열차였다. 장작림은 이때까지만 해도 일본과 밀월관계였다. 1925년 6~7월 장작림은 휘하의 봉천성 경무처장 우진於珍으로 하여금 조선총독부 경무국장 미쓰야 미야마쓰三矢宮松와 '한인 취체取締에 대한 쌍방협정', 이른바 '삼시협정三矢協定'을 맺었다. 그로부터 장작림 휘하의 만주 당국은 만주의 한인 독립운동가들을 체포해 조선총독부에 넘겨주었다. 이에 반발한 김좌진은 신민부를 장개석이 이끄는 국민혁명군으로 개편해 장작림 정권을 타도하려 했을 정도로 장작림은 친일정권으로 이끌었다.

일본군의 비호를 받게 된 장작림은 장개석의 국민정부를 꺾고 전 중국의 패자가 되기를 바랐다. 1927년에는 북경을 수도로 삼는 북양정부北洋政府(초대 총통은 원세개袁世凱)의 총통 자리까지 올랐다. 그러나 장개석의 국민혁명군이 강한 기세로 북벌에 나서면서 장작림은 북벌군과 결전을 포기하고 만주로 퇴각하는 중이었다. 이에 관동군關東軍의 정치 장교들은 장작림이 쓸모가 없어졌다고 판단했다. 장작림을 제거하고 만주를 직접 지배할 계획을 세운 것이다.

열차는 6월 4일 새벽, 심양瀋陽 부근 황고둔皇姑屯 근처까지 왔는데, 경봉선京奉線(북경 심양)과 만주철도 연장선의 입체교차점 부근에서 시속 10킬로미터의 저속으로 뚝 떨어졌다. 장작림이 탄 8량이 교각을 지날 무렵 엄청난 폭발음이 들렸다. 교각에 설치된 200킬로그램의 화약이 터지면서 열차는 대파되고 철교도 붕괴되었다. 이 사고로 마적에서 출발해 중원 통일제국을 꿈꿨던 만주군벌 장작림의 두 손과 두 발이 날아갔다고 전해진다. 장작림은 현장에서 숨지기 직전 "일본군이 한 짓이다"라고 말했다고도 한다.

일제의 주구走狗가 일제에 의해 폭살당한 이 사건은 '장작림 폭살사건', '황고둔사건' 등으로 불리며 전 세계에 충격을 던졌다. 관동군의 소행이란 의혹이 일자 일본 정부는 장작림이란 이름 대신 '만주 모 중대사건'이라고 부르면서 대책 마련에 부심했다. 관동군은 현장에서 시신으로 발견된 두 명의 아편쟁이 소행이라고 주장했으나 의혹은 불식되지 않았다.

의혹의 눈길은 관동군으로 쏠렸다. 일본이 대한제국 소유였던 간도間島를 청나라에 넘겨주는 대신 남만南滿 철도 부설권을 획득하고는 '그 철로를 지키기 위해서'라는 명분으로 군대 주둔권을 확보한 게 관동군의 시작이었다. 1905년 러일전쟁 직후 일본은 러시아로부터 요동반도 최남단인 여순과 대련大連 지역을 양도받아 관동주關東州를 설치했다. 관동은

장작림이 폭살당한 황고둔 현장
이 사건의 주모자인 관동군의 고모토 다이사쿠 대좌는 군부의 '처벌 반대론' 덕분에 예비역으로 편입하는 정도의 징계를 받는 데 그쳤다.

원래 만리장성의 동쪽 끝인 산해관山海關 동쪽을 뜻했다. 일본이 관동주에 군사령부를 두면서 만주 주둔 일본군을 관동군이라고 부르게 된 것이다. 당초 1만 명 정도에 불과했지만 1940년대에는 70~80만 대군으로 늘어나게 된다.

전 세계가 장작림 폭살사건에 대해 크게 주목하자 일본은 봉천총영사관과 봉천경찰 측의 합동조사를 허용할 수밖에 없었다. 열차에 장작림의 군사고문 마치노 다케마町野武馬 예비역 대좌가 타고 있었지만, 천진에서 하차했다는 사실이 알려져 의문은 증폭되었다. 마치노는 그전부터 만주를 중국에서 분리해야 한다고 주장했던 인물이었다. 폭파에 사용된 전선이 일본군 초소까지 연결되어 있었다는 사실이 드러났고, 현장에서 발견된 두 명의 시신도 관동군의 공작이라는 사실이 드러났다. 조선주둔군

기리하라桐原貞壽 중위를 심문한 결과 조선주둔군에서 200킬로그램의 화약을 불법 반출해 사용했다는 사실도 드러났다.

결국 관동군의 고급 참모 고모토 다이사쿠河本大作 대좌의 지시에 따라 중대장 도우미야東宮鐵男가 현장을 지휘해 폭살을 단행했다는 사실이 밝혀졌다. 고모토는 오사카 육군지방유년학교와 중앙유년학교를 거쳐 육사 15기(1903)로 졸업한 전쟁기계였다. 이 사실은 당시 총리 다나카 기이치田中義一에게 보고되었다. 상해에서 의열단의 저격을 받고 겨우 살아난 육군대장 다나카 기이치는 1927년 4월부터 총리로 재직하고 있었다. 그는 사건 반년이 지난 12월 14일에야 일왕 히로히토에게 고모토의 소행을 알리면서 엄벌에 처하겠다고 보고했으나, 육군을 중심으로 처벌 반대론이 일어나자 태도를 바꾸게 되었다. 그래서 세계를 놀라게 한 이 사건에 대한 처벌은 1929년 5월 14일 고모토를 일본 본토로 전근시켰다가 예비역으로 편입시킨 것이 전부였다.

다나카 기이치는 일왕에게 "관동군은 장작림 폭살사건에는 아무런 관계가 없지만 경비상의 감독 책임을 물어 전보시켰다"고 보고했다. 하지만 히로히토가 "앞의 보고와 다르지 않는가?"라고 이의를 제기하자 1929년 7월 내각총사직을 단행할 수밖에 없었다. 그는 두 달 후인 9월 28일 귀족원 의원 당선 축하연 다음 날 돌연 사망하고 말았다. 히로히토는 이 사건 이후 자신은 정부 정책에 불만이 있어도 일절 관여하지 않았다면서 전후에 자신의 전쟁책임론을 부인하는 소재로 이용했다.

이 사건의 여파는 계속되었다. 장작림의 아들 장학량은 관동군의 예상을 뒤엎고 1928년 12월 29일 오전 7시, 만주 전역에 북양정부北洋政府의 오색기五色旗를 국민정부의 '청천백일만지홍기靑天白日滿地紅旗'로 일제히 바꾸어 다는 역치易幟를 단행했다. 이에 따라 전국 각지에서 반일시위가 일어났다.

일본이 이때 육군 형법에 따라 고모토를 사형시키고 군부의 정치 관여를 엄격하게 금지시켰다면 이후 아시아의 역사는 달라졌을 것이다. 그러나 육군대장 출신 다나카 기이치가 총리였던 데서 알 수 있듯이 일본은 사실상 군부정권이었다. 이 사건 이후 육군유년학교와 육군사관학교를 나온 영관급 정치 장교들은 어떤 일을 저질러도 처벌받지 않는다는 자신감을 갖게 되었다.

장작림 | 그는 일본군의 비호를 받게 되자 장개석의 국민정부를 꺾고 전 중국의 패자가 되기를 바랐다. 1927년에는 북경을 수도로 삼는 북양정부의 총통 자리까지 올랐다.

이런 분위기 속에서 하시모토 긴코로, 네모토 히로시根本博 등의 영관급 장교들은 1930년 10월 사쿠라회를 결성하고 이듬해 3월 군사 쿠데타에 나서게 되었다. 이것이 바로 '3월사건'이다. 영관급 정치군인들이 육군 고위층 및 우익 민간 파시스트 오카와 슈메이大川周明 등과 손잡고 쿠데타를 일으켜 육군대신 우가키 가즈시게宇垣一成를 총리로 옹립하려는 계획이었다. 이들이 우가키 가즈시게를 옹립하려던 것에는 이유가 있었다. 그는 육군유년학교가 생기기 전 육군지원병으로 입대해, 군조軍曹(하사관) 때 육군사관학교 1기로 입단하여 1890년에 졸업했다. 1931년 1월 군 간부들에게 보내는 비밀훈시에서 그는 군의 가장 기본적인 사명은 국방을 책임지는 것이라면서 "국방은 정치에 선행한다"고 말했다. 마치 군인이 국방이라는 미명하에 정치에도 관여할 수 있다는 어투였다.

우가키 가즈시게는 1931년 1월 초, 스기야마杉山 전 육군차관과 나중에 조선총독(1942년 5월~1944년 7월)과 총리(1944년 7월~1945년 4월)를 역임하는 군무국장 고이소 구니아키小磯國昭, 참모차장 니노미야 하루시게 등 육군 수뇌부와 육군 과장급, 하시모토 긴코로와 네모토 히로시 등 사쿠라회의 핵심 인물들을 관저로 불러들여 쿠데타를 논의했다. 민간인 파시스트 오카와 슈메이 등은 1만 명 이상의 대중을 동원할 수 있다고 큰소리쳤고, 후작 도쿠가와 요시치카德川義親는 20만 엔의 거사 자금을 제공했다(10만 엔, 37만 엔, 50만 엔을 지원했다는 설도 있다).

그러나 국가 개조라는 거창한 명분으로 3월 20일 쿠데타를 일으켜 일왕을 옹립하고 정당정치를 종식시키려던 계획은 이틀 전에 중지되고 말았다. 군사과장 나가타 데쓰산永田鐵山 대좌 등을 중심으로 시기상조론 등이 등장하자 우가키 가즈시게가 계획 중단을 지시했기 때문이다. 나가타나 오카무라岡村寧次 대좌 등이 시기상조론을 주장한 것은 쿠데타 자체에 대한 반대가 아니라 만몽滿蒙(만주·몽골) 문제를 먼저 해결해야 한다고 생각했기 때문이다.

쿠데타 결행론자들이 "쿠데타로 국내를 먼저 군부체제로 정비한 후 만몽을 침략하자"는 내선외후파內先外後派라면, 나가타와 오카무라 등은 "만몽을 먼저 침략한 후 쿠데타를 일으키자"는 외선내후파外先內後派였다. 비록 무위에 그쳤지만 3월사건은 '소화동란사昭和動亂史'라고도 불리며 이후 잇따른 쿠데타와 테러의 시작이었다.

장작림 폭살사건과 3월사건이 아무런 처벌 없이 끝난 뒤 영관급 정치장교들은 잇따른 쿠데타와 테러에 나섰다. 1931년 9월 만주사변, 1931년 10월 쿠데타사건(10월사건), 1934년 11월 원로·중신들을 살해하려 한 육군사관학교사건, 1936년의 육군쿠데타사건(2·26사건) 등이 그것이다. 장작림 폭살사건과 3월사건의 주모자를 육군 형법에 따라 처벌하지 못한 데 따른 비극적 결과물들이었다.

3 · 만주사변

'세계 최종 전쟁론'을 앞세워
대륙을 침략하다

중국은 9월 18일을 국치일國恥日로 기억한다. 일본이 만주사변을 일으켜 만주 점령을 시작한 날이기 때문이다. 조어도釣魚島(댜오위다오)와 독도 문제로 각각 반일의 목소리가 높았던 2012년 9월 18일, 중국 전역에서는 반일시위가 열렸지만 우리의 국치일인 8월 29일은 조용했다. 우리는 과거를 잃은 나라인가?

1931년 9월 18일 밤 10시20분 무렵, 심양瀋陽(옛 봉천) 북쪽 7.5킬로미터 유조호柳條湖 부근 남만철도의 한 선로가 폭파되었다. 관동군사령부 조례 제3조에 따르면 남만철도가 끊기면 관동군이 출동할 수 있었다. 관동군은 즉각 '장학량 군대의 소행'이라면서 북대영北大營을 공격했다. 9·18사변, 즉 만주사변의 시작이었다. 선로 폭파 역시 장작림 폭살처럼 관동군의 자작극이었다.

만주사변의 특징은 관동군 사령관 혼조 시게루本莊繁나 참모장 미야케 미쓰노리三宅光治 같은 관동군 수뇌부가 아니라 관동군 참모였던 이타가키 세이지로板垣征四郎(훗날 육군대장, 도쿄 전범재판으로 사형) 대령과 이시하라 간지石原莞爾 중령 같은 영관급 장교들이 주도했다는 점이다. 이타가키 세이지로와 이시하라 간지는 모두 센다이仙台 육군지방유년학교에서 어린 시절부터 군사교육을 받으면서 전쟁기계로 자랐다. 이 중 "육군에는 이시하라 간지가 있다"고 선전될 정도로 전략의 천재라고 불렸던 이시하라 간지는 만주 점령 계획을 입안했다.

그는 육군유년학교 시절 1등을 놓치지 않았고, 육사 시절에는 350명 중에 3등이었지만 구대장區隊長에게 반항해 6등으로 졸업했을 정도로 자존심이 강했다. 육사 시절에는 전사戰史는 물론 철학과 사회과학에 몰두하고, 휴일이면 사회 명사들을 방문했는데, 나중에는 법화종의 한 분파인 일련종 계열 국주회國柱會의 종말론에 심취해 '세계 최종 전쟁론'을 고안했다. 이시하라 간지가 1931년 5월 작성한 《만몽문제에 관한 사견滿蒙問題私見》은 관동군 참모들 사이에서 인기를 끌었는데, 여기에 일련종의 종말론을 응용한 '세계 최종 전쟁론'이 담겨 있었다.

13세기의 승려 니치렌은 정법正法·상법像法·말법末法 등 불교의 종말론적 세계관을 갖고 있었는데, 말법 시대에 "전대미문의 대투쟁이 일어나 세계가 괴멸된 후 묘법의 조화를 이루는 항구적인 평화가 도래할 것"이라고 예언했다. 일련종은 19세기 다나카 지카구田中知學가 일본국체학日本國體學을 주창하면서 일왕을 중심으로 하는 국가 내셔널리즘으로 전락시켰다. 그래서 법화종의 한 종파인 일련종이 이시하라 간지 같은 전쟁기계들이 열광할 수 있는 이론으로 변질되었다.

다나카 지카구의 강연을 듣고 국주회에 입회한 이시하라 간지는 제1차 세계대전 후 전 세계가 소비에트 연방, 미국, 유럽, 동아시아라는 4개 국가연합으로 나뉘었다고 분석했다. 4개 연합 사이에 일종의 준결승이 벌어져 소비에트 연방과 유럽이 탈락하고 일본과 미국이 결승전을 벌인다는 것이 최종 전쟁론이었다. 즉 최종전의 결과, 일본 아니면 미국이 세

유조호 사고 직후 현장
일본 관동군은 자신들이 철로를 끊어놓고 장학량 군대의 소행이라고 주장하면서 만주를 침략했다.

계를 지배한다는 논리였다. 이시하라 간지는 "세계 전쟁의 준비가 덜 되었다"면서 1937년 중국 본토 침략을 반대하고, 1944년에는 도조 히데키 총리의 암살에도 관여해 전범 재판에서 제외되지만 만주사변 이후 군국주의자들의 행보는 그의 최종 전쟁론을 실천한 셈이었다.

이시하라 간지는 일본의 모든 전략과 국력은 최종 전쟁에 맞춰야 한다면서 이를 위해 만주가 꼭 필요하다고 주장했다. 그는 "재만在滿 3천만 민중의 공동의 적인 군벌과 관료를 타도하는 것이 우리 일본 국민에게 주어진 사명"이란 궤변으로 만주 침략을 정당화했지만, 만주는 최종 전쟁을 위해 꼭 필요한 자원이었기 때문이다.

일본인들은 가해자를 피해자로 둔갑시키고, 침략자를 방어자로 둔갑시키는 정신병적인 집단 자의식이 있다. 이시하라 간지도 "일본은 북쪽 러시아의 침략에 대항하고 남쪽 미·영의 해군력에 대항해야 한다"면서 일본이 러시아와 미·영의 침략 위협을 받는 국가인 것처럼 가정했다. 그의 최종 전쟁론에 육군유년학교 출신 전쟁기계들이 열광하는 것은 당연했다. 그렇지 않아도 전쟁을 하고 싶어서 몸이 근질대던 차에 세계 자본주의 체제를 뒤흔든 대공황이 가세했으니 불씨에 기름을 부은 꼴이었다.

1929년 10월 24일 뉴욕의 월가 뉴욕 주식거래소의 주가가 대폭락하면서 시작된 대공황의 여파는 일본도 비켜갈 수 없었다. 대공황 직전인 1929년 7월 들어선 하마구치 오사치浜口雄幸의 입헌민정당 내각은 침체된 경제 소생을 위해 두 가지 정책을 입안했다. 하나는 국내 물가 인하와 수출 장려를 위해 통화량을 줄이고 정부지출을 삭감하는 긴축재정이고, 또 하나는 제1차 세계대전 이후 포기했던 금본위제를 부활시키는 고정환율제였다. 고정환율제는 국제무역과 투자를 안정시키기 위한 것이었다. 그 결과 1929년 하반기 도매물가가 6퍼센트 하락하는 등 긴축재정이 성공을 거두자 1930년 1월에는 금본위제를 실시했다.

그러나 대공황의 여파로 디플레이션이 발생해 물가하락의 이점이 사라졌다. 금본위제에 의한 고정환율제는 엔화가치의 추가하락은 막았지만 엔화가치가 더 떨어졌다면 더 늘어날 수 있었을 수출 증가도 막았다. 일본의 금융자본, 즉 재벌은행들은 정부가 조만간 금본위제를 포기하고 엔화를 평가절하할 수밖에 없으리라고 예상했다. 그래서 엔화를 팔고 달러를 대거 사들였는데, 실제로 정부는 1931년에 금본위제를 포기했다. 달러 대비 엔화가치가 절반으로 급락하자 재벌은행은 이미 매입한 달러로 엔화를 다시 사들여 엄청난 이득을 거두었다.

1930년대 초 일본의 실업자는 300만 명에 이르러 노동쟁의가 빈발하고 농촌 생활은 극도의 곤궁에 빠진 상황이었다. 이때 반대로 금융자본

이시하라 간지 | 그는 일련종의 종말 사상을 받아들여 세계 최종 전쟁론을 만들었다.

가들은 거대한 부를 거머쥐었다. 청년장교들이 정당정치인과 재벌 등을 타도하고 일왕과 민중 중심의 새 국가를 건설해야 한다고 주장한 것은 단순한 권력욕 때문만은 아니었다.

1927년 9월 청년 장교들과 비밀결사체인 천검당天劍黨을 결성하려던 오기시大岸賴好가 "황군皇軍의 70퍼센트가 농민의 자제이자 일본의 토혼土魂"이라면서 "이런 농민 출신 병사가 귀향해서 농촌의 참상과 피폐를 보고 무엇을 느끼겠는가. 오늘 같은 현상을 그대로 방치해 둔 채 과연 나라를 위해 충성하는 강한 군대를 기대할 수 있겠는가?"라고 주장했다. 그가 재벌과 그에 기생하는 정당 정치인들을 성토한 데는 일리가 있었다.

쿠데타 세력들은 국내 쿠데타를 먼저 일으키고 만주를 침략하자는 내선외후파와 만주를 먼저 침략한 후 국내 쿠데타를 일으키자는 외선내후파로 나뉘었다. 하지만 모두 만주 장악의 필요성에 동감한 것은 비단 이시하라 간지의 세계 최종 전쟁론 때문만이 아니라 일본 자본주의의 모순을 배출하는 출구로도 만주는 절대적으로 필요했기 때문이다.

이타가키 세이지로와 이시하라 간지가 자작극을 일으켜 만주를 차지하려 한 것은 비단 영관급 장교들만의 생각은 아니었다. 이타가키 세이지로는 1931년 7월 신임 관동군 사령관으로 임명된 혼조 시게로에게 "만약 충돌사건이 일어난다면 육군 중앙의 명령을 기다려야 합니까?"라고 물어서 "육군 중앙의 지시를 따라야 하지만 독단으로 나가는 것을 주저할 필요는 없다"는 답을 받았다. 8월 초 이타가키 세이지로는 도쿄로 출장을 떠나 니노미야 하루시게·니이소小磯國 군무국장·다테가와 요시쓰구建川美次 참모본부 1부장 등을 만나 "만주의 군사행동은 관동군에게 일임한다"는 내락도 받아냈다. 육군 수뇌부가 청년 장교들을 부추기는 셈이었다.

이때 관동군의 태도가 심상치 않음을 느낀 봉천총영사가 외무성에 이 사실을 보고하자 시데하라 기주로幣原喜重郎 외상은 미나미 지로南次郎(제3대 조선총독 역임) 육군대신에게 관동군을 자중시킬 것을 요구했다. 그래서 미나미 지로는 다테가와 작전부장을 만주로 보내 자중하게 했다. 그러나 청년장교들의 침략을 지지하던 다테가와 요시쓰구는 9월 15일 일부러 비행기 대신 기차를 타고 느릿느릿 만주로 향했다. 그 사이 사쿠라회를 만든 하시모토 긴고로는 이타가키 세이지로에게 "계획이 알려졌으니 즉시 실행하라", "다테가와가 봉천에 도착하기 전에 결행하라", "국내는 걱정 말고 즉각 결행하라"는 비밀 전보를 세 차례나 보냈다.

다테가와 요시쓰구가 심양역에 도착한 시간은 도쿄 출발 사흘 후인 9월 18일 오후 7시였다. 이타가키 세이지로는 다테가와 요시쓰구를 곧장 '기쿠분'이라는 요정으로 데리고 가서 술을 먹였다. 그 사이 심양 호석대虎石台에 주둔하는 독립수비대 제2대대 제3중대의 가와모토 스에모리河本末守 중위가 하사관 고스기小杉喜一와 선로에 화약을 장착했다. 봉천 특무기관 보좌관 하나야 다다시花穀正 소좌와 장학량의 군사고문 보좌관 이마다 신타로今田新太郎 대위도 깊숙이 개입했다.

드디어 오후 10시 20분, 철로가 폭파되자 다테가와 요시쓰구와 요정에서 술을 마시던 이타가키 세이지로는 뛰어나가 "장학량 군대가 공격했다"면서 북대영을 공격하게 했다. 그들은 다음 날 심양까지 점령하고 봉천특무기관장 도이하라 겐지土肥原賢二(훗날 육군대신, 도쿄 전범재판 때 사형됨)를 임시 시장으로 임명했다. 첩보 공작이 전문이었던 도이하라는 만주국 건국과 화북華北지역을 중국으로부터 분리하는 화북 분리공작에 나선다. 일본 승리의 서막처럼 보였지만 사실상 파멸의 시작이었다.

4 • 만주사변을 지지한 일본 언론

진실을 망각한 언론,
전범들을 영웅으로 묘사하다

만주사변의 특징은 이전까지 일본 군부의 확전 방침에 비판적이었던 언론들까지 일제히 찬성으로 돌아섰다는 데 있다. 대공황의 해결책을 만주에서 찾고자 한 것이었지만 이는 시대의 목탁이란 언론 본연의 기능을 망각한 것이자 일본을 군국주의로 치닫게 만든 주요 계기가 되었다.

1931년 9월 18일 관동군이 만주사변을 일으켰을 때 만주군벌 장학량은 북경 협화의원協和醫院에서 신병 치료 중이었다. 중국 국민정부의 장개석은 관동군이 곧 도발하리라고 예견하고 있었다. 사변 일주일 전쯤인 9월 12일, 장개석은 석가장石家莊에서 장학량을 만나 "일본이 도발할 경우 응전하지 말고 국제연맹에 제소하는 외교적 방식을 취해야 한다"고 권고했다. 장학량이 이를 받아들였기 때문에 관동군이 유조호 주변의 철로를 끊는 자작극을 일으키고 북대영을 공격했을 때, 즉각 응전하는 대신 휘하 군대에 무저항 철퇴를 명했던 것이다.●

● 大風, 《張學良的東北歲月: 少帥傳奇生涯紀實》, 光明日報出版社, 1991.

이때 장학량의 동북군이 격렬하게 저항했다면 관동군은 그리 손쉽게 만주를 장악하지 못했을 것이다. 관동군은 1~2만 명에 불과한 반면, 동북군은 수십만 명이었다. 장개석의 무저항 철퇴 권고는 '안내양외安內攘外 정책'에 따른 것이었다. "먼저 국내의 홍군紅軍(공산당군)을 소멸시킨 후 일본을 몰아낸다"는 정책이었다. 중국사의 전개 과정에서 볼 때, 외부의 침략보다 내부 분열 때문에 무너진 적이 더 많다는 점에서 장개석의 '안내양외 정책'이 틀렸다고 볼 수만은 없다.

그러나 시대가 달랐다. 원세개의 북양정부가 몰락한 계기도 1915년 일본이 산동반도에 대한 독일의 권익을 차지하고, 만주와 내몽골 일부를 일본이 차지하겠다는 21개 조 요구를 받아들였기 때문이었다. 1919년 5·4운동의 과녁은 바로 일본이었다. 그런데 장개석의 국민정부가 만주를 침략한 일본군보다 홍군 섬멸을 더 앞세우면서 중국 민중이 원세개를 버린 것처럼 장개석에 대해 실망하기 시작했다. 홍군보다 국민당군이 실제로 일제와 훨씬 많이 전투를 치렀음에도 '국민당=비애국적 군대, 공산당=애국적 군대'라는 개념이 퍼지면서 국민당 정부에 대해 광범위한 민심의 이반이 생겼고, '백만대군'을 보유했던 장개석은 모택동에 패해 대만으로 쫓기게 된 것이다.

비단 민족적 자각이 아니더라도 이 무렵 일본군의 도발은 상식을 뛰어넘는 것이었다. 자작극을 전개한 다음 중국 측의 소행으로 돌려서 공격하는 방식은 이미 하나의 공식으로 소문났다. 그만큼 육군유년학교와 육사 출신들이 주축이었던 관동군의 영·위관급 장교들은 전쟁에 혈안이 되어 있었다. 일본의 문제는 이들이 군부 내에 '사쿠라회' 같은 비밀 사조직을 만들어 여러 차례 쿠데타를 기도하고 불법 침략을 일삼았음에도 처벌하지 못했다는 점에 있다.

합이빈(하얼빈)에 입성하는 일본군
관동군은 와카쓰키 내각의 확전 불가 방침을 비웃듯 합이빈에 입성했다.

하마구치 오사치濱口雄行 내각이 대공황의 유탄을 맞아 물러나고 와카쓰키 레이지로若槻禮次郎 내각이 들어선 것은 만주사변 4개월 전인 1931년 4월이었다. 와카쓰키 총리와 시데하라幣原 외상은 19일 아침 신문을 보고서야 만주사변 발발 소식을 알았을 정도였다. 시데하라 외상은 긴급 각료회의를 열어서 '사태 불확대 방침과 국지적 해결 방침'을 결정하고 조선 총독을 역임한 육군대신 미나미 지로를 통해 관동군에게 정부 방침을 따르라고 요구했다.

그러나 관동군은 와카쓰키 내각의 지시를 비웃으면서 합이빈으로 전선을 확대했다. 9월 19일 밤, 와카쓰키 총리는 원로 사이온지西園寺公望의 비서 하라다 구마오原田熊雄에게 "나의 힘으로는 군부를 통제할 수 없습니다. 폐하의 군대가 폐하의 재가 없이 출동한다는 것은 언어도단이지만 이런 경우 어떻게 해야 할지 모르겠습니다"라고 무력감을 토로해야 했다. 미나미 육군대신은 "사태가 여기에 이른 이상 일본인 보호뿐 아니라 만주와 몽고의 특수권익을 위해서 정부는 큰 결심을 할 때가 왔다"고 만주사변 추인을 압박했다.

정부에서 우왕좌왕하는 사이 조선(점령)군사령관 하야시 센주로林銑十郎는 21일 오후 1만여 명에 달하는 혼성 제39여단 병사를 만주로 보냈다. 동북군이 저항한다면 1~2만 명의 관동군으로 상대하기 버거울 것이라는 생각에 부랴부랴 조선주둔군의 지원을 요청한 것이었다. 조선주둔군의 불법 월경越境은 자작극을 벌이고 이를 구실로 침략한 관동군의 행위와는 다른 차원의 문제였다. 자작극은 누구의 소행인지를 놓고 다툴 여지라도 있었지만 불법 월경은 그마저도 없었다. 이는 일본 군부에서 내각을 무시하는 근거로 즐겨 애용했던 일왕의 통수권까지 무시한 '통수권 간범幹犯'에 해당했다.

통수권은 이토 히로부미가 프러시아(독일) 헌법을 모방해 만들었던 일본제국 헌법(메이지헌법)에 기반을 둔 개념이었다. 제국헌법 제11조는 "천황은 육해군을 통수한다"였고, 제12조는 "천황은 육해군의 편제編制 및 상비군의 숫자를 결정한다"였다. 원래는 "육해군의 편제는 칙령勅令으로 정한다"였지만 이 경우 칙령을 심의하는 추밀원에 군부 통제권이 있게 되므로 이토 히로부미가 육해군의 편제 및 군사 숫자까지도 일왕에게 소속되게 만들어 놓은 것이다.

일본군이 내각을 무시하고 독단적으로 전쟁을 벌일 수 있었던 배경은 통수권이었다. 비록 제55조에 "국무國務 각 대신은 천황을 보필해서 그 책임을 진다"는 조항도 있었지만 군부는 자신들은 일왕에게 직속된 군대이지 내각에 소속된 군대가 아니라고 해석할 수 있었다. 그래서 이후 일본 군부가 전개했던 모든 군사침략에는 일왕이 최종적 책임을 져야 한다는 법리가 성립한다. 이런 조항에 비추어 봐도 조선(점령)군 사령관 하야시가 마음대로 만주로 들어간 것은 변명의 여지가 없는 '통수권 간범'이었다.

그러나 와카쓰키는 하야시의 불법 월경 사실을 알고 나서도 이를 처벌하는 대신 "이미 만주로 들어갔다면 어쩔 수 없다"고 추인했고, 내각에서는 "만주로 들어간 조선군에게 특별 군사비를 지출해야 한다"는 주장이 등장했다. 일왕 히로히토는 불법 월경한 조선(점령)군에게 특별군사비를 지출하자는 안건을 추인했다. 그러자 22일 오전부터 "천황이 (불법 월경을) 재가했다"는 전보가 만주로 쏟아졌다. 이 조치로 일왕 히로히토는 만주사변의 최종 책임자가 된 것이다. 하야시는 이후 '월경 장군'이란 별명을 얻게 된다.

만주사변이 기존 사건과 달랐던 것은 일본 언론의 지지를 받았다는 점에 있다. 그전까지 만몽 문제에 대한 일본 군부의 방침을 비판하던《아사히신문》·《히비신문》·《지지신보》등은 20일 조간부터 손바닥 뒤집듯 과거의 논조를 바꾸면서 관동군 발표 내용을 앵무새처럼 보도하기 시작했다. 만주사변에 대한 일본 언론의 태도는 대국민 선동에 불과해 침략자들은 영웅으로 변모했다. 일본이 본격적인 군국주의로 치닫게 된 주요 계기가 언론이 비평이란 본연의 기능을 망각하고 군부의 나팔수 노릇을 자처한 데 있다고 해도 과언이 아니다.

언론의 이런 태도에 발맞춰 사회 각 분야가 일제히 만주사변을 지지하고 나섰다. 군부의 망동을 막아야 할 추밀원 부의장 히라누마 기이치로 平沼騏一郎(전후 에이급 전범으로 종신형, 사후 야스쿠니 신사에 합사함)는 니노미야 참모차장에게 "만주에서 일본군이 더 적극적으로 행동해도 미국이나 소련이 군사적으로 개입할 가능성이 없는데 왜 육군은 좀더 공격적인 자세로 중국을 공격하지 않는가"라고 점령지 확대를 주장했다. 9월 25일에는 일화실업

일본군과 조선군사령관 하야시 센주로 | 이는 일본 군부에서 내각을 무시하는 근거로 즐겨 애용했던 일왕의 통수권까지 무시한 '통수권 간범'에 해당했다.

협회, 28일에는 일본상공회의소 등이 만주사변을 지지하는 결의안을 채택한 것을 비롯해 일본 전체가 브레이크가 고장난 기차처럼 전쟁으로 내달리고 있었다. 이른바 만주 특수에 눈이 먼 것이다.

와카쓰키 내각을 더욱 위축시킨 것은 10월 군부 쿠데타 소문이었다. 실제로 3월사건, 즉 3월 쿠데타를 계획했던 사쿠라회의 하시모토 긴코로 등은 초우 이사무 소령, 다나카 대위 등 영·위관급 장교들과 불확대방침을 결정했던 와카쓰키 내각을 무너뜨리려 했다. 1931년 10월 21일 군부가 봉기해 와카쓰키 총리를 비롯한 모든 각료를 살해하고 군부내각을 세우겠다는 계획이었다.

그러나 '10월사건'으로 불렸던 10월 쿠데타 계획도 3월사건처럼 무위에 그쳤다. 교육총감부 본부장 아사키 지사로荒木貞夫의 보고를 받은 미나미 육군대신이 도야마外山 헌병사령관에게 주모자 구속을 명령했고, 10월 17일 열네 명이 금룡정金龍亭에서 구속되면서 불발로 끝났다. 헌병대의 고사카小阪慶助가 "두 미희를 좌우에 거느리고 놀고 있었던 초우 이사무를 검거했다"고 회고한데서 알 수 있는 것처럼 쿠데타 세력들은 매일 밤 도쿄 시내 아카사카赤阪·신주쿠信宿 등의 고급 요정에서 미희를 끼고 술을 마시면서 구국을 외치고 있었다.

그럼에도 총리와 정부 각료 다수를 살해하려던 10월 쿠데타 주모자들에 대한 처벌은 며칠 근신하는 것이 전부였다. 반면 그들에 의해 살해당할 뻔했던 와카쓰키 내각은 그해 12월 무너지고 말았다. 1931년 12월 13일 뒤이어 취임한 이누카이 쓰요시大養毅 총리는 이듬해 5월 청년 장교들에게 살해당하고 만다(5·15사건). 이렇듯 일본 사회는 통제불능의 집단 정신병 상태로 빠져들고 있었다.

5・상해사변과 윤봉길의 의거
멈출 줄 모르는 일본 군국주의, 상해를 점령하다

일본 군국주의자들은 전쟁을 멈출 줄 몰랐다. 대한제국을 점령하고 만주와 몽골을 중국 본토에서 분리해 괴뢰 위성국인 만주국을 수립하려고 했다. 이런 침략 행위에 대해 서구 열강의 반발이 심해지자 그들은 상해에서 새로운 자작극을 전개해 전쟁터로 만들어서 서구 열강의 눈을 돌리려고 했다.

제국 일본에는 교육칙어勅語와 군인칙어가 있었다. 1890년 일왕 메이지明治가 반포한 교육칙어는 "짐은 우리가 황조皇朝들의 도의道義 국가 실현이라는 원대한 이상을 기초로 생겨난 나라라고 믿는다. 그리고 우리 국민들은 충효라는 양대 기본을 주축으로······"라고 시작하는데 군국주의 시절 모든 교사와 학생들이 받들어 봉독奉讀해야 했다.

그보다 조금 이른 1882년 1월, 일왕 메이지는 '군인칙유勅諭'를 내리는데, 이 글은 "우리나라의 군대는 대대로 천황이 통솔하고 있다"로 시작한다. 군인들의 정치 참여를 엄금한 것이 특징이었으며, "세론世論에 현혹되지 말고, 정치에 관여하지 말고, 다만 오직 군인으로서 자신의 의무인 충절을 지키면서 의義가 험하기는 산보다 무겁고, 죽음은 큰 새의 깃털보다도 가볍다고 각오하기 바란다. 이 절조節操를 깨면 생각할 수도 없는 실패를 부르니 오명을 받게 되는 일이 없기를 바란다"*고 했다.

이 칙유에서는 분명히 "세론에 현혹되지 말고 정치에 관여하지 말라"고 명령하고 있다. 또한 이를테면 "생각할 수도 없는 실패를 부른다"라는 말은 군국 일본의 비극적 종말로 현실화되었다. 육군유년학교와 육군사관학교를 나온 전쟁기계들은 어릴 때부터 교육칙어와 군인칙유를 봉독하며 자랐지만 이들은 '정치에 관여하지 말라'는 지당한 칙유를 귓등으로 흘려들었다.

해군 장교 후지 히토시가 《우국개언憂國槪言》에서 군인은 전쟁에 대비하기 위해서 뿐 아니라 "천황의 대권을 탈취하고 민중의 생명을 도둑질하는 귀족, 재벌, 정당 정치인, 군벌 등 내부의 적의 망국적 행동을 좌시하지 않고 대처해야 한다"고 주장한 것이 이를 말해준다. 전후에 일왕 히로히토는 《소화천황독백록昭和天皇獨白錄》에서 자신은 전쟁에 책임이 없다고 누누이 변명했다.

그러나 히로히토는 1932년 1월 8일 관동군의 만주침략을 자위전쟁이라면서 옹호하는 이른바 '칙어勅語'를 내렸다. 관동군이 북만주 치치하얼을 차지하고 남쪽으로는 1932년 1월 3일 발해 연안의 금주錦州까지 빼앗자 자위전쟁이란 말장난으로 이를 옹호한 것이었다. 만주 침략을 자위전쟁이라고 강변하는 이유는 1928년 8월 프랑스 파리에서 영국·미국·프랑스·독일·이탈리아 등 15개국이 체결한 부전조약不戰條約에 일본도 가입했기 때문이었다. 프랑스 외무장관 브리앙, 미국 국무장관 켈로그가 주도했기에 '켈로그-브리앙 조약Kellogg–Briand Pact'이라고도 불린다.

---

* 《陸海軍軍人に賜はりたる勅諭》

상해로 진격하는 일본군 탱크
히로히토는 1932년 1월 8일, 관동군의 만주침략을 자위전쟁이라면서 옹호하는 이른바 칙어를 내렸다.

이 조약의 제1조는 국가의 정책수단으로 전쟁 포기를 선언했고, 제2조는 일체의 분쟁은 평화적 수단에 의해서 해결해야 한다고 규정했다. 켈로그는 이 조약 덕분에 1929년 노벨평화상을 수상하는데, 자위를 위한 전쟁은 제재 대상에서 제외되기 때문에 만주 침략을 자위라고 강변한 것이었다. 국제사회가 즉각 제재조치를 취하지 못한 것도 일본이 자위전쟁이라고 우겼기 때문이었다. 일본이 이때 심양이나 하얼빈 정도만을 점령하고 멈췄으면 만주에 직접적인 이해관계가 얽혀 있지 않은 나라들은 일본의 국지적 점령을 용인해주었을 가능성이 크다.

하지만 관동군은 금주까지 점령했고, 일본 신문들은 이를 대서특필하면서 기뻐 날뛰었다. 미국의 스팀슨Henry Stimson 육군장관은 금주를 점령하고 기뻐 날뛰는 일본 신문들을 보고 큰 충격을 받았다고 한다. 미국은 급기야 만주사변을 자위전쟁으로 인정할 수 없다며 대일 공세로 돌아섰다. 1905년 7월, 미국 육군장관 윌리엄 태프트William Taft와 이토 히로부미의 측근 가쓰라 다로桂太郎가 미국은 필리핀을 차지하고 일본은 대한제국을 차지한다는 '가쓰라-태프트 밀약'을 맺은 지 25년 만에 두 나라 사이에 균열이 발생한 것이었다.

그럼에도 만주사변을 일으킨 전쟁기계들은 만주를 포기할 생각이 없었다. 관동군은 드디어 중국 본토와 만주를 가르는 산해관을 점령하고 욱일승천기를 꽂았다. 그리고 청조의 마지막 황제 부의를 이용해 위성괴뢰국 만주국을 수립하려 했다. 일본이 만주를 직접 차지하면 부전조약 위반이므로 중국인들 스스로 만주에 독립국가를 세운 것이라고 강변하려는 책계였다.

미국과 영국의 자세가 점차 강경해지자 관동군은 또다시 모략을 꾸몄다. 이때 등장하는 인물이 '동양의 마타하리'라고 불렸던 김벽휘金璧輝, 즉 가와시마 요시코川島芳子였다. 본명이 애신각라 현우愛新覺羅顯玗인 가와시마 요시코는 청나라 숙친왕肅親王의 열네 번째 공주로 태어났다. 숙친왕의 고문이었던 가와시마 나니와川島浪速의 양녀가 되어 가와시마 성을 쓰게 되는데, 청나라가 멸망한 직후인 1912년 일본으로 건너가 교육을 받았다. 그 후 관동군 참모장 사이토 히사시齋藤恒의 중매로 몽골족 장군의 아들과 결혼했으나 3년 만에 이혼했고, 상해로 건너가 상해영사관 의무관 다나카 유키치田中隆吉의 애인이 되면서 첩보원이 되었다.

만주사변 직후인 1931년 10월, 관동군의 고급참모 이타가키 세이지로와 이시하라 간지가 가와시마의 애인인 다나카 유키치 중좌에게 만주에 쏠린 세계의 이목을 상해로 돌릴 수 있는 사건을 만들어달라고 부탁했다. 이렇게 해서 벌어지는 사건이 상해사변이었다. 다나카 유키치 역시 히로시마 육군지방유년학교와 육군중앙유년학교를 거쳐 1913년 육군사관학교를 졸업한 전쟁기계였다.

　그는 패망 후인 1946년 1월 육군의 속사정을 밝힌 《패인을 찌르다敗因を衝く》를 간행했고 다른 전쟁광들과는 달리 도쿄 전범재판에서 일본 육군의 음모 공작에 대해서 사실대로 진술했다. 이 때문에 일본 극우파들에게 배신자로 낙인찍혀 1949년 9월에는 단도로 자살까지 기도했다. 다나카 유키치의 설명에 따르면 유조호 사건을 일으킨 관동군 고급참모 이타가키 세이지로와 다니쇼穀正少 등은 세계의 이목을 다른 곳으로 돌리기 위해 상해의 일본인 승려 습격사건을 만들었다. 상해는 만주와 달리 각국 열강들의 조계지가 있는 지역이므로 상해에서 사건이 발생하면 서구 열강의 이목이 집중될 것으로 예상한 것이었다.

　1932년 1월 10일 이타가키 세이지로 등은 약 20,000엔의 자금을 상해로 보내 빨리 거사하라고 재촉했다. 다나카는 헌병대위 시게토重藤憲史에게 실행을 맡기고 가와시마에게는 중국인 살인청부업자를 고용하게 했다. 1932년 1월 18일 밤, 일련종 승려 두 명이 신도 셋과 함께 '남무묘법연화경'을 외우면서 상해의 마옥산로馬玉山路 부근을 걷고 있을 때 반일 중국인들이 공격하는 사건이 발생했다. 물론 다나카와 가와시마가 돈으로 매수해 벌인 자작극이었다. 이 사건으로 상해 북사천로北四川路 및 홍강虹江 방면에 살고 있던 약 27,000여 명의 일본인과 중국인 사이에 충돌이 발생했다. 이때 다나카와 유키치의 공작으로 발포사건이 발생해 1월 28일 중·일 두 나라 군대가 충돌했다는 것이 다나카의 증언이었다.

　와카스키 내각의 뒤를 이은 이누카이 쓰요시 수상은 즉각 대규모 파병을 결정했다. 항공모함 두 척과 구축함 네 척을 포함한 대규모 해군 병력과 전 육군대신이었던 시라카와 요시노리白川義則 대장이 이끄는 상해 파견군이 상해로 달려갔다. 채정해蔡廷鍇 장군이 이끄는 상해 근방의 중국

가와시마 요시코(김벽휘) | '동양의 마타하리'라고 불렸던 그녀는 청나라가 멸망한 직후인 1912년 일본으로 건너가 교육을 받았다. 그 후 상해영사관의 무관 다나카 유키치의 애인이 되면서 첩보원이 되었다.

19로군이 맞서 싸웠지만 항공모함까지 동원한 일본군을 꺾을 수는 없었다. 이때 중국 민간인 사망자만 6,000여 명에 달했다.

관동군의 예상대로 영국·미국·프랑스·이탈리아 등이 강하게 정전을 요구하고 나섰다. 일본은 상해에서 전투를 계속하는 한편 1932년 3월 1일 부의를 집정으로 삼는 만주국을 전격적으로 건국했다. 그리고 이틀 후 전투를 중지하고 3월 24일부터 정전 협상에 나섰다. 4월 29일에는 홍구虹口공원에서 상해 점령 및 일왕 히로히토의 생일을 축하하는 천장절天長節 행사를 개최했다. 상해를 점령해 기세가 드높던 이 행사장에 대한민국 임시정부 산하의 한인 애국단원 윤봉길이 폭탄을 던졌다. 상해파견군 사령관 시라카와 대장과 상해 일본거류민단 행정위원장 가와바타河端貞次가 폭살되고, 노무라 기치사부로野村吉三郎·우에다 겐키치植田謙吉 두 중장과 무라이 쿠라마쓰村井倉松 총영사, 시게미쓰 마모루重光葵 공사 등이 중상을 입었다.

1933년 시라카와의 기일에 일왕 히로히토는 시종장 스즈키를 통해 "소녀들의 히나마쓰리(3월 3일의 전통 축제)날에 전쟁을 막아준 것을 기억하며"라는 단책丹册(일본의 전통 시구인 하이쿠俳句)을 하사했다. 시라카와가 남경까지 침략할 수 있었지만 상해만 점령하고 3월 3일 전투를 중지한 것을 "전쟁을 막아주었다"고 극찬한 것이다. 여기서 우리는 일왕 히로히토의 비정상적 의식 상태를 엿볼 수 있다. 이틀 전에 만주국을 수립한 일본으로서는 소기의 목적을 모두 달성했기에 전투를 중지했을 뿐이었다.

6 · 일제와 손잡은 부의

만주국, 일본 대공황의
해결책으로 등장하다

만주국은 역사 속에 홀연히 나타났다가 사라진 신기루 같은 왕국이었다. 그러나 만주는 활동무대가 절실했던 한반도의 청년들을 끌어들이는 블랙홀이 되었고 이후 한국사에도 깊은 잔영을 남겼다. 만주국은 청나라 마지막 황제 부의의 등장으로 극적인 효과를 드높였다.

1931년 9·18사변, 즉 만주사변 소식을 청나라 마지막 황제 애신각라 부의는 천진의 일본조계지 안에 있는 장원張園에서 들었다. 선조들의 고향이 관동군에 유린되고 있다는 소식을 일본 조계지 안에서 들어야 했던 부의의 심정은 복잡했을 것이다. 부의는 제국에 암운이 짙게 드리던 1906년 청조淸朝의 11대 광서제光緒帝의 동생 순친왕醇親王 재풍載澧의 아들로 태어났다. 그의 증조부는 도광제道光帝였다.

그의 운명은 태어난 지 세 살이 채 안 된 1908년 서태후西太後가 임종을 앞둔 광서제의 후사後嗣로 지명함으로써 역사의 격랑 속에 빨려 들어갔다. 그해 11월 14일 37세의 광서제가 독살설 끝에 세상을 떠나자 부의가 즉위해 선통제宣統帝가 되는데 서태후는 부의의 부친 순친왕을 섭정왕으

제3부 · 일제 전쟁기계들, 만주를 침략하다 | 211

로 삼아 어린 아들을 대신하게 했다.

2007년 광서제의 유발遺髮(머리카락) 조사 결과 비소砒素가 검출되어 독살 의혹은 더욱 커졌는데 각각 서태후와 원세개의 소행이란 주장이 엇갈리고 있다. 부의는 1960년 자서전《나의 전반생我的前半生》에서 원세개의 소행이라고 주장했지만, 자신의 황위를 빼앗은 원세개에 대한 반감도 작용했을 것으로 보여 아직도 광서제 사망의 진상은 분명치 않다.

1911년 손문孫文이 주도하는 신해혁명이 발발하자 순친왕은 원세개를 끌어들였지만, 그는 혁명파와 손을 잡고 중화민국 임시대총통에 취임했다. 1882년(고종 19년) 임오군란 때 조선에 파견되기도 했던 원세개는 선통제 부의의 퇴위를 요구했고, 협상 결과 청나라 조정과 중화민국 정부 사이에 '청제퇴위우대조건淸帝退位優待條件'이 체결되었다. 골자는 부의는 퇴위 후에도 '대청황제大淸皇帝'란 존호를 그대로 유지하며 황궁皇宮(자금성 및 이화원)에서 생활하는 한편, 정부로부터 매년 400만 냥의 생활비를 지급받는다는 내용이었다. 부의는 명목상 황제로 환관·궁녀들과 자금성에서 살았다.

그런데 황제 자리에 욕심이 난 원세개가 1915년 12월 제정 부활을 선언하고 이듬해 원일元日 제위에 올랐다. 하남河南성 항성項城의 한미한 가문 출신 원세개의 즉위에 대해 북양北洋군벌을 비롯해 전국 각지에서 반대가 들끓자 원세개는 3월에 퇴위했고, 6월에는 사망했다.

이 무렵 부의는 두 번째 황제로 추대된다. 북양군벌의 장령이었던 장훈張勳이 1917년 7월 1일 청조 부활을 선언하면서 부의를 복위시키고 자신은 의정대신議政大臣과 직예총독直隸總督 겸 북양대신北洋大臣이 된 것이다. 그러나 12일 만에 군벌 단기서段祺瑞에게 패해 네덜란드 공사관으로 도주했는데 이를 '장훈복벽復辟사건'이라고 부른다.

1935년 4월 일본을 방문한 부의(아랫줄 오른쪽)
천진의 일본조계지에서 식객 노릇을 하던 부의는 선황들의 능이 도굴당하는 동릉사건을 겪고 충격에 빠진다.

1919년 5월 부의는 중국어에 능통했던 영국인 관료 레지널드 존스턴Reginald Johnston을 가정교사로 삼아 서구식 문물교육을 받았다. 훗날《자금성의 황혼Twilight in the Forbidden City》을 쓴 존스턴은 부의에게 '헨리Henry'라는 서구식 이름을 지어 주었다. 1922년 결혼한 황후 완용婉容이 북경태생의 미국인 가정교사 이사벨 잉그램Isabel Ingram에게 엘리자베스라는 이름을 받아 부부가 모두 영문 이름을 갖게 되었다.

부의가 일본과 구체적인 관계를 맺게 된 계기는 1923년 9월 일본의 관동대지진이었다. 지진 소식을 접한 부의는 요시자와 겐기치芳澤謙吉 일본 공사에게 자금성에 있는 보석 등을 의연금으로 전달했고, 일본 정부는 대표단을 보내 부의에게 감사를 표시했다. 여기에 1924년 10월 만주

군벌 장작림이 이끄는 봉천군과 조곤曹錕·오패부吳佩孚·풍옥상馮玉祥 등이 이끄는 직예파直隷派 군벌이 맞붙는 제2차 봉직전쟁奉直戰爭이 발생하면서 부의는 더욱 일제와 가까워지게 된다. 봉직전쟁에서 승리해 북경을 차지한 풍옥상이 '청제퇴위우대조건'을 일방적으로 폐지하고는 부의를 자금성에서 내쫓았던 것이다.

마지막 황제의 안식처를 빼앗은 이 조치는 부의를 일본과 결탁하게 만든다. 당초 부의의 측근 정효서는 존스턴에게 상해나 천진에 있는 영국 또는 네덜란드 공관으로 들어갈 수 있게 배려해줄 것을 요청했지만, 내정간섭의 논란을 우려한 영국이 이를 거부했다. 반면 관동대지진 때 인연을 맺은 요시자와 일본 공사는 즉각 부의의 요청을 수락하고 1924년 11월 북경의 일본공사관으로 들어오게 했고, 1925년 2월에는 천진의 일본조계지 내 장원으로 옮겼던 것이다. 청조의 마지막 황제를 일본 영사관이 관리하는 형태가 된 것이다.

천진의 일본조계지에서 식객 노릇을 하던 부의는 선황들의 능이 도굴당하는 동릉東陵사건을 겪고 충격에 빠진다. 하북성河北省 준화遵化시 창서산昌瑞山에 자리 잡은 동릉은 세조 순치제順治帝의 효릉孝陵, 성조 강희제康熙帝의 경릉景陵, 고종 건륭제乾隆帝의 유릉裕陵, 문종 함풍제鹹豊帝의 정릉定陵, 목종 동치제同治帝의 혜릉惠陵 등 다섯 명의 황제릉과 자희태후慈禧太後(서태후)의 정동릉定東陵 등 여러 황후의 능이 있었다.

그런데 국민혁명군 제12군 군장 손전영孫殿英의 군대가 건륭제의 유릉과 서태후의 정동릉을 도굴했다. 부의는 장개석의 국민정부에 강력하게 항의했지만 손전영이 이미 국민당 간부에게 손을 써놓았기 때문에 아무런 처벌도 받지 않았다. 부의는 동릉사건 때 자금성 추방 이상의 충격을 받았다고 전한다. 천진의 일본조계지에서 울분을 삭이고 있던 부의에게 드디어 9·18사변 소식이 전해졌다. 부의는 중국 정국에는 중요한 요소가 아니었지만 무대가 만주라면 사정이 달랐다. 게다가 만주를 둘러싼 국제 정세도 부의에게 유리하게 돌아갔다.

당초 만주 침략을 기획했던 관동군 참모 이시하라 간지의 구상은 만주를 점령지로 삼는 것이었다. 그러나 만주를 일본이 직접 지배하는 것은 1922년 워싱턴 회의에서 체결된 9개국 조약에 직접적으로 위배되는 것이었다. 미국·영국·프랑스·이탈리아·네덜란드·벨기에·포르투갈에다 일본과 중국까지 가입한 9개국 조약 Nine-Power Pact은 각국 해군의 감축에 관한 내용뿐 아니라 중국의 주권·독립·영토보전에 관한 내용도 담고 있었다. 이 때문에 관동군은 만주를 직접 통치하려던 계획을 포기하고 만몽에 독립국가를 건설하며 중국의 행정적 지배로부터 완전히 분리하겠다는 '차선책'을 선택했다.

만주사변 발발 나흘 뒤인 1931년 9월 22일, 관동군 고급참모 이타가키 세이지로 대좌, 이시하라 간지 중좌 등이 이러한 내용 등을 담은 《만몽문제 해결책안解決策案》을 만들었다. 동북4성(길림·흑룡강·요녕·열하) 및 몽고를 영유해서 선통제(부의)를 우두머리로 삼는 신정권新政權을 수립하겠다는 것이 골자였다. 부의로서는 일본의 제의를 거부할 까닭이 없었다. 부의는 나아가 관동군 사령관 혼조 시게루本莊繁와 일종의 충성맹세 비슷한 비밀협약을 맺었다. 새로 수립될 만주국의 외교·치안·국방과 국방상 필요한 모든 시설(철도·항만·수로·항공로)에 대한 모든 권한을 일본에 위임하겠다는 것이었다. 또한 만주국 중앙 및 지방의 주요 인사에 대해서도 일본의 '지원과 지도'에 맡기겠다고 약속했다.

사실 부의는 이보다 더한 사항이라도 양보할 생각이 있었다. 부의가 바란 것은 '황제'라는 칭호뿐이었는데 그나마 이것도 뜻대로 되지 않았

장춘에 있던 관동군 사령부
관동군의 공작을 받은 장경혜는 동북행정위원회 명의로 1932년 2월 18일 장개석의 국민정부로부터 분리 독립을 선언했고, 3월 1일에는 만주국 건국 선언을 했다.

다. 일본은 시기상조라면서 부의를 황제가 아닌 집정執政으로 결정했다. 부의는 이런 과정을 거쳐 천진의 일본 조계지에서 6년 만에 나와 1931년 11월 13일 여순의 남만주철도회사가 운영하는 야마토大和 호텔에 여장을 풀었다. 동양의 마타하리 가와시마 요시코는 천진에 잔류하고 있던 황후 완용을 수행해 여순으로 향했다. 관동군의 공작을 받은 장경혜張景惠는 동북東北행정위원회 명의로 1932년 2월 18일 장개석의 국민정부로부터 분리 독립을 선언했고, 3월 1일에는 만주국 건국 선언을 했다.

동북4성의 광대한 영토와 3,400만여 명의 인구를 가진 만주국은 이렇게 역사에 등장했다. 사막의 오아시스처럼 홀연히 나타나 일본의 대공황을 일거에 해결하고 기근과 인구과잉에 시달리던 식민지 한국민에게도 '만주 붐'을 일으켰다가 군국 일제의 패망과 함께 갑자기 사라졌던 수수께끼 왕국이었다.

그러나 만주국이 한국사에 미친 잔영은 깊고 길다. 대표적인 예가 만주국에서 1937년부터 시작한 경제개발 '5개년 계획'이다. 1961년 5월 15일, 민주당 정부의 부흥부에서 '경제개발 5개년 계획'을 발표하는데 당시 부흥부 차관 김준태金濬泰가 만주국 대동학원 출신이다. 1962년부터 네 차례에 걸친 경제개발 5개년 계획을 추진했던 박정희 대통령 또한 만주국 육군군관학교 출신인 것은 잘 알려져 있다.

7 · 사라진 독립운동 근거지

관동군 만주 장악,
재만 한인들의 독립운동 와해되다

만주국 수립은 재만 한인들의 처지를 복잡하게 만들었다. 당장 국적 문제가 발생했는데, 법적으로 일본 국민인지 만주국 국민인지가 모호했다. 간도를 한인들의 강역으로 생각하는 역사 인식을 갖고 있는 식민지 한인들은 만주국을 바라보는 시각이 혼란스러울 수밖에 없었다.

만주국 수립 다음 달인 1932년 4월 27일, 언론인 김경재金璟載는 서울역(경성역)에서 기차를 타고 만주로 향했다. 만주국 수립 이후 간도 현황을 취재하기 위한 것이었다. 만주국 수립 이후 자신들의 상황을 국내에 소개해달라는 간도 한인들의 요청도 있었다. 김경재가 두만강 북쪽 간도에 도착한 것은 나흘 후인 31일이었다. 김경재는 임시정부 기관지 《독립신문》 기자를 역임한 민족주의자였지만 이후 사회주의로 전향했다가 1926년 제2차 조선공산당사건으로 2년 6개월형을 선고 받고 1929년 8월 출옥한 터였다.

　만주국을 바라보는 김경재의 심사는 복잡할 수밖에 없었다. 일제의 만주 장악은 큰 충격이었다. 가장 곤란해진 사람들은 독립운동가들이었다.

일제가 만주 전역을 장악하면서 독립운동 근거지가 사라졌다. 독립운동가들은 항일 유격대에 가담하거나 중국 대륙으로 퇴각하거나 만주국의 치안숙정 공작에 따라 전향해야 했다. 중국 내륙 퇴각도 쉽지 않았다. 북만주에서 한족총연합회 활동을 하던 아나키스트 정화암은 "감시망을 피해야 했기 때문에 동지들이 한데 뭉쳐서 나올 수도 없었고, 걷다가는 쉬고 기차를 탔다가는 다시 자동차를 타고 하는 고역을 겪으면서 쫓겨야 했다"●라고 회상했다.

독립운동가들은 퇴각이라도 할 수 있었지만, 만주에 사는 한인들은 그저 몸으로 고난과 역경을 감내하는 수밖에 없었다. 김경재는 《삼천리》(1932년 5월 15일자)에 〈동란動亂의 간도에서〉라는 기행문을 실었는데 "간도는 조선인의 간도다. 그것은 역사와 현실이 증명하고 있다"고 단정하고 있다. 김경재는 "윤관尹瓘이 16만의 대병大兵을 이끌고 가서 두만강 이북 700여 리를 개척하는 동시에 선춘령상先春嶺上에 석비石碑를 세우고 고려지경高麗之境이라고 새겨서 국경을 명확히 했다고 하는 바 그곳은 지금의 북만주 영안현寧安縣이다"라고 말하고 있다.

현재 한국 주류사학계는 일제 식민사학에 따라 고려의 동북쪽 강역을 함경남도 흥남지역까지로 축소하고 있지만 김경재처럼 대일항쟁기 때 지식인들은 북만주 영안현까지를 고려 국경으로 보았다. 《고려사》 《지리지》는 "(고려의) 동북쪽 강역은 곧 선춘령을 경계로 삼았다(東北則以先春嶺爲界)"라고 말하고 있고, 태종·세종실록에서 이를 거듭 확인하고 있는데, 선춘령은 두만강 북쪽 700리 지점이다.

대한제국은 1903년 서간도를 평안북도에, 동간도를 함경도에 편입시

● 정화암, 《몸으로 쓴 근세사》, 자유문고, 1992.

만주국 시기에 세워진 북만주 치치하얼역
치치하얼은 舊구 동북군 계열이던 마점산이 관동군에게 저항했던 거점이었다.

키면서 이범윤을 북간도 관리로 임명하고 간도에 상주시켰으며, 간도 백성들에게 세금을 받았다. 그러나 일제가 1909년 간도를 청나라에 넘기는 대신 동청철도 부설권을 넘겨받는 간도협약을 불법적으로 체결하는 바람에 중국령으로 넘어갔다. 이런 상황에서 일제가 만주 전역을 장악했으니 간도 한인들의 관심이 비상하지 않을 수 없었다.

김경재는 "두만강을 건너서 간도에 갈 때는 이것이 외국이구나 하는 기분이 들지 않는다. 철도 연선沿線의 어디를 보나 조선의 집이요 농촌이다"라고 말하고 있다. 김경재는 "간도의 조선인은 38만1천여 명이지만 중국인은 11만6천여 명이고 일본인은 2천여 명"에 불과하다고 말하고 있다. 그러나 그는 "다만 토지소유지례土地所有地例에 있어서 중국인의 소유가 조선인 소유의 배가 넘는 것이 사실"이라면서 "간도 전원의 높다란

담장에 사위四圍에는 포대를 축조한 중국인 토호의 집이 있고 그 부근에는 게딱지 같은 동포의 농가가 흩어져 있는 것을 본다"면서 "이런 역사와 현실은 간도는 조선 사람의 간도라고 부르짖게 되었고, 또 그것이 그곳 동포의 심정이다"라고 말하고 있다.

만주국은 '오족협화五族協和, 왕도낙토王道樂土'를 내걸었다. 오족이란 일본인·중국인·한국인·만주인·몽골인을 뜻한다. 관동군 전략가였던 이시하라 간지는 만주국을 미국과 맞붙게 될 '세계 최종 전쟁'의 기지로 삼았다. 그로서는 만주국이 새로운 이상 국가 건설의 실험장이었다. 군사침략이라는 패도覇道를 택했으면서도 왕도王道를 내건 자기모순이 만주국의 복잡한 성격을 말해준다. 중국인 지주들의 착취에 시달리던 한인 농민들로서는 일본이 실권을 장악한 만주국을 부정적으로 볼 수만은 없었다.

이 무렵 재만 한인들이 조직한 민주단이란 단체가 있었다. 민주단 상무이사 전성호全盛鎬는 김경재에게 자신들을 '민족주의자'라고 주장했지만 용정龍井 시내에서 대성학교, 동흥학교 같은 민족주의 학교들과 대립되고 있다고 말한 데서 알 수 있듯이 적지 않은 논란을 낳은 단체였다.

그런데 이 민주단 관계자가 중추가 되어 주창한 것이 간도청間島廳 설치 운동이었다. 간도청 설치 운동은 "①간도를 만주국 내의 특별 행정구로 설치해달라. ②간도청의 임직원은 간도에 거주하는 민족의 비례수에 따라 임명해달라. ③간도청의 장관은 일반의 공청에 의해 달라"는 등 세 가지 요구였다. 이에 대해 김경재 같은 사회주의자도 "간도 자치구 설정에 대한 이론과 시비는 별 문제로 하고 간도는 조선인의 간도라는 것이 간도에 거주하는 동포 전체의 의사이자 욕구인 것만은 틀림없다"고 인정하지 않을 수 없었다. 문제는 식민지 치하의 재만 한인들은 만주국에 지

치치하얼 항일유적지 기념비
만주사변 발발 직후 장학량에 의해 흑룡강성 주석대리에 임명된 마점산은 북만주 치치하얼을 기반으로 관동군과 정면으로 충돌하면서 구 동북군계열의 영웅으로 떠올랐다.

분을 요구하기 어렵다는 점에 있었다.

　만주를 직접 통치하려던 관동군이 육군 중앙의 방침에 따라 새로운 국가 건설로 방향을 전환하면서 만주에서 정치적 영향력을 갖고 있는 유력자들의 협조가 필요해졌다. 만주에서 정치적 영향력을 갖고 있는 독립운동 세력은 일제와 양립할 수 없었고 만주사변 이후 거의 궤멸되었다. 이 점이 만주 한인들의 딜레마였다. 1932년 2월 16일 저녁, 심양의 야마토 호텔에서 건국회의建國會議라고도 불리는 이른바 4거두 회담이 열렸다. 장경혜·장식의臧式毅·희흡熙洽·마점산馬占山이 참석한 회담이었다. 그런데 이 네 거두의 배경이 사뭇 달랐다.

　만주국 총리대신이 된 후 친가가 두부가게를 했다고 해서 세칭 '두부총리'로 불린 장경혜는 봉천군벌 중진이었다. 1926년 봉천파가 장악한 북경정부에서 중화민국 육군총장을 역임했고, 1928년 장작림 폭살사건

때 함께 중상을 입었을 정도로 가까운 사이였다. 장작림의 뒤를 이은 장학량이 장개석의 국민정부에 합류하자 장경혜도 남경 국민정부의 군사참의원軍事參議院 원장이 되었다. 그러나 만주사변이 발발하자마자 만주로 돌아가 장작림이 일제의 주구 노릇을 할 때의 관계를 되살려 흑룡강성 성장省長에 취임했다.

장식의도 장학량에 의해 1930년 요녕성遼寧省 정부 주석에 임명되었던 장학량의 측근이었으며, 만주사변 직후 관동군에 의해서 구금되었다. 당초 관동군은 원금개袁金鎧·감조새闞朝璽 등에게 봉천지방자치유지회를 조직하게 했지만 곧 역량 부족이 드러나자 장식의를 석방시켜 1931년 12월 봉천성장에 임명했다.

희흡은 청 태조 누르하치努爾哈赤의 친동생 무르하치穆爾哈齊의 후예로서 만주국 종성宗姓인 애신각라 씨였다. 희흡은 일본의 동경진무학교東京振武學校와 일본육군사관학교에서 수학하고 귀국 후 동북육군강무당東北陸軍講武堂 교육장을 맡았던 군사통이었다. 만주사변이 일어나자 희흡은 일본의 힘을 빌려 제국의 부활을 꿈꾸면서 4자회담에 참석했다.

4자회담 참가자 중 가장 파란만장한 인물은 빈농 출신의 마적 두목 마점산이었다. 그는 1911년 장작림의 측근이었던 오준승吳俊陞에게 발탁되어 1925년에는 여단장까지 올랐다. 만주사변 발발 직후 장학량에 의해 흑룡강성 주석대리에 임명된 그는 북만주 치치하얼을 기반으로 관동군과 정면으로 충돌하면서 구 동북군계열의 영웅으로 떠올랐다. 그러나 1931년 12월 관동군의 이타가키 세이지로가 마점산의 본거지를 압박하면서 사개석謝介石을 통해 흑룡강성 성장의 지위를 주겠다고 회유했다. 여기에 합이빈까지 함락당하자 마점산도 2월 16일 4자회담에 참석한 것이다.

다음 날 장경혜는 동북행정위원회 위원장에 취임하고 2월 18일 국민정부로부터 동북(만주)지방의 이탈을 선언했으며, 3월 1일 만주국을 건국했다. 만주국 수립 직후 마점산은 흑룡강성 성장 겸 만주국 군정부장을 겸임했지만 4월 1일 흑하黑河를 몰래 탈출해 라디오 방송을 통해 항일을 호소하면서 동북구국항일연군을 조직했다. 그러나 관동군에 패해 1933년에는 소련으로 탈출했다가 유럽을 통해 중국 본토로 다시 귀국했다.

  2월 16일, 이른바 건국회의 때 장경혜와 장식의는 입헌공화제를 주창하고 희흡은 제정을 주장하는데, 관동군의 조정에 따라 부의를 집정으로 삼는 만주국이 건국되었다. 이처럼 독립운동세력이 와해된 상태에서 재만 한인들은 만주국 건국에 별 변수가 되지 못했다. 그럼에도 '만주 붐'은 불고 있었다.

8 · 만주에 부는 부동산 광풍
일확천금의 엘도라도는
만주에도 없었다

현실 속에서 엘도라도는 과연 존재할 수 있을까? 느닷없이 등장한 만주국을 일본인들은 물론 식민지 한인들도 엘도라도로 여겼다. 그러나 만주국이 결코 엘도라도가 아니며 사막 위의 신기루에 지나지 않는다는 사실을 깨닫는 데는 그리 큰 시간이 필요하지 않았다.

일제의 위성국, 혹은 괴뢰국이었던 만주국의 영토는 130만제곱킬로미터로 한반도보다 여섯 배나 넓었지만 인구는 3,950만 명에 불과했다. 민족별로는 한족漢族이 3,470만 명이고 만주족이 180만 명, 한인이 130만 명이었다. 몽골인이 102만 명이고 일본인은 65만 명에 불과했다. 130만의 한인은 결코 적은 숫자가 아니었다. 그래서 한인 사회는 한인들이 집중적으로 거주하는 간도만이라도 건질 수 없을까 고민했다.《동아일보》(1933년 11월 1일자)에서는 간도 총영사관의 발표에 따라 1933년 9월 말 현재 간도 총인구는 574,000여 명인데 그중 한인은 403,000명에 이르는 반면 일본인은 2,400명으로 0.5퍼센트에 불과하다고 보도했다.

만주국 수립 두 달 후 윤화수尹和洙는《동광》(1932년 5월 1일호)에〈간도문제란 무엇인가〉라는 논설을 실었다. 윤화수는 간도 용정龍井시에 있는 영신학교 교사로서 이미 1921년에도 간도 용정촌에서 '신문화와 간도'라는 강연을 했던 간도지역 전문가였다. 그는 이 글에서 "간도의 주인은 누구인가"라면서 이렇게 말하고 있다.

> 간도는 오로지 조선 사람의 간도라고 주장하는 것이 법리상法理上 당연한 귀결이라고 할 수 있을 뿐 아니라 간도에 역사적으로 깊은 인연을 가진 사람도 조선 사람이요, 간도를 개척한 사람도 조선 사람이요, 간도에 사는 사람의 5분의 4가 조선 사람인즉 간도는 사실상 조선 사람의 간도가 되어야 할 것이다.●

윤화수는 "간도를 자치령으로 하자는 운동과 특수행정구로 하자는 운동이 양립하고 있지만 차라리 한 걸음 더 나가서 자유국 건설운동을 개시하는 것이 도리어 법리상 또는 사실상 당연한 길"이라고 덧붙이고 있다. 윤화수는 이 글에서 '백두산정계비'의 동쪽 국경인 토문강土門江의 위치에 대해 "연전에 백두산을 답사할 때 토문이 송화강의 상류인 것은 너무나 명백한 사실임을 발견했다"고도 말하고 있지만 일제가 간도를 한인들의 자치국으로 허용할 리는 만무했다. 윤화수가 "정치적으로 불만을 가진 사람도 간도로 많이 찾아왔기 때문에", "한때 간도가 배일排日운동의 책원지策源地가 되어 있었다"고 인정한 대로 간도는 배일운동의 중심지였기 때문이다.

일제의 고민은 따로 있었다. 만주국은 오족협화五族協和를 내세워 일본인·한족·만주족·한인·몽골인의 공동번영을 추구한다고 표방했지만 주

● 《동광》 1932년 5월 1일호.

도권은 일본인에게 있어야 했다. 그러나 앞서 말한 대로 일본인의 숫자가 극히 적었다. 그래서 관동군은 1936년 5월, 20년간 100만 호, 즉 500만 명의 일본인을 만주로 이주시키겠다는 '만주 농업이민 100만 호 이주계획안'을 만들었다. 1936년 3월 출범한 히로다廣田弘毅 내각은 이를 '7대 국책사업'의 하나로 채택하고 20억 원의 예산까지 배정했다. 그럼에도 일본인의 만주 입식入植은 저조해서 식민정책 자체가 원활하게 진행되지 못했다.

반면 한인들은 만주로 몰려들고 있었다. 김경재는 《삼천리》(1932년 5월 15일호)에 실린 〈동란의 간도에서〉라는 기행문에서 만주국 수립 직후 간도의 여관 풍경을 이렇게 묘사하고 있다.

> 간도에는 어느 여관이나 손님이 만원이다. 살풍경의 전지戰地의 위험한 지역에 여관마다 손님이 만원이라면 놀라운 일이다. 그들은 일확천금을 꿈꾸고 총알이 날고 창칼이 교차하는 간도이건만 머리를 싸매고 찾아온 것이다.

일제의 경제 수탈, 대공황, 농촌의 과잉인구 문제 등으로 빈사상태에 빠진 식민지 한인들에게 만주는 일종의 식민지 모순의 배출구이자 엘도라도였다. 《동아일보》(1932년 4월 21일자)에 "만주에 신국가가 건설되자 안동 세관의 관대한 취체를 기화로 각종 밀수출로 일확천금한 갑부가 우후죽순으로 늘어가고 있다"고 보도했다. 《삼천리》(1934년 8월 1일호)는 트럭 기사에서 금광 발견을 거쳐 만주 특수特需로 거부가 된 운전기사 정 씨의 사례를 실어서 독자들의 마음을 설레게 했다. 1932년 겨울 정 씨는 공주에서 짐을 싣고 대전으로 향하다가 내리막길에서 펑크가 났다. 정 씨는 "하도 갑갑해서 무심히 손에 쥐었던 자동차 기계를 가지고 땅을 뒤졌는데, 이

만주국 신경(장춘)의 대동광장 정부청사
《삼천리》(1934년 8월 1일호)에 소개된 운전기사 정 씨는 이곳이 개발되기 전에 인근 땅을 사서 거부가 되었다.
이렇듯 식민지 한인들에게 만주는 새로운 기회의 땅이었다.

상한 소리가 나는 돌멩이가 묻혀 있는 것을 발견하고 호주머니에 감추었는데, 공주의 일본인에게 물어보니 '만분대萬分臺에 미치는 금석金石'이라는 것"이라고 말했다.

정 씨는 이 금광 채굴권을 출원한 지 한 달도 못 되어서 규슈九州의 광업회사에 67만 원에 팔았다. 정 씨는 이 돈을 들고 1933년 만주국 수도 신경(현재 장춘)에 도착해《신경 시가지계획도》를 사서 시가지와 그 부근 땅을 사들였다.

만주국에 황제가 등극하고 만주국 기초가 점점 잡혀가고 국도國都 건설사업이 일취월장함에 땅값은 자꾸 오른다. 어제 10전짜리가 오늘은 20전, 내일은 30전이라 하고, 어떤 것은 산 값보다 3~4배가 더 오르고, 어떤 것은 10배가 오른 것도 있어서 그래 60만 원을 던지고 산 땅이 지금 아무리 싸구려로 마구

두드려 팔아도 그 5배인 300만 원의 가치는 간다고 한다.•

1934년 5월경 쌀 1석(160킬로그램)의 가격은 22원 30전이었다. 이를 현재 10킬로그램당 25,000원 정도로 환산하면 300만 원은 400억 원 이상 되는 거금이었다. 물론 땅값으로 환산하면 천문학적 액수가 될 것이다. "물건을 운반해주어야 삯전을 받아서 떨고 있는 처자에게 저녁밥 짓게 할 수 있었던 처지"의 정 씨는 2년 만에 거부가 된 것이다.

사회주의자였던 김경재도 앞의 글에서 "(한족이 파는) 토지를 사서 조선은행이나 동척에 저당 잡히면 다시 그만한 돈은 활용할 수 있고 소작료만 가지고도 은행이나 동척의 연부年賦(빚을 해마다 갚아 가는 것)를 치르고도 남는다"고 분석했을 정도니 만주 부동산 붐이 이는 것은 당연했다.

그러나 예나 지금이나 부동산 광풍의 수확은 특수한 소수가 차지하기 마련이고 나머지 만주행은 대부분 가난한 소작농들이었다. 사회주의자 김세용金世鎔이 그 처남 이여성과 함께 집필한 《숫자 조선연구 제1집》(1931)에는 식민지 조선의 온갖 통계표가 기록되어 있는데, 1928년에는 농가 호수 300만 가구 중에 지주가 10만4천 가구, 자작自作이 51만 가구, 자작 겸 소작이 89만4천 가구, 소작이 125만 가구로서 자작 겸 소작과 순수 소작 비율이 75퍼센트에 달했다.

일제의 농촌 수탈기구였던 동양척식회사가 1927년 한국에 소유한 농지는 69,203정보町步(1정보는 3천 평)로 무려 2억 7,600만여 평에 달했다. 일제에 토지수탈을 당한 결과 대다수 농민들은 생계 자체가 어려운 처지였다. 《농민農民》(1933년 신년호)은 〈갈 곳 없는 소작인〉이란 시에서 "이 세상엔

• 《삼천리》 1934년 8월 1일호.

제3부 • 일제 전쟁기계들, 만주를 침략하다

쌀 생산을 장려하기 위한 시식회
일제의 농촌 수탈기구였던 동양척식회사가 1927년 한국에 소유한 농지는 무려 2억 7,600만여 평에 달했다. 일제에 토지수탈을 당한 결과 대다수 농민들은 생계 자체가 어려운 처지였다.

갈 곳 없고 원통한 사람 너무나 많다/ 심고 김매고 거두고 타작까지 하고서/ 헐벗고 굶주리는 무리 너무나 많다"라고 읊고 있다. 〈이향離鄕의 루淚〉, 즉 '고향 떠나는 눈물'이라는 시에서도 "아-고향을 떠나 외로이 걸어가는 나의 신세여/ …… 아- 나는 간다. 이 발길 닿는 곳/ 산 넘고 물 건너 살 길의 성공탑까지"라고 읊고 있듯이 농토 없는 소작농들은 고향을 떠나 만주로 몰려들었다.

반면 중국인들은 만주국 수립 이후 만주를 빠져나가고 있었다. 김경재는 〈동란의 간도에서〉에서 "최근의 간도는 지가地價가 하락했다. 간도 용정 부근의 옥토 하루갈이―日耕(성인 남성이 하루에 경작할 수 있는 땅)가 비싼 것은 400원이었지만 40원까지 폭락했다"고 전하고 있다. 산동·하남河南 등지에서 온 중국인 지주들이 시국은 어지럽고 안녕과 질서는 당분간 보장될 길이 없고 일본군이 출병하니 땅을 팔아가지고 관내關內로 돌아가기 때문에 땅값이 폭락했다는 것이다. 관내란 중국인들이 자민족의 영토로 여겼던 만리장성 동쪽 끝 산해관 남쪽을 뜻한다.

중국인 지주들은 자신들의 이익을 보호해주던 동북 군벌이 쫓겨가고 만주국이 들어서자 땅을 헐값에라도 팔고 고향으로 돌아갔다. 식민지 한인들에게 중국인들이 남기고 간 토지가 새 삶의 터전이 될 수 있을 것 같지만 이 또한 천만의 말씀이었다. 1936년 관동군의 지시에 따라 1937년 만주국 이민사무처리위원회에서 한인들의 만주 이주를 연 1만 호로 제한했기 때문이다. 그리고 한인들이 개척할 수 있는 지역도 간도성間島省과 동변도東邊道의 23현으로 제한했다. 일본인 이주민들에게 좋은 농경지를 먼저 보장하기 위한 것이었다. 식민지 치하의 한국이 그랬던 것처럼 일제 치하의 만주국도 한인들에게 엘도라도가 될 수 없었다.

제4부

식민지 시대의 부호 열전

1 · 민영휘 부자

가난한 백성을 수탈해
조선 제일의 갑부가 되다

일제 치하에서 대부분의 식민지 백성들은 가난했다. 그러나 그런 와중에도 거부巨富를 일군 소수의 사람들이 있었다. 식민지 치하라고 해도 세상의 변화를 일찍 감지해 거부가 된 사람들을 무작정 비난할 수는 없다. 하지만 백성들의 재산을 갈취해 거부가 된 민영휘 부자는 경우가 달랐다.

《별건곤》 제39호(1931년 4월 1일호)는 〈조선 사람은 왜 가난해지나?〉라는 기사에서 "몇몇 부자사람을 제하고 나면 조선 사람은 똥가래가 찢어지게 가난하다"라고 묘사하고 있다. 일왕 메이지는 1910년 8월 29일 대한제국을 강탈하면서 "(한국) 민중은 직접 짐의 위무 아래에서 그 강복康福을 증진할 것"이라고 약속했지만, 식민지배 20년이 지난 후 한국 사람들은 더욱 가난해졌다. 일제 식민통치는 자본을 들여와 공장을 설립하는 자본주의 방식이 아니라 식민지 백성들의 농지 등을 빼앗는 근원적 수탈방식이었으므로 더욱 가난해질 수밖에 없었던 것이다. 그런데 이런 상황에서도 '몇몇 부자사람'은 존재했다. 언론인 김을한金乙漢은 《삼천리》(1931년 2월 1일호)에 쓴 〈조선 최대 재벌 해부 3〉에서 "현하現下 조선에 있어서 누가 제일

민영휘가 살던 가옥
서울 남산 한옥마을에 있으며, 철종의 사위 박영효도 한때 살았던 주택이다.

갑부냐고 하면 제1 민영휘閔泳徽, 제2 김성수, 제3 최창학崔昌學의 세 손가락을 꼽을 것"이라고 말하고 있다.

1930년대 식민지 조선의 제일가는 갑부로 꼽힌 민영휘는 한국 사회에서 재벌에 대한 부정적 인식이 고착되게 만든 원조였다. 민영휘의 원명은 민영준閔泳駿이었는데 1901년 처형된 김영준金永準과 발음이 같다는 이유로 개명했다. 민영휘의 부친은 민두호閔斗鎬인데, 황현黃玹은 《오하기문梧下紀聞》에서 "이때 사람들이 민 씨 중에 세 도적이 있는데 서울 도적 민영주閔泳柱, 관동關東(강원도) 도적 민두호, 영남 도적 민형식"이라고 설명해서 민두호를 왕비 민씨를 등에 업은 외척 도적 셋 중의 한 명으로 지목하고 있다. 또한 황현은 《매천야록梅泉野錄》에서 "서울 도적 민영주를 과거에 급제시킨 인물이 민영휘"라고 말하고 있다. "금수처럼 행동하고 도적처럼 약탈"하는 민영주를 대부분 사람으로 여기지 않았지만 민영휘가 고종에게 "민영주를 사람으로 만들려면 과거에 급제시켜 얽어매야 합니다"

라고 상주해 급제시켰다는 것이다.

민영휘의 부친 민두호는 춘천부 유수留守를, 민영휘는 평안감사를 역임하는데, 이때 강원도와 평안도 백성들의 재산을 갈취한 것이 조선 제일 갑부가 된 원동력이었다. 황현은 《오하기문》에서 "춘천부 유수 민두호의 탐학 때문에 강원도민들은 뿔뿔이 흩어질 수밖에 없었다"라고 하면서 백성들이 그를 "쇠갈고리 민두호閔鐵鉤(민철구)"라고 불렀다고 전하고 있다. 민영휘는 민씨 척족 정권 때인 고종 13년(1877) 정시 문과에 병과로 급제해 탐관오리의 길로 들어섰다. 황현은 민영휘가 평안감사로 있으면서 고종의 신임을 얻게 된 배경을 다음과 같이 설명하고 있다.

> 남정철南廷哲(망국 후 일제에게 남작 수여를 받음)이 과거 급제 2년이 채 안 되어 평안감사가 되었는데, 왕비의 친척이 아닌 사람이 이렇게 빨리 귀한 자리에 나간 것은 근세에 없던 일이었다. 그가 평양 감영에서 계속 진헌進獻(뇌물을 바침)하자 고종은 충성으로 생각해서 영선사領選使로 뽑아 천진天津으로 보내서 크게 기용할 뜻을 보였다. 그러나 민영준이 남정철의 자리를 대신한 후 작은 송아지가 끄는 수레를 금으로 주조해서 바치자 고종은 얼굴색이 변해서 "남정철은 참으로 큰 도둑이었군. 관서(평안도)에 금이 이렇게 많은데 그가 혼자 독차지했다는 말인가?"라고 말했다. 이때부터 남정철에 대한 총애는 쇠퇴하고 민영준은 날로 중용되었다.●

민영휘가 바친 금송아지가 평안도 백성들의 고혈이라는 사실을 모른 체했던 고종은 민영휘를 크게 총애했다. 고종 19년(1882) 임오군란 때 집

● 황현,《매천야록》,〈갑오개혁 이전〉편.

이 불타기도 했지만 고종의 신임은 식지 않았고, 고종 21년(1884)에는 갑신정변을 진압하는 데 공을 세우자 이조참의, 도승지 등으로 계속 승진시켰다.

민영휘에게도 두 번의 위기가 있었다. 한 번은 동학농민혁명을 진압한 일본이 김홍집 등의 온건개화파를 내세워 갑오개혁을 추진할 때였다. 이때 민씨 척족들이 "동학란을 불러일으킨 장본인"으로 몰려 몰락하고, 민영휘도 전라도 영광군 임자도로 유배되었다. 이 무렵인 고종 31년(1894) 전 형조참의 지석영池錫永은 민영휘를 사형시켜야 한다는 상소를 올렸다.

> 신이 전국의 모든 입을 대신해 자세히 진술하겠습니다. 정사를 전횡하면서 임금의 총명을 가리고, 백성을 수탈하여 소요를 초래해서는 원병援兵을 불러들이고는 난이 일어나자 먼저 도망친 자가 간신奸臣 민영준으로서 …… 온 세상 사람들이 그들의 살점을 씹어 먹으려고 합니다.●

지석영의 말대로 민영휘를 비롯한 민씨 척족들의 탐학이 전국적 농민봉기의 주요 원인이었다. 동학농민혁명이 일어나자 민영휘는 청나라의 원세개에게 파병을 요청했고, 천진조약에 따라 조선에 일본군을 불러들이는 결과를 초래했다. 민씨 척족이 무너지자 민영휘는 유배지로 가는 대신 청나라 군대에 숨어서 청나라로 도주했다. 이 첫 번째 위기는 고종이 1896년 2월 아관파천으로 김홍집의 갑오개혁 내각을 무너뜨린 몇 달 후 특지로 징계를 면해주면서 벗어났다.

고종은 재위 38년(1901)에 민영휘를 궁내부 특진관에 임명하고 왕실

● 《고종실록》, 1931년 7월 5일.

업무를 관장시켰다. 일제에 외교권을 박탈당하기 직전인 재위 42년(1905) 3월에는 정1품 시종원경侍從院卿에 임명하고 10월에는 태극장太極章까지 하사했다. 그러나 민영휘에게 고종은 이利를 위해서 맺어진 사이일 뿐이었다. 민영휘는 왕후 민씨의 총애로 성장했지만 막상 민씨가 죽고 엄비嚴妃가 고종의 총애를 받자 백관을 사주해 엄비를 황후皇後로 책봉해야 한다는 운동을 전개한 데서 그의 성향을 잘 말해준다.

1907년 10월, 일본 왕세자가 방한하자 민영휘는 신사회紳士會 환영위원장을 맡아 재빨리 일본으로 말을 갈아탔다. 그럼에도 고종은 민영휘를 계속 총애했다. 《대한매일신보》(1907년 12월 20일자) 논설에서 "국사國事가 지금에 이른 것은 민영휘와 조병갑의 탐학이 한 원인"이라고 비판했지만, 고종은 헤이그 밀사사건으로 순종에게 강제 양위를 당하기 넉 달 전인 재위 44년(1907) 7월, 민영휘에게 궁내부 특진관과 상방사尙方司 제조를 겸임시켰다.

민영휘의 두 번째 위기는 1907년 고종이 헤이그 밀사사건으로 강제 양위당하면서 찾아왔다. 고종이 힘을 잃자 민영휘에게 재산을 빼앗긴 사람들이 재산을 되찾겠다고 나선 것이다. 《매천야록》은 그 상황을 이렇게 설명하고 있다.

민영휘가 권력을 잡고 있을 때 백성의 재산을 탈취해서 전후에 거만鉅萬의 재산을 갖고 있었다. 이때에 이르자 재산을 빼앗긴 사람들이 모여들어 혹 재판소에 호소하기도 하고 혹 그의 집으로 달려가 칼을 빼어 들고 되찾아오기도 하였다. 또 각 신문에다가 그의 오랜 악행을 날마다 게재하자 민영휘는 이를 걱정해서 변호사에게 후한 뇌물을 주어 재산을 빼앗긴 사람들의 소송을 받지 말게 했다. 또 신문사에도 애걸하여 그 악행을 숨기려 했지만 신문사에서는 그가 애걸하면서 은폐하려 했다는 것까지 함께 보도하자 민영휘는 어찌할 도리가 없어서 가족을 모두 상해上海로 데려가려고 하였다.●

《대한매일신보》나《황성신문》은 1908년경부터 민두호·민영휘 부자에게 재산을 빼앗긴 백성들이 그들을 상대로 잇따라 소송을 제기했다고 보도하고 있다. 1908년 안주의 이소사는 민영휘가 평안감사일 때 남편 김희정을 협박해 빼앗은 토지 반환 소송을 제기해 1심에서 승소했다. 《공립신보》(1909년 1월 27일자)는〈민영휘의 말로〉란 제목으로 "평안감사 재직 때 토색질한 수만금에 대해 억울하게 빼앗긴 백성들이 민씨 집에 답지해서 빼앗긴 물건을 환수하려 하므로 장차 가산이 탕패될 듯하다더라"고 보도했다.

그러나 재빨리 일제로 말을 갈아탄 민영휘를 백성들이 이길 수는 없었다. 이소사의 소송도 2심에서는 민영휘가 승리했다. 일제《통감부문서》(1909년 7월 26일)에 따르면 민영휘는 일본 왕가의 시조라는 아마테라스 오미카미千照大神를 신봉하는 신궁봉경회神宮奉敬會의 고문이 되었다고 전하고 있다. 민영휘는 망국 직후인 1910년 10월 일제에게 자작의 작위를 받은 데 이어 이듬해 1월에는 이른바 은사공채恩賜公債 5만 원을 받았고, 1912년 8월에는 한국병합기념장도 받았다.

민영휘는 탐관오리로 축재했지만 한일은행(훗날 동일은행) 은행장(1915)도 역임하는 등 돈에 대해서는 남다른 감각을 가진 인물이었다. 또한 휘문의숙을 설립하는 등 사회사업을 통한 이미지 쇄신도 꾀했다. 민영휘는 1931년 6월, 80세의 노구로 여의도 조선비행학교를 시찰한 후 비행기를

● 황현,《매천야록》,〈1909년〉편.

타고 서울 장안 상공을 비행 유람하는 노익장을 과시했지만 1935년 12월 30일 관훈동 자택에서 세상을 떠나고 말았다. 그러자 그가 남긴 1천만여 원의 재산을 둘러싸고 소송전이 벌어졌다.

1935년 12월 만 여든 셋에 세상을 떠난 민영휘의 인생 자체가 큰 화제가 되었다. 민영휘는 대한제국의 대광보국숭록대부大匡輔國崇祿大夫로서 의정부 총리대신에 해당하는 최고의 품계를 받았다. 그럼에도 일제에게는 자작 작위를 받았고, 이듬해 50,000원의 은사금까지 받았다. 동학란을 불러일으킨 장본인이란 비난도 받았고, 친일 김홍집 내각이 집권하자 청나라 군대에 숨어서 청나라로 망명했지만 다시 일본으로 말을 갈아타 자작까지 되었다.

《삼천리》에서 "(민영휘가 세상을 떠나자) 수壽, 부富, 귀貴가 많은 남자로서 와석종신臥席終身(집에서 누워서 죽음)한 그의 일대의 영화는 자못 세상 사람의 이야깃거리가 되었다"라고 말한 것이 조금도 과장이 아니었다. 민영휘가 죽자 많은 사람의 관심사는 그가 남긴 유산 규모와 이를 누가 차지할 것이냐는 점이었다.

《삼천리》(1936년 6월호)는 "민영휘의 재산이 한때는 4,000만 원에 달했는데 이는 일본의 스미토모住友·미쓰비시三菱·미쓰이三井에는 비길 수 없다 해도 제2류에는 갈 만하다"고 평가하고 있다. 또한 《삼천리》(1938년 10월호)에서는 민영휘를 "조선에서는 고금 몇 백 년 내에 처음 보는 큰 부자"라면서 그가 남긴 재산 규모가 "3,000만 원 혹은 2,000만 원이라고 말하지만 확실한 측의 조사에 의하면 1,200만 원 정도"라고 추정하고 있다.

그의 재산은 동산과 부동산으로 나뉘어 있었는데 부동산이 전국에 산재해 있어 정확한 액수를 알기 어려웠다. 또 상해의 외국 은행과 일본에 숨겨둔 재산이 있느냐 여부도 논란거리였다. 민영휘를 총애하던 고종이 강제 양위를 당하자 그에게 재산을 빼앗겼던 백성들이 난입했기 때문에 민영휘는 상해로 도주하려고 했다. 그래서 그가 죽자 "상해 외국 은행에 저금한 돈이 있느니 내지(일본) 무슨 회사에 비밀히 투자한 돈이 있느니, 있는 풍설, 없는 풍설 자자했다"고《삼천리》는 말하고 있는 것이다.

민영휘의 유산은 동일은행을 비롯한 각종 주권株券이 약 100만 원 정도로 추정되었고, 한 해 80,000석을 수확하는 광대한 농토가 약 1,000만 원 정도로 추정되었다. 민영휘가 13도를 돌아다니며 고르고 고른 옥토 양전沃土良田이었다. 그 외에 경운정慶雲町(현 종로구 경운동) 64번지 1,600평의 사저, 가회정嘉會町(현 종로구 가회동)의 아방궁 같은 별장, 그리고 종로를 비롯한 서울 일대에도 부동산이 즐비했다. 민영휘의 경운정 사저는 대한제국 육군 참령 이갑李甲이 야반에 뛰어들어 돈을 요구해 오성학교를 지었다는 유명한 일화가 담긴 집이었다.

최소 1,200만 원에 달하는 민영휘의 유산을 현재 가격으로 환산하면 얼마나 될까. 쌀값을 기준하면 1934년 쌀 1석(160킬로그램) 가격이 22원 30전이다. 이를 현재 10킬로그램 기준 25,000원 정도로 환산하면 1,600억 원이 넘는다.《경성부관내지적목록京城府管內地籍目錄》(1927)은 민영휘 일가의 경운동·관훈동 일대 저택들의 면적이 4,137평에 달한다고 하는데, 이를 현재의 부동산 가격으로 환산하면 수조원에 달할 것이다.

그러나 모든 것을 다 누린 민영휘였지만 적자嫡子만은 갖지 못했는데, 이는 유산 분배 문제를 복잡하게 만들었다. '대방大房마마'로 불렸던 정실 부인 신씨는 자식을 낳지 못해 민형식閔衡植을 양자로 들였다.《삼천리》는 "민영휘 씨는 여성이 많았던 만큼 대방마마를 수위로 평양平壤 마마, 해주海州 마마를 차석으로, 연당淵堂 마마, 무슨 마마 하여 5~6인의 첩실이 각각 주둔소를 설치하여 가지고 열좌하고 있다"고 설명했다. 그중 이른바

한성은행
조흥은행의 전신으로, 민영휘 부자가 농업부호에서 금융부호로 넘어가는 데 중요한 역할을 했다.

 해주마마가 민대식閔大植·천식天植(사망)·규식奎植 등 아들 세 명을 낳아서 가장 세력이 왕성했다.

 황현은 "민영휘의 양자 민형식은 선비이므로 의리를 숭상하여 금전을 잘 쓰고 다녔는데 민영휘는 금하지 못하여 거의 윤리를 상하는 상태에까지 이르렀고, 또 그의 서자 민대식은 방탕하고 간사하여 날마다 많은 돈을 썼지만 그는 아무런 말도 하지 않았다"●고 드물게 민형식을 칭찬하고 있다. 《삼천리》도 "온후하고 장자의 풍이 있어 궁한 사람을 구하고 없는 친척을 돕는, 민씨가의 전통을 깬 반역아(?)라는 칭호를 받게 되었다"고

● 황현, 《매천야록》, 〈1909년〉 편.

제4부 • 식민지 시대의 부호 열전　　　　　　　　　　　　　　　　| 243

전하고 있다.

그러나 이 때문에 "(민형식은) 완전히 거세를 당하여 명목만 장자로 있게 되어 그의 생활은 궁핍한 정도에 있었다"고 한다. 민씨가의 전통과는 달리 '궁한 사람을 구하고 없는 친척을 돕는' 선행을 했다고 집안에서 축출되다시피 했다는 이야기다.

심지어 민형식은 1931년 11월 20일 경성지방법원으로부터 파산선고까지 받았는데 이 사건은 장안의 큰 화제였다. 민형식은 구자흥具滋興에게 80,000원을, 원산의 박홍수朴鴻秀에게 21,000원을 빚진 일이 있었다. 그런데 그 대부분이 남을 돕다가 발생한 빚이라는 것이 세간의 시각이었다.

《별건곤》(1932년 6월호)에 따르면 민형식은 《조선일보》 경영이 어려워졌다는 말을 듣고 두 차례에 걸쳐 유진태 등에게 18,000원의 약속수형을 써 주었는데 그게 문제가 되었다. 그래서 민형식의 아들 민병주가 유진태를 고소하기에 이르렀다. 《별건곤》은 "민영휘는 자신이 이 빚을 갚아주면 민형식의 허다한 채권자들이 모두 그 수단을 써서 가산이 탕패할 것이기 때문에 창피를 무릅쓰고 손자 민병주를 시켜 유진태를 고소하기에 이르렀다"고 보도하고 있다.

민형식은 당대의 명필이기도 했다. 《삼천리》(1932년 3월호)는 "우하又荷 민형식 씨라면 서화계書畵界에 모를 사람이 없을 것"이라면서 "궁한 사람을 도와주는 미덕이 빌미가 되어 파산선고를 받았다는 말까지 있다"고 전한다. 그러면서도 "민대식은 재계에 상당한 이름이 있으면서도 사회적 사업에는 극히 냉담하다"고 비판했다.

• 《삼천리》 1938년 10월호.

민형식은 민영휘 사망 이듬해인 1936년 7월 16일, 자작 작위를 습작하면서 기사회생하게 되었다. 작위를 습작했으므로 재산 상속도 요구할 수 있는 자격이 생긴 것이었다. 민형식은 부친의 3년상이 끝난 후 민대식 등을 상대로 유산상속소송을 제기했다. 이른바 '해주마마'라고 불렸던 소실 안유풍 소생의 대식·규식 형제를 상대로 경성지방법원에 "유산 전부의 신탁을 해제하고 분배 정리를 해달라"는 소송을 제기한 것이다.

민영휘는 원래 장남 형식을 관계官界로 보내고, 차남 등은 재산을 관리하는 후계구도를 짰다. 그래서 민형식은 고종 29년(1892) 문과 급제 후 부친의 후광으로 고종 39년(1902)에는 평안도 관찰사, 고종 43년(1906)에는 학부협판學部協判 등을 역임했다.

《삼천리》는 "민영휘 자작은 생전에 중요한 관직을 역임하는 한편 축재蓄財에도 비상한 노력을 다해서 …… 관권을 이용해 불법 축재한 것이라고 세평이 험악했다"고 전하는 한편, 민형식에 대해서는 "원래 관직에 있으면서도 청렴에 뜻을 두고 서도書道와 문학에 전념했다"고 평가했다. 이런 민형식의 성향을 틈타서 민대식 형제는 일제가 토지조사사업을 할 때 대부분의 부동산을 자신들의 명의로 신고하고 은행 주식도 자신들의 명의로 돌려놨다.

그럼에도 민형식은 이 재산을 민대식 형제에게 신탁한 것으로 여기고 장남 민병주에게 수익금 일부를 받아오게 했는데 민대식이 그때마다 차용증서에 날인하게 하자 의심이 생겼다. 그후 재산 정리를 요구하니 이 핑계, 저 핑계를 대고 응하지 않기에 삼년상이 끝난 후 소송을 제기했다는 것이다.• 민대식 형제가 관리하는 재산은 자신이 신탁한 것이라는 민

• 같은 책.

형식의 주장과 민영휘가 생전에 증여한 것이라는 민대식의 주장이 맞선 것이었다.

이 소송은 변호인들의 성격으로도 화제가 되었다. 민형식 쪽의 변호인들은 김병로金炳魯·이인李仁·신태악辛泰嶽 등 독립운동에도 가담했던 항일 변호사들이었던 반면, 민대식의 변호사는 친일단체였던 시국대응전선사상보국연맹 경성지부장을 맡은 이승우李升雨였기 때문이다.

이 유산소송은 민대식 형제에게 유리하게 흘러간 것으로 보인다. 민형식은 1938년 경운정 저택까지 경매에 내놔야 했지만 민규식은 1940년 동일은행 취체역 회장을 맡고 있기 때문이다. 《삼천리》(1940년 6월호)는 소설가 박계주朴啓周가 동일은행 취체역 회장 민규식에게 인생관과 황금관을 묻자 민규식이 "나는 무엇보다 사람은 사람으로서의 인격을 완성하는 것이 인생의 전부라고 생각한다"며 "나는 내 자손에게라도 내 재산을 상속해주고 싶은 생각은 없습니다"라고 호언했다. 물론 허언이었음은 말할 것도 없다.

해방 후인 1947년 5월 14일《자유신문》은 우하 민형식이 1947년 5월 14일 명륜동 자택에서 사망했는데, 데라우치 암살 사건에 관련되어 복역했다고 전하고 있다. 그렇게 돈의 역사도 그릇된 역사의 한 부분으로 흘러가고 있었다.

2 · 김성수·김연수 형제
기업과 금융을 함께 경영한
첫 근대적 부호가 되다

민영휘가 '농토 부호'라면 김성수 형제는 한국 최초의 근대적 부호였다. 김성수는 경성방적 같은 기업체 외에 학교·언론사 경영도 겸하면서 민족주의자로 비치고 싶어 했다. 그러나 일제 군국주의가 민족개량주의마저 탄압하면서 김성수에게도 위기가 찾아왔다.

《삼천리》(1930년 11월호)에 〈조선 최대 재벌 해부 1〉이란 기사를 쓴 류광렬柳光烈은 "김성수 계열의 자본금이 500만 원"이라면서 "조선에서 자못 근대식으로 사업을 벌인 재산가財産家가 있다면 누구든지 인촌仁村 김성수 씨를 첫손에 꼽지 아니치 못할 것이다"라고 묘사하고 있다. 김성수와 민영휘는 공통점과 다른 점을 고루 가진 부호였다. 《삼천리》(1931년 2월호)의 〈조선 최대 재벌 해부 3〉에서 김을한은 조선의 갑부를 민영휘, 김성수 순으로 꼽으면서 이렇게 구분하고 있다.

제1의 민영휘 씨는 지나간 시대의 유물인 양반계급에서 태어난 덕택으로 세도바람에 치부를 한 권세가요, 제2의 김성수 씨는 조선의 보고인 전라도 출생으로 비록 세도는 하지 못했을망정 리식利殖과 경리에 눈이 밝은 호농豪農의 후예로 태어난 까닭에 누累백만의 재산을 세습한 행운아요.

김성수는 1891년 전북 고창군 부안면 인촌리에서 조선 중기의 성리학자 하서河西 김인후金麟厚의 후손인 김경중金暻中의 4남으로 태어났다. 김성수는 세 살 때 백부 김기중金祺中의 양자로 출계했지만 부모 품을 멀리 떠난 것은 아니어서 생가와 양가는 솟을대문이 경계 역할을 하는 정도였다. 김기중·경중 형제의 부친 김요협金堯莢은 장남 김기중에게 1,000석 농토를 주고 김경중에게는 200석 농토만을 주었다고 전하는데 경중의 재산 증식 수완이 뛰어나서 1918년에는 형의 750정보보다 훨씬 많은 1,300정보를 소유하게 되었다고 한다. 1920년대에 두 형제 농토의 수확은 연 2만 석 이상이 되어 호남에서도 손꼽힐 정도였다.

김기중·경중 형제는 고향에 학교를 세우고 김경중은 《조선사朝鮮史》 17권을 출간하는 등 사회와 역사에도 관심이 많았다. 이런 성향이 여타 지주들과는 다른 점이었고, 이는 김성수에게도 유전됐다.

김성수는 만 12세 때 자신보다 다섯 살 위인 고정주高鼎柱의 딸 광석光錫과 혼인했다. 조선 중기 성리학자 고경명高敬命의 후예였던 고정주는 고향인 담양군 창평에 창흥의숙과 영학숙英學塾을 설립했다. 김성수는 여기에서 평생지기인 고하古下 송진우를 만났다. 둘은 함께 일본 유학 길에 올라 세이소쿠正則 영어학교 등을 거쳐 1910년 와세다 대학에 입학했다. 송진우는 일제가 대한제국을 강탈하자 일시 귀국했지만, 김성수는 남아서 학업을 계속했다. 1914년 와세다 대학을 졸업하고 귀국한 김성수는 이듬해 불과 25세의 나이로 중앙학교를 인수하는데, 류광렬은 그 내막을 신파조로 묘사하고 있다.

수성守成이 먼저인 부형이 거만巨萬의 대금大金을 던져서 불생산적不生産的 학교를 경영하는데 누가 즐겁게 허락하리오. 이에 김성수 씨는 며칠 조르다 못해서 최후적으로 신명身命을 걸고 대명待命하였다. 빈방에 문을 첩첩疊疊히 닫고 며칠을 굶으며 자살할 뜻을 보였다…….

이렇게 부모 돈을 타내서 인수한 학교가 중앙학교(현 중앙고등학교)라는 것이었다. 그러나 김성수는 와세다 대학 졸업 1년 전인 1913년 양부와 생부를 모두 일본으로 초청해 와세다 대학을 구경시키면서 교육사업에 뜻이 있음을 시사했다고도 전한다. 양부 김기중도 부안군 줄포茁浦에 영신학교를 설립했던 인물이므로 김성수의 교육사업 구상을 부정적으로 생각하지 않았을 것이다. 김성수는 교육사업과《동아일보》라는 언론사업에도 투자했기 때문에 민영휘와 달리 사회의 세평도 그리 나쁘지 않았다. 자연스레 학교·언론을 경영하는 민족 기업가처럼 비쳤다.

그는 이런 이미지를 굳히는 한편 경성방적 등을 통해 근대적 자본주의 경영에 나섰다. 민영휘가 소작료에 의존하는 봉건 부호로 인식된 반면 김성수가 근대적 사업가로 인식된 이유가 여기에 있었다. 이광수는《동광》(1931년 9월호)에 20개월의 구미여행을 마치고 돌아오는 김성수에 대해〈인물월단人物月旦, 김성수론〉이란 글을 썼다.

이 글에서 이광수는 "김성수를 말하면 중앙고등보통학교를 연상하고 경성방적주식회사를 연상하고 또 동아일보사를 연상할 것이다. 아마 해동은행도 연상하고 중앙상공주식회사도 연상할 것이다"라고 김성수의 사업체들을 열거하면서 "이 모든 그가 관계하는 사업을 총칭하야 '김성수 콘체른'이라고까지 칭하는 이도 있다"고 말하고 있다. 독점자본, 기업결합 등을 뜻하는 콘체른Konzern은 재벌과 비슷한 의미인데, 이광수는 "김

태극성표 광목의 광고 포스터
김성수는 민족 기업가의 이미지를 굳히는 한편 국내 최대 규모의 공장을 소유한 경성방적 등을 통해 근대적 자본주의 경영에 나섰다.

성수가 이 모든 사업에 중심인물의 지위를 가진 것이 사실"이라고 덧붙이고 있다.

그는 기업과 금융을 동시에 소유한 최초의 사업가였다. 1931년 자본금 300만 원의 해동은행은 민영휘 소유의 동일은행(400만 원)에 이어 두 번째 규모였다. 김성수의 경영스타일도 화제였다. 이광수는 앞의 글에서 김성수는 "한번 사람을 신용해서 무슨 일을 맡긴 후에는 일절 간섭하지 않고 그에게 일임한다. 중앙고보의 인사행정은 중앙고보의 교장에게 일임하고, 경성방적은 전무 이강현康賢에게, 《동아일보》는 말할 것도 없이 사장 송진우의 전권"이라고 말했다. 그러면서 "《동아일보》 초대 주필 장덕수張德秀 가족에게는 8년 동안 미국 유학비를 대주었다"고도 전하고 있다.

김성수의 기업경영은 그의 동생 김연수金秊洙와 떼어놓고선 생각하기 쉽지 않다. 《삼천리》(1932년 3월호)는 〈유명인사 삼형제 행진곡〉이란 글을 싣고 있는데, 여기에 민영휘의 민형식·대식·규식 세 아들과 김성수·김연수·김재수金在洙 삼형제의 이야기도 싣고 있다. 이때만 해도 김연수에 대한 세평이 나쁘지는 않아서 "김연수 씨는 교토제대京都帝大 경제학과 출신이다. 그는 학력도 상당하려니와 치밀한 두뇌는 이재理財에 밝아 내형(그의 형)이 경영하는 각 사업에 대한 기업방침은 대부분 그의 머리에서 나온다고 하며 현재 해동은행 전무로 있어서 재계에 상당한 명망이 있다"고 묘사하고 있다.

사회사업은 김성수, 영리사업은 김연수 식으로 정리되었다는 투인데, 류광렬은 형제 사이의 우애에 대해서도 좋게 평가하고 있다. "내형 성수 씨가 양가로 출계出系해서 전 재산을 사회사업에 소비하자 그(김연수)는 뒤로 다니며 수습에 힘쓰고 자가 재산도 대부분을 쏟아 넣되 일찍이 그 형에 대하야 원언怨言(원망하는 말)이 없고 무슨 사업이든지 형을 앞세우고 자기는 뒤로 서서 모든 공로와 명망은 형에게 돌린다 하니 또한 미덕이라 아니 할 수 없다. …… 김연수가 폐병으로 중태에 빠지자 김성수가 밤낮으로 통곡하면서 '동생이 불행하면 자기 사업도 다 보는 날이라'고 비통해 했다"•고 말했다.

김성수의 《동아일보》는 이광수와 함께 일제에 타협적인 민족개량주의 노선을 주창하다가 비타협적 민족주의 세력과 사회주의 세력으로부터 불매운동을 당하기도 했지만 일제 치하에서 한국어 신문 경영은 그

• 《삼천리》 1931년 2월호.

김성수의 생가
만주국과 중일전쟁 이후 그는 새 시장을 찾아 호재를 잡았지만, 일제의 군국주의가 강화되면서 민족주의자란 이미지를 유지하기는 어려웠다. 그의 생가는 전북 고창군 부안면에 있다.

자체로 민족주의자란 인상을 주었다.

　김성수 형제에게 만주국 수립은 도약의 기회였다. 소설가 박계주는 《삼천리》(1940년 5월호)에서 김연수에 대해 "만주국 경성 주재 총영사이자 경성방직 사장, 폐쇄 위기에 빠졌던 심양의 동광중학교를 50만 원을 주고 매입한 교육자"라고 설명하고 있다. 이때 경성방직의 1년 총생산액은 2,200만 원이나 되는데, 박계주가 내지인(일본인) 경영 회사와의 경쟁관계에 대해 묻자 김영수는 "지나사변(1937년 중국침략) 이전에는 혹 있었다고도 볼 수 있으나 사변 이후부터는 원료 부족으로 피차 곤경 중에 있으니까 시장 쟁탈전이 있으려야 있을 수도 없다고 답하고 있다.

　일제의 대륙침략에 따라 김연수는 심양과 석가장石家莊에 방적회사를 세우는데, 심양의 남만방적회사의 건설비만 800만 원이 들었다고 말하고 있다. 김성수 형제의 사업에 만주국 수립과 1937년의 중일전쟁은 큰 호재였던 것이다. 이런 이유 때문에 미국 학자 카터 에커트Carter Eckert 는 경성방직을 일제의 보호와 지원으로 성장한 '일제의 아이Offspring of Empire'라고 규정한 바 있다.

그러나 만주국과 중일전쟁은 새 시장이 열렸다는 기업경영 측면에서는 호재였지만 김성수가 이후에도 민족주의자란 이미지를 유지하기는 어렵게 만들었다. 군국주의가 강화되면서 일제는 민족개량주의마저도 강하게 탄압하는 한편 전쟁 특수의 일부를 조선인 부호들에게도 나누어 주었는데, 김성수 형제도 수혜자가 되었기 때문이다. 김성수는 일제의 강요로 친일단체에 가담하고, 학병 권유 연설을 했으며, 동생 김연수는 비행기를 두 대 씩이나 헌납하는 등 적극적인 친일행위로 해방 후 반민특위에 체포되었다. 김성수는 해방 후 줄곧 이런 친일행위가 자의는 아니었다고 주장했지만 일제 대륙침략에 따른 경제적 수혜를 받은 것도 사실이다. 더 이상 부호이자 민족주의자로 양립할 수는 없었던 것이다.

3 · 광산 재벌 최창학

잿빛 식민지에 금광 개발로
'황금광 시대'를 열다

1930년대 '황금광 시대'라는 말이 유행했다. 찰리 채플린Charles Chaplin이 1925년 만든 무성영화 〈황금광 시대The Gold Rush〉에서 따온 용어인데, 최창학이 금광 개발로 일약 조선 유수의 갑부로 올라서자 금광 개발 열풍이 일었다. 식민지와 황금이란 모순된 조합이 성행했던 뒤틀린 사회였다.

《동광》(1931년 9월호)에서는 〈될뻔기記—나는 소년시대에 어떤 야심을 가졌었나?〉라는 재미있는 기사를 싣고 있다. 연전(현 연세대학교) 교수 이춘호李春昊(해방 후 서울대 총장 역임)는 미국에 유학해 공학을 배우다가 광산 실습 도중 광벽礦壁이 무너져 두 명이 즉사하는 것을 보고 방향을 수리학으로 전환했다고 회고했다. 광업학자가 될 뻔했다는 이야기다. 이에 대해 동광지 기자가 "광업가가 되셨으면 제2의 최창학이 되지 않으리란 법이 없었을 것을 아까운 일입니다"라고 덧붙이고 있다. 대학교수보다 광업가를 더 높이 쳐줄 만큼 1930년대 식민지 한국에는 금광 열풍이 일었고, 그 대표 주자가 광산재벌 최창학이었다.

조선의 광산왕, 황금귀黃金鬼 등으로 불린 최창학은 식민지 한국인들의 선망의 대상이었다. 그만큼 여러 면에서 기존 부호들과는 달랐다. 언론인 류광렬이 《삼천리》(1931년 2월호)에서 "민영휘는 세도바람에 치부한 권세가, 김성수는 호농의 후예로 수백만의 재산을 세습한 행운아"로 사뭇 박하게 평가하면서도, 최창학에 대해서는 "자타가 다 불행하다고 생각하는 적빈여세赤貧如洗(물로 씻은 듯이 가난함)한 가정에서 태어나 갖은 고초와 신산辛酸을 고루고루 맛보다가 뜻밖의 호박이 굴러 들어와서 하루아침에 졸부가 된, 말하자면 제3계급에 속하는 극히 미천한 불운아"라고 우호적으로 평가한 것이 이를 말해준다.

천도교에서 발행하던 《개벽》의 뒤를 이은 《별건곤》(1932년 11월호)에서 "벼락부자, 벼락부자 하지만 근래 조선 사람으로 이 최창학 군처럼 벼락부자가 된 사람은 없을 것이다"라고 평가하고 있는데, 그야말로 돈도 벌고 명성도 얻은 행운아였다. 최창학에 대해 세론이 나쁘지 않았던 것은 그가 자수성가한 측면도 있지만 일제 때 많은 부자가 민영휘처럼 일제에 나라를 팔아먹은 귀족들과 그 후예인 데 대한 반감도 강했다.

오수산은 《별건곤》(1932년 11월호)에서 "민영휘가 조선의 갑부니 이항구李恒九가 현금으로 조선에서 제일이니 하는 말도 벌써 옛적 말"이라면서 "(1932년) 현재 현금으로 약 1,000만 원을 가진 사람은 전날 한말 당시 탁지대신度支大臣으로 있던 고영희高泳喜의 장남 고희경高羲敬이다"라고 평가하고 있다.

조선 제일의 부자 민영휘는 망국 후 자작 작위와 은사금을 받은 매국적이었고, 한때 조선에서 제일의 현금부자라고 평가받았던 이항구는 이완용의 차남으로서 1924년 남작 작위를 받은 친일파였다. 고영희는 1907년 제3차 한일협약(정미 7조약) 체결에 앞장서 이완용, 송병준 등과 함께 정미7적丁未七賊으로 규탄받았던 인물이자 1910년(경술년) 망국 후 경술

직접 사냥한 호랑이 위에 앉은 최창학
대학교수보다 광업가를 더 높이 쳐줄 만큼 1930년대 식민지 한국에는 금광 열풍이 일었고, 그 대표주자가 광산 재벌 최창학이었다.

국적庚戌國賊으로 지탄받던 매국적이며, 자작 작위를 받은 인물이었다. 고영희의 장남이 고희경인데 1916년 고영희가 사망하자 자작 작위를 물려받았다가 1920년에는 백작으로 오히려 승급했던 친일파였다.

오수산은 《별건곤》에서 "(고영희는) 다년간 이왕 전하(순종)를 모시고 있는 틈을 타서 주식 상장을 해가지고 일시에 벼락부자가 되었는데, 고희경은 동경에 있고 그 돈도 역시 동경 모 은행에 비밀리에 예금을 했다"고 전하고 있다. 식민지 시대 대부분의 부호들이 나라 팔아먹은 매국적들의 후예였기 때문에 적수공권으로 부호가 된 최창학이 상대적으로 호평을 받았던 것이다.

최창학은 1890년 평안북도 귀성군의 빈촌에서 태어나 별다른 교육을 받지 못했다. 20대 초반부터 금맥을 찾아 떠돌아다니다가 숱한 실패를 맛보았는데, 그 과정에서 금광에 관한 풍부한 지식을 갖게 되었다. 1923년 고향인 귀성군 관서면 조악동에서 금맥을 발견하면서 인생역전의 싹이 트였다. 채광 자금이 없었던 그는 삼촌 최첨사崔僉使에게 약 200만 원을 빌려 채금을 시작했다고 전해진다. 이것이 식민지 한국을 황금광 시대로 몰아넣었던 삼성금광의 탄생이었다.

오수산은 《별건곤》에서 최창학의 삼성금광에서는 금이 쏟아져 몇 달 만에 수백만 원의 거부가 되었다면서 이를 미쓰이에 300만 원에 팔아 일약 600만 원의 재산을 소유한 거부가 되었다고 전한다. 그래서 오수산은 "민영휘를 조선의 토지대왕이라 할 것 같으면 최씨는 조선의 황금대왕이라 하겠다"고 평가하고 있다.

최창학의 재산 규모에 대해서는 의견이 분분해 《삼천리》(1931년 2월호)에서 언론인 김을한은 최창학의 재산을 300만 원으로 적고 있는 반면 《동아일보》는 1929년 "최창학의 광산에는 광부 수천 명과 사무원 수십 명이 있었는데 하루에도 수만 원씩 황금덩이黃金塊를 캐어서 5~6년 동안에 최창학을 500만 원의 거부로 만들었다"면서 500만 원대 부자라고 평가하고 있다.

《동아일보》는 1930년 말에는 "함마 한 개로 천만장자가 된 조선의 광산왕"이라며 천만장자라고 더 높이고 있다. 《동아일보》(1929년 8월 18일자)에서 최창학이 귀성군 관서면의 삼성금광을 8월 15일 일본의 미쓰이 광산에 넘겼는데, 매도가는 탐문하면 150만 원이라고 전하고 있다.

그런데 《동아일보》는 같은 해 9월 6일 삼성금광을 미쓰이 광산이 인수한 후 일본 대표 기노시타木下正道의 광산 경영방침이 과거와 돌변해서 금광으로 먹고사는 5,000여 주민의 생활이 극도로 곤란해지고 조악동을 떠나는 사람이 급증하고 있다고 보도했다. 가난을 경험한 최창학은 그나마 관대하게 경영했지만, 일본인들이 가혹하게 경영하면서 광부들의 생활기반이 무너지고 있다는 이야기였다.

최창학은 광산 부근에 학교인 삼성의숙을 설립했는데 이것도 경영 곤란한 상태에 빠져서 최창학이 200원을 기부했으며 만주 좁쌀 100포를 굶주리는 광부 500명에게 나누어 주었다고 전할 정도로 일본인이 인수하면서 상황이 급하게 악화되었던 것이다.

최창학이 삼성금광을 매도한 것은 이유가 있었다. 평북 삭주군에 새로운 금광을 물색해두었기 때문이다. 삭주군은 예부터 유명한 금광 소재지로서 황금광시대에 광업가는 물론 농민들과 목동들까지도 탐광探鑛에 열중했다는 곳이다. 삭주군 수풍면 신상동 삼봉산에 일본인 미쓰노光野佐助가 허가를 출원한 금광이 있었는데 최창학이 이 권리를 매수했다. 전문가들과 시굴해보니 우량한 금광이라서 허가가 떨어지기만 기다리고 있다고 《동아일보》(1930년 3월 13일자)는 보도하고 있다.

그러나 삭주군 광산에는 운이 따르지 않았다. 1936년 2월 그가 소유한 삭주군 대정광무소大正鑛務所에서 불이 나 20만 원의 거대한 재산 손실을 본 것이다. 그간 시련도 적지 않았다. 1924년 7월에는 최창학의 금광에 강도단이 습격했다. 최창학은 얼른 인부들 틈에 숨었는데 때마침 놀러 왔던 일경 두 명과 총격전이 벌어져 일경 두 명이 사살되었다. 강도단은 최창학을 찾아서 납치하려고 하다가 얼굴을 몰라서 사무소 금고 안에 있던 현금 6,000만 원과 10,000원짜리 금괴 한 개를 빼앗아 달아난 사건이 발생했다.

이들이 단순한 강도단인지 독립군인지는 분명치 않다.《조선중앙일보》1933년 4월 15일자는 "1932년 7월 '조선××단'에서 군자금을 모집

사위와 함께 서 있는 최창학
북경 북해공원에서 사위 양효손(오른쪽 두 번째, 양기탁의 외아들)과 나란히 서 있는 모습이다.

하기 위해 벽동군을 거쳐 귀성군으로 잠입해 최창학을 납치하려다가 실패했다"고 보도하고 있는데, '조선××단'이란 '조선독립단'이란 뜻일 것이다. 《동아일보》(1935년 9월 14일자)는 시국을 표방하면서 가짜 권총을 들고 의주군을 횡행하다가 금광왕 최창학을 습격하러 귀성군으로 가는 도중 석하石下에서 체포된 의주 출신 문영삼文永三, 양관일梁貫一 등 네 명에게 신의주 지방법원 기구치菊地 재판장이 검사 구형대로 징역 7~9년을 언도했다고 보도했다.

최창학의 현금을 획득해 독립운동에 쓰려던 사건은 반복해서 발생했다. 《별건곤》(1934년 6월호)에 따르면 "최창학의 아들 최응범崔應範이 메이지

제4부 · 식민지 시대의 부호 열전

대학 재학 중에 공산당에 자금을 제공한 혐의로 동경경시청 형사가 서울의 본집까지 와서 체포해갔다"고 전하고 있다. 그의 아들은 실제로 사상운동에 자금을 댄 사건도 있었다. 모두 황금왕이 된 대가였다.

당시 금광으로 일확천금의 꿈을 이룬 사람은 최창학 외에도 《조선일보》사를 인수한 방응모方應謨를 비롯해 김태원金台原·방의석方義錫·박용운朴容雲 등 여러 사람이 있었다. 《삼천리》(1934년 8월호)는 금광업계의 내부 정보 보도를 인용해 10만 원대 금광 매매가 87건에 달한다고 말하면서 "예전에는 금광꾼이라고 하면 미친놈으로 알았으나 지금은 금광 안 하는 사람을 미친놈으로 부르리만치 되었다"면서 "웬만한 양복쟁이로 금광꾼 아닌 사람이 별로 없다"고 말하고 있다. 많은 사람이 잿빛 식민지의 탈출구로 여겼던 일탈된 황금광시대였다.

4 · 부동산 재벌 김기덕·홍종화

부동산 투기 광풍,
벼락부자를 탄생시키다

1930년대 한반도의 가장 오지였던 함경북도에 부동산 광풍이 불었다. 우울한 식민지의 잿빛 공기를 단숨에 황금빛으로 바꿔버린 황금광시대처럼 느닷없이 함경도 오지에 부동산 광풍이 불면서 몇몇 행운의 벼락부자들이 탄생했다. 일제의 대륙 침략이 낳은 산물이었다.

1932년 여름, 한반도 최북단 함경도 청진과 웅기 땅값이 들썩거렸다. 오지였던 관북(함경도)의 땅값이 들썩거린 것은 대륙 진출의 관문으로 유력시된다는 정보 때문이었다.

일제는 1928년 10월쯤부터 대륙 침공을 목적으로 만주의 길림과 함경도 회령을 잇는 길회선吉會線 철도를 부설했는데, 이를 연장하는 동해의 종단항을 만들겠다는 계획이었다. 종단항은 1932년 3월에 건국된 만주국 진출의 관문이 될 것이었다. 이전에는 주로 요동반도 대련大連이 일본과 만주 사이의 중간기지 역할을 했지만 동해의 종단항을 세워 그 역할을 대신시키겠다는 뜻이었다.

《동광》(1932년 11월호)에 이윤재李允宰는 청진과 웅기 기행문을 실었다. "내가 청진에 도착하기는 8월 중순. 그리고 경성鏡城에 갔다가 일주일쯤 뒤에 도로 청진에 들러 웅기항에 이르렀다. 이때 웅기의 전 시가는 '땅!', '돈!' 하는 소리로 가득 찼다."

일제는 드디어 그해 8월 25일 종단항을 발표했는데 정작 선정된 곳은 청진도 웅기도 아닌 청진 동쪽의 나진이었다. 나진은 함경북도 경흥군 신안면에 소속되어 있던, 불과 20호 미만의 작은 어촌이었다. 그곳에 갑자기 거센 부동산 광풍이 불었다.

이윤재가 앞서 《동광》에 쓴 앞의 기행문 제목이 〈나진만의 황금비〉였던 것에서도 광풍의 세기를 짐작할 수 있다. 이윤재는 "와글와글 브로커들이 몰려들어 여관마다 대만원이고 가로에는 밤낮없이 사람들의 어깨가 서로 부딪쳐서 실로 공전의 대활기를 띠고 있다"고 설명하고 있다. 이윤재는 "얼마 전까지만 해도 1평에 불과 2전, 3전 하던 것이 지금은 일약 10원, 20원까지 올랐다"고 덧붙였다. 몇몇은 30, 40원으로 뛰기도 했으니 삽시간에 무려 수천 배가 올랐던 것이다. 이윤재가 "금후 대륙과 일본의 교통은 나진이 중심이 될 것이고 장차 대련과 해삼위海蔘威(블라디보스토크) 등의 번영을 빼앗을 것"이라고 예견한 것은 과장이 아니었다.

부동산 광풍에 수많은 희·비극이 연출되었다. 한 투기꾼이 1,000평짜리 산을 평당 8원씩에 매입했는데 산 주인은 모두 8원이라는 줄 알았다. "8,000원을 받은 땅 임자는 넋 잃은 사람같이 아무 말도 못하고 덜덜 떨기만 하다가 돌아가서 이내 실신한 사람이 되고 말았다"는 일화와 함께, 30원으로 일주일에 20만 원의 거금을 번 청년의 일화도 전해진다. 반면 수년 전에 수만 평을 샀다가 종단항 결정 몇 개월 전, 원가에 밑지면서 판 사람의 이야기도 들렸다. 그 땅에 시가지가 들어설 예정이라서 후에는 평당 200원씩 될지도 모른다는 소식에 "추회막급追悔莫及이라며 가슴을

만주벌판을 달리는 만주철도
만주와 한반도를 잇는 길회선(길림~회령)의 종단항으로 나진이 선정되면서 함경북도에서는 유례없는 부동산 광풍이 일었다.

치고 통곡했다"는 소식도 전해졌다.

이윤재는 "나진에 수만 평씩 가진 청진의 김 모, 나남의 홍 모 …… 같은 행운의 대지주들은 오늘날 어떻게 되었겠는가?"라고 대지주들을 거론했다. 청진의 김 모가 김기덕金基德, 나남의 홍 모가 홍종화洪鍾華인데 《삼천리》(1932년 12월호)는 "두 사람의 재산을 어떤 재계 전문가가 추산하는 바에 의하면 약 1천만 원을 넘는다고 한다"면서 식민지 최대 부호 순위가 바뀌고 있음을 알리고 있다.

그러나 김기덕과 홍종화는 우연히 벼락부자가 된 사람들이 아니었다. 함경도 부령의 한미한 농가에서 태어난 김기덕은 별다른 교육을 받지 못했다. 청진으로 이사한 김기덕은 조선과 러시아, 만주를 잇는 국제무역에 뛰어들어 기반을 닦았다. 이 무렵 자본주의 제국들 사이의 식민지 쟁탈전인 제1차 세계대전이 발발해 전쟁 특수가 일고, 러시아 혁명까지 가

세해 그 여파가 시베리아와 한반도 북부까지 밀려들자 김기덕은 루블화 장사에 나섰다. 그는 제정 러시아의 500만 루블을 매입했는데, 일화 1원에 1원 20전~1원 30전 하던 루블화는 점차 40전까지 떨어졌다가 볼셰비키 정권이 시베리아까지 장악하면서 휴지로 변하고 말았다. 제정 러시아의 승리에 운명을 걸었지만 볼셰비키가 승리하면서 망한 것이었다.

그러나 김기덕은 좌절하지 않고 해산물·목재 무역을 계속하면서 부동산에 뛰어들었다. 비록 오지이지만 석탄과 목재와 해산물이 풍부한 북관의 미래를 낙관한 그는 상공업의 요지가 될 만한 부동산을 미리 사서 파는 수법으로 백만장자가 되었다. 물론 모든 투기가 그렇듯이 실패도 해서 조선은행에 50만 원의 빚이 있었다. 그는 나진과 웅기를 주목해서 웅기에 300만 평, 나진에 150만 평의 토지를 샀다. 나진항을 감싸는 천혜의 방파제 역할을 하는 대초도大草島 80만 평과 소초도小草島 40만 평도 몽땅 사들였다.

김기덕은 운도 좋았다. 일제는 나진항 건설을 발표하면서 거의 절반의 토지를 수용했지만 김기덕이 소유한 간의동間依洞, 신안동新安洞에는 되레 시가지가 조성될 예정이었고, 공업지대 예상지에도 막대한 토지가 있었다. 그가 가진 450만 평의 토지를 평당 2원으로 계산하면 900만 원이고, 5원씩 계산하면 4,500만 원이니 민영휘와 김성수 일가를 멀찌감치 따돌리고 조선 제일의 부호로 등극한 것이다. 나진이 앞으로 대련을 능가할 대도시로 성장할 것이라는 것이 일반적 관측이었으니 김기덕의 재산은 계속 축적될 것이었다.

함북 경성 출신의 홍종화 역시 한미한 농가의 아들로 태어나 망국 전 경성에 있던 함일학교와 경일야학에서 공부하다가 학교가 강제로 문을 닫자 사업에 뛰어들었다. 그가 주목한 것은 일본군 군수품이었다. 조선

김기덕 | 그는 부동산 광풍 덕에 일약 식민지 조선 제일의 갑부로 등극하게 되었다.

에는 용산龍山의 20사단과 함북 나남의 19사단이 있었는데 홍종화는 나남의 19사단을 주목했다.

만주침략과 만주의 독립군을 염두에 둔 일본이 나남을 사단 본부로 확정했을 때 나남은 불과 수십 호의 농가가 살던 한미한 촌락이었다. 홍종화는 나남 군영지 부근의 토지와 일반 주민이 거주할 만한 토지를 매수하는 한편 군수품을 납품하는 용달상으로 나섰다. 물론 일본군 사단 병력이 주둔하는 데 일본군 군납업자가 따라붙지 않을 리 없어서 후쿠시마福島律次나 요시다吉田 같은 거대 자본의 군수업자가 있었지만, 수만 명에게 제공되는 모든 군수품을 독점할 수는 없었다.

홍종화는 나남사단에 군수품을 납품하면서 차츰 자리를 잡기 시작했고, 수만 원을 모으자《북선일일신문》도 경영했다. 홍종화는 군사적 관점에서 경제를 바라보면서 부동산 사업에 나섰다. 일본이 러시아의 부동항인 블라디보스토크에 필적할 군사도시를 북관에 세울 것으로 예상하고 천연 지리가 동양 제일이라는 나진만을 주목했다. 홍종화가 전 재산을 기울여 웅기와 나진 지역의 토지를 매입하자 지방 주민들은 물속에 황금을 버리는 격이라고 비웃었다.

그러나 1931년 9월 일본군이 만주사변을 일으키자 홍종화는 살던 집까지 금융조합에 전당잡히면서 나진과 웅기의 토지를 매입했다. 홍종화의 소유 토지 규모는 제대로 아는 사람이 없었지만 대략 500만 평이 넘는다고 예상했다. 평당 2원씩 잡아도 1,000만 원인데 종단항 발표 후 나진에 평당 30~40원을 호가하는 토지가 다수 생겨났으니 김기덕과 함께 조선 제일의 부자가 된 것이다. 게다가 만철에서 1933년 4월부터 1년 동안에만 1,700만 원을 투자해서 나진에 시가지와 부두를 건설할 계획이라고 발표하자 땅값은 더욱 폭등했다.

이때 홍종화는 만철과 갈등도 겪었다. 홍종화의 토지 3만 평이 수용되었는데, 1934년 만철에서는 8만 원을 제시한 반면 홍종화는 80만 원을 주장했던 것이다. 그 결정권을 가진 인물은 우가키 가즈시게 총독이었다. 그런데 《삼천리》(1932년 12월호)에서 한양학인漢陽學人이란 필자는 나진의 미래에 대해 의미심장한 분석을 내놓았다.

> 일본이 조선의 여덟 배에 해당하는 넓고 넓은 만몽滿蒙 천지에 대한 대륙정책을 포기하지 않는 한, 또 이 대륙정책이 발단이 되어 13대 1, 53대 1 적的으로 대세가 유도되어 건곤일척乾坤一擲의 세계적 대전이 일어나지 않는 한 대전이 일어나도 일본이 패주하지 않는 한 결코 나진항은 경제적, 군사적으로 값이 떨어지지 않으리라.

"53 대 1" 같은 문장은 만주사변 후 일본이 국제적으로 고립된 상황을 표현하는 것이었다. 1933년 2월 24일 국제연맹은 일본군의 만주 철수 권고안을 42 대 1로 채택했고 일본은 연맹을 탈퇴했다. 만주 특수에 도취된 일본인들은 연맹 탈퇴를 오히려 환영했다. 자본주의가 덜 발달했던 일본 경제는 전쟁을 통해서만 성장할 수 있었다.

이른바 식민지 근대화론의 맹점이 여기에 있다. 일본 자본주의는 마치 조직폭력배가 민간인의 돈을 갈취하는 착취경제와 같았다. 그렇게 일제는 확전의 길로 나가서 중일전쟁과 태평양전쟁을 일으켰고 '패주'하고 말았다. 그런 침략의 떡고물 일부가 일시나마 관북의 부동산 붐으로 나타난 것이었다.

5 · 운수 재벌 김응수·방의석

맨손으로 운수업 일으켜
자동차 왕이 되다

1930년대부터 배출되기 시작한 신흥 부호들에게는 공통점이 있었다. 대부분 평안도나 함경도 출신이라는 점과 금광왕이라는 점이었다. 또한 만주와 인접했다는 지리적 이점을 살려서 만주국 특수에 힘입은 자동차왕들도 평안·함경지역에서 나오기 시작했다.

문학가 김동환金東煥이 1929년부터 간행하던 《삼천리》는 처음에는 민족주의를 표방했다가 중일전쟁이 발발한 1937년경부터는 친일잡지로 돌아섰다. 1942년 3월부터는 제호마저 《대동아大東亞》로 바꿔 일제 군국주의를 찬양했다. 《삼천리》는 1930년대 중반까지만 해도 천도교에서 발행하던 《별건곤》과 쌍벽을 이루면서 민족문화를 중시해야 한다고 주창했다.

《삼천리》(1934년 5월호)에서는 세 가지를 권고한다는 '권고삼칙勸告三則'을 통해 당시 부호들의 이름을 열거했다. 세 가지 권고란 첫째, 개인의 이해를 버리고 "누구나 민족과 사회의 흥망성쇠에 몰두하는 의인, 지사, 정치인이 되자"는 것이다. 둘째, "민족문화 건설의 성십자군聖十字軍 앞에는 오직 일파一派만이 있을 뿐"이라면서 "파벌을 짓지 말자"는 것이다. 셋째, "이 땅의 큰 재산가"들이 "빛나는 문화사업에 사재의 대부분을 기울여 주기를 바란다"고 권고하는 것이다.

그러면서 큰 재산가로 "김기덕·홍종화·최창학·김태원金台原·박흥식朴興植·박용운·김응수金應銖·방의석·염경훈廉璟勳·박영철朴榮喆·서병조徐丙朝" 등의 이름을 열거했다. 민대식·민규식, 김성수·김연수 형제와 방응모 등이 빠진 것은 민씨 형제는 휘문학교를, 김성수 형제는《동아일보》와 중앙고보를, 방응모씨는《조선일보》를 경영함으로써 각각 문화사업을 하고 있었기 때문일 것이다.

《삼천리》가 열거한 '이 땅의 큰 재산가'들에 민 씨, 김 씨 형제와 방응모씨 등을 보태서 그 면면을 분석해보면 1930년대 식민지 조선의 경제상황이 그대로 드러난다.

첫째, 금광 부호들이 절대 다수라는 점이다. 최창학·김태원·박용운·방의석·염경훈·방응모는 모두 금광으로 부를 축적한 인물들이었다. 박용운은 자신이 소유한 신연금광新延金鑛을 미쓰이(三井 또는 三菱이라는 설도 있음)에 120만 원에 팔아넘겨 최창학·방응모에 뒤이어 수만 금점꾼들의 마음을 설레게 했던 인물이다. 평안북도 삭주군 구곡면 연삼동에 있던 신연금광은 연간 24만 원어치의 금을 캐던 금광이었다. 연삼동은 냇물을 기준으로 양쪽에 각각 박용운의 신연금광, 최창학의 삭주금광이 있었던 '엘도라도'였다.《삼천리》(1934년 5월호)에 〈전 조선의 대금광 순례〉라는 글을 쓴 필명 본병정本兵丁이 "실로 고양이 이마만 한 이 좁은 지대에 조선에서 둘째가는 큰 금광이 두 개씩이나 가로눕고 있다"고 말한 것은 과장이 아니었다. 박용운은 신연금광을 팔아서 고향인 신의주에 신연철공소新延鐵工所를 세워서 광산에서 사용하는 기계를 제작 판매했다.

1934년에 전국 각지에서 연간 5만 원어치 이상 금이 나오는 금광이 86개소, 10만 원 이상이 37개소에 달해서 매년 총 3,000만 원어치의 금이 나왔다. 계산상으로는 매년 30명의 백만장자가 나올 수 있으니 너도 나도 금광에 매달렸고, 그래서 장비 사업도 전망이 좋았다. 1930년대 중반까지 식민지 조선의 주도산업은 1차 산업인 금광이었고, 기껏해야 금광에 쓸 장비를 만드는 2차 산업이 있었다는 뜻이다. 광산허가권을 가진 총독부 광무과鑛務科와 장곡천정長穀川町의 측량지도 파는 가게에는 사람들의 발길이 끊이지 않았다.

　하지만 금맥을 발견했다고 부자가 되는 것은 아니었다. 실제 착굴하려면 상당한 자본이 있어야 했다. 박용운의 신연금광은 설비투자만 30만 원이었기에 120만 원을 받을 수 있었다. 최창학의 삭주금광도 설비투자가 15~60만 원에 달했다. 금광이 성공하려면 족미식足尾式 착암기鑿岩機가 필요했는데, 일본 도치기栃木 현에 있는 광산도시 아시오足尾에서 사용했던 종류의 착암기를 뜻했다. 여기에다 리어카라도 끌 수 있는 궤도를 깔아야 했는데 이런 자본이 없으면 최소한 300원에서 수천 원의 이른바 발견료發見料를 받고 허가권을 넘겨야 했다. 총독부 광무과에 내는 금광 등록세가 100원, 허가세가 200원으로 도합 300원이었다.

　앞에 열거한 '이 땅의 큰 재산가'들 중 민대식·김성수 형제와 대구 출신 김태원·서병조, 전주 출신 박영철을 제외한 나머지는 모두 함경도(김기덕·홍종화·염경훈·방의석)나 평안도(최창학·박흥식·김용운·김용수·방용모) 출신이라는 공통점도 있었다.《삼천리》(1932년 12월호)에서 한양학인은 "조선에서 부자라고 치는 이들은 대개 조선전래祖先傳來의 토지를 수호함이 아니면 합병 이전에 가졌던 재산을 그냥 묵수墨守하는 것에 불과하다"면서 민 모, 박 모 등의 예를 들고 있다. 민 모는 민대식의 부친인 민영휘이고, 박 모는

황해도 은율의 금산포철광산
전국 각지에 금광 열풍이 일면서 철광석 광산도 함께 개발되었다.

박영철로, 둘 다 유명한 친일파였다.

이남 출신 부호들은 금광 개발로 부호가 된 김태원과 부모로부터 토지를 물려받은 김성수 형제 정도를 빼면 대부분 나라를 팔아먹은 대가로 부호가 된 인물들이었다. 민영휘는 말할 것도 없고 조선상업은행 두취頭取(은행장) 박영철도 일본 육사 출신으로, 망국 후 강원·함북지사로 승승장구했던 친일파였다. 《삼천리》(1934년 6월호)는 조선상업은행장 박영철이 "작년 총독부 대관 이하 재계 유력자를 초청해서 신년회를 베풀었는데 물경勿驚 하룻밤 연회에 3천 원을 썼다"고 말하고 있다.

1934년 《조선일보》·《동아일보》의 부장급 기자의 월급이 70~100원이고, 《조선일보》에 〈임꺽정林巨正〉을 연재해서 최고 고료를 받던 벽초 홍명희洪命憙의 한 달 고료가 100원이며, 염상섭廉想涉·이기영李箕永 등 장안의 지가를 올리던 문호들의 회당 신문 연재료 또한 2원에 불과했으니 박영철의 연회 규모를 알 수 있다.

대구 부호 서병조는 나라 팔아먹을 위치에 있지는 못했지만 일제 문서에서 "대구 민단民團 창립 당시부터 일한병합 이래 시정방침의 철저한 선전에 노력했다"고 평가할 정도로 적극적인 친일파였다. 반면 함경도·평안도 출신 부호들은 거의 대부분 맨손으로 자수성가한 인물들이었다. 평안도 용강의 지주 집안이었던 박흥식을 제외하고, 일제의 나진항 동해 종단항終端港 결정으로 부동산 부호가 된 김기덕·홍종화는 물론 나머지 부호들도 모두 적빈赤貧 출신이었다.

이 중 김응수와 방의석은 자동차 영업, 즉 운수업으로 성공한 부호들이었다. 김응수는 평안북도에서 자동차 운수업에 뛰어들어 10년 내외에 수십만 원의 자산가가 되었는데, 금광이 아닌 분야에서 부를 움켜쥔 특이한 경우였다.

1935년 《삼천리》에서 "오늘날 좋은 자동차 노선을 가졌기 때문에 부자가 된 사람으로 평북에는 평안택시회사 사장 김응수 씨가 있고 함남 북청에는 함흥택시회사 사장 방의석 씨가 있다"고 쓴 것처럼 평안도의 '자동차 왕'은 김응수, 함경도의 자동차 왕은 방의석이었다. 조선에서 자동차 영업은 1917년 민영휘의 아들 민규식이 시작했다고 전하지만 정작 운수업으로 성공한 사람들은 만주로 가는 길목이었던 평안도와 함경도 사람들이었다.

이 무렵 서울을 비롯한 전국 명승지에는 택시들이 적지 않았는데, 《별건곤》(1929년 9월호)은 〈2일 동안에 서울 구경 골고루 하는 법〉이란 글에서 "밖으로 나오면 자동차가 열을 지어 서 있는데 모두 시내 1원 균일均一의 택시지만 1원 균일이라고 알고 섣불리 타면 시골뜨기인 줄 알고 이 핑계, 저 핑계로 2원 이상 받기 예사이니 서울에 처음 올라오는 길에는 타지 않는 것이 좋다"고 권하고 있다.

그런데 김응수는 운수업에서 번 돈으로 평양에 백화점을 지었다가 큰 손해를 본 반면 방의석은 운수업으로 서울까지 진출했다. 《삼천리》1935

1930년대 경주 고적유람 택시
1926년 스웨덴 왕세자 구스타프 아돌프가 경주 봉총鳳塚을 방문해 이름을 '서봉총瑞鳳塚'이라고 지었을 정도로 경주는 유명 관광지였다. 이와 함께 운수업도 성행하게 되었다.

년 1월호)는 "함경도 북청의 유수한 실업가 방의석씨는 …… 금번에 서울에 대규모 택시업을 개시하려고 경성택시회사를 조직하는 한편, 시내 장곡천정에 2층 양식의 사옥을 낙성落成해서 영업을 개시했는데 택시 50~60대를 두어 장차 서울 택시계의 패권을 잡을 기세"라고 기록하고 있다.

방의석의 사업 기반은 함경도의 공흥자동차주식회사였다.《동아일보》(1936년 5월 6일자)는 방의석의 공흥자동차주식회사가 함경도 국경지대의 혜산진惠山鎭과 신갈파新乫坡를 왕복하는 혜산자동차주식회사를 인수했다고 보도하고 있다. 인수가격은 35,000원 정도로 추정했다. 신갈파는 함경도 삼수군에 있는 면이지만, 조선 초기부터 중국을 마주한 국방의 요지이자 대안 무역의 거점 역할을 했던 교통의 요지였다.

방의석은 객주客主 사환으로 출발해 거부가 되었는데 이런 경력 때문인지 가난한 사람들에게 기부도 많이 했다. 하지만 1941년에 중추원 참의가 되어 이른바 "황군皇軍 위문"을 다녀온 뒤 "신동아의 새 광경을 감격으로 목도" 운운●하는 친일파로 전락했다가 해방 후 반민특위에 의해서 수감되기도 했다. 일제 군대가 계속 욱일승천해야 만주로, 중원으로 뻗어나갈 수 있었던 식민지 운수업의 한계였다.

• 《삼천리》 1930년 11월호.

6 · 백화점 부자 최남·박흥식

상식을 뛰어넘는 상술로
재계의 다크호스가 되다

일제 강점과 함께 일본 상인들이 한반도에 밀려들었다. 조선은 농본상말農本商末 정책에 따라 상업을 억제해서 큰 상인이 드물었다. 이런 상황에서 일본인들은 월등한 자금력을 바탕으로 백화점을 열어 한인들의 눈을 어지럽히고, 마치 사회가 발전한 것 같은 착시현상을 일으켰다.

대일항쟁기 때 일본인 상인들이 터를 잡은 곳은 혼마치本町(충무로) 진고개 일대였다. 언론인 정수일鄭秀日은 《별건곤》(1929년 9월호)에 실린 〈진고개, 서울맛·서울 정조情調〉라는 글에서 "서울 구경 온 시골 사람들이 갑이나 을을 막론하고 평생소원이 '진고개 가서 그 좋은 물건이나 맛있는 것을 사 보았으면 죽어도 한이 없겠다'는 소리를 하게 되었다"고 설명하고 있다. 땅이 질어서 니현泥峴이라고 불렸던 진고개는 원래 조선 선비들의 거주지여서 비가 오면 나막신을 신고 다니는 선비를 '남산골 딸깍발이'라고 불렀다.

고종 21년(1884) 일본이 남산 밑의 왜성대倭城臺(중구 예장동부터 회현동)로 공사관을 옮긴 뒤 일본인들이 밀려들면서 터줏대감이었던 조선 선비들을 밀어냈다. 왜성대는 임진왜란 때 왜장 마시타 나가모리增田長盛가 주둔했던 곳으로서, 을사늑약 후 조선통감부를 설치해 도요토미 히데요시豊臣秀吉의 숙원을 달성하기도 했다. 혼마치 일대에 일본 최대의 백화점인 미쓰코시三越(현 신세계)를 비롯해 조지야丁子屋(현 롯데 영플라자)·미카나이三中井·히라다平田 등 식민지시대 4대 백화점이 들어섰다. 1930년대 진고개에 들어서면 조선이 아닌 일본으로 여행 온 듯한 느낌이 든다는 말이 있을 정도로 백화점과 상점들이 즐비했다.

일본 상인들은 고객으로 일본인은 물론 한인도 유혹했다. 정수일은 앞의 《별건곤》에서 "한번 그네들의 상점에 들어서면 사람의 간장까지 녹여 없앨 듯이 친절하고 정다운 일본인 상점원들의 태도에 다시 마음과 정신이 끌리고……"라며 일본인 특유의 친절한 상술에 대해 서술했다. 대일항쟁기 때 일본인 상인들은 남촌南村이라 불렸던 혼마치를 중심으로 활동했고, 한국 상인들은 종로 중심의 북촌北村을 중심으로 활동하면서 정확하게 갈라졌다.

그러나 우세한 자본력의 일본인 상점들이 점차 북촌까지 잠식하면서 한국인 상점들은 동대문과 서대문 쪽으로 밀려나는 형세였다. 정수일은 "그곳(일본인 백화점)에 조선 동포의 발이 잦아지고 수효가 느는 정비례로 종로거리 우리네 상점의 파산이 늘고 우리 살림은 자꾸 줄어든다"고 말했다. 일본인들의 친절한 상술과는 달리 조선 상인들의 경우 "물건 파오" 하면 "여기 있소"라는 재래식 방식인 것도 파산의 한 원인이라는 뜻이다.

《별건곤》(1930년 12월호)에서 이상범李象範 화백은 〈세모가두歲暮街頭의 불경기 풍경 2〉란 만평을 실었는데, 모두 네 가지 풍경을 묘사하고 있다. 먼저 "아! 최후의 비명"은 망해서 경매에 붙여진 조선 상점의 풍경이고, 두 번째 "견이불식見而不食(보고도 먹지 못함)"은 차압당한 쌀 앞에서 굶고 있는 조선

화신백화점
1935년 대화재를 딛고 1937년에 재건축한 화신백화점에 대해 식민지 한인들은 남촌의 일본인 백화점에 맞서는 상징으로 생각했다.

농민들이다. 세 번째 "폐허의 자취"에서는 손님이 없어서 거미줄 치고 있는 조선 상가를 그렸다. 네 번째는 "조선 사람들은 삼월(미쓰코시)·정자(조지야)·평전(히라다)으로만 연신 돌아든다. 헤-헤-망는헤야"라면서 '대매출大賣出'이란 큰 간판을 단 일본인 백화점 앞에 줄지어 서 있는 인파의 모습을 묘사했다.

언론인 신태익申泰翊이 《삼천리》(1932년 1월호)에서 "남풍이 시시각각 북으로 북으로 몰려 들어와서 북촌의 상계商界란 것이 잔영조차 점점 희미해 가는 것은 누구나 알고 있는 현상"이라고 말한 게 과장이 아니었다. 이런 조선 상계商界에 혜성같이 등장했던 두 상인이 동아부인상회의 최남崔

楠과 화신상회의 박흥식이었다. 당초에는 신태익이 "화신상회나 동아부인상회를 가리켜서 백화점이라고 부를 용기가 안 난다"고 언급할 정도로 규모가 작았지만 여러 가지 상식을 파괴하는 독특한 상술로 재계의 기린아麒麟兒로 떠올랐다.

1895년 경기도 양주에서 출생한 최남은 편모 슬하에서 가난하게 자라면서 보성중학교를 겨우 마쳤다. 그후 금광왕의 꿈을 안고 일본의 아키타 광산학교에 다니다가 귀국해서 광산에 들어갔다. 그러나 '일장공성 백만골—將功成百萬骨(한 장수의 공은 백만 병사의 유골이 만든 것)'이란 말처럼 누구나 최창학·방응모·김태원이 될 수 있는 것은 아니었다.

광산을 그만둔 최남은 운 좋게 조선상업은행에 들어가 은행원이 되었다. 최남은 여기에 만족하지 않고 인사동 입구에 덕원잡화상을 열고 부업 생활을 시작했다. 낮에는 누이동생이, 밤에는 동대문 지점에서 퇴근한 최남이 운영했다. 그러다 최남은 남들이 선망하던 직장인 은행에 사표를 내고 상업에 전념했다. 최태익은 "남이 생각하지 못한 점에 착안하는 것이 최남의 특장特長"이라고 평가했는데 과장이 아니었다.

그는 서울의 다른 지역 4~5곳에도 덕원상회 지점을 냈으며 경영난에 빠진 동아부인상회를 인수한 후에는 대구·광주·순천 등 지방 7~8곳에도 지점을 내는 새로운 경영기법을 선보였다. 배후에 권 모라는 자산가가 있다는 소문이 돌았지만 최남은 단순히 남의 도움으로 성공한 상인이 아니었다. 그는 《삼천리》(1934년 9월호)에 직접 쓴 〈백화점·연쇄점의 대항책〉이란 글에서 덕원상회의 성공 비결을 공개했는데 "그때 서울 상인치고 누구 하나 직접 사입仕入(구매)하는 이는 없이 모두 진고개 상인(일본 상인)들에게서 도매 맡아다가 파는 것이었다"고 회고했다. 그러면서 "(나는) 사입을 싸게 해야 한다는 생각에서 대판大阪(오사카)으로 들어갔다"고 말하고 있다. 중간 단계를 배제한 직접구매로 단가를 낮춘 것이 성공 배경이란 뜻이다.

그러나 종로의 조선 상인들은 최남을 배척했다. 소매상조합에서 최남을 제외시킨 것이다. 그것이 최남에게는 전화위복이 되어 1926년 순종의 인산 때 기록적 매출을 올렸다. 이때 포목상조합·소매상조합 같은 단체에 대여大與를 멜 자격을 주는 바람에 덕원상점이나 동아부인상점 점원들은 배제되었다. 전 시가가 철시한 인산날 심심해진 최남이 상점 한 귀퉁이를 열자 지방에서 올라온 조문객들이 밀려들었고 삽시간에 4,000여 원의 매상을 올렸다. 금곡金穀까지 다녀온 다른 상회 점원들의 발이 부르터서 문을 닫은 다음날에도 최남의 상점만 열었는데, 동아부인상회에서만 하루에 24,000원이란 기록적 매출을 올렸다.

최남은 일본인 백화점에 맞서기로 결심하고 1931년 종로에 동아백화점을 열었다. 민영휘의 셋째아들 민규식 소유의 최신식 4층 건물을 화신상회의 박흥식과 경쟁 끝에 연간 20,000원에 임대했다. 최남은 백화점 점원 200여 명 중 70~80명은 여점원으로 충당했다. 그래서 문방구 판매대의 여직원과 도쿄 유학생 출신이 혼인까지 하는 로맨스를 낳아 장안의 화제가 되기도 했다.

하지만 1932년 7월 조선호텔에서 박흥식과 회동한 최남은 동아백화점을 박흥식에게 매도하겠다고 발표해 큰 충격을 주었다. 박흥식은 이때 겨우 29세였다. 박흥식의 조부는 평안도 용강의 천석꾼이었지만 부친 때는 겨우 먹고살 정도로 가세가 기울었다고 전해진다. 용강보통학교를 졸업하고 미곡상과 인쇄업을 하던 박흥식은 24세 때 서울로 올라와 황금정黃金町(을지로)에 선일지물회사를 설립하면서 서울에 모습을 드러냈다.

신태익은 동아백화점을 매도한 이유에 대해 1년에 70,000원 정도 손

박흥식 | 그는 평안도 출신의 신흥재벌로 화신백화점을 세운 이후 승승장구하면서 '근대 백화점의 왕'이라 불릴 정도로 막대한 재산을 벌었다.

해를 보자, 후원자 권 모가 손을 뗐기 때문이라고 추측했다. 여점원 덕분에 사람은 북적거렸지만 매상은 시원찮았던 것이다. 신태익은 "박흥식의 배후에는 은행이 있다"고 추정했다. 은행 이름을 밝히지 않은 것은 조선총독부에서 설립한 식산殖産은행이기 때문일 것이다.

그러나 박흥식은《삼천리》(1935년 7월호)에〈내가 보는 백화점과 연쇄점〉이란 글에서 자신의 배후에 관한 소문을 모두 낭설이라고 주장했다. 어쨌든 이후 박흥식의 화신백화점은 승승장구해서 1933년에는 320명의 점원에 하루 평균 1만 명이 찾아 적을 때는 3~4,000원, 많을 때는 17,000원까지 매출을 올리면서 '근대 백화점의 왕'이라고 불렸다. 박흥식은 화신백화점과 전국적 프랜차이즈 회사인 화신연쇄점, 선일지물회사, 대동흥업주식회사, 선광인쇄 회사 등으로 계열사를 확대하면서 재벌로 떠올랐다.

1935년 화신백화점 대화재로 50만 원의 손실이 발생했지만 1937년에는 지하 1층, 지상 6층의 최신식 건물을 준공해 남촌의 일본인 백화점에 당당히 맞서면서 "조선에선 박흥식이 실업가로는 제1인자"라는 말을 들었다. 박흥식은 미모의 부인 계씨와 재혼했는데, 민세 안재홍安在鴻의 주례에다가 비행기에서 올린 결혼식으로 다시 장안에 화제를 뿌렸다.

박흥식은 계동에 조선식과 서양식을 절충한 조양절충朝洋折衷의 화려한 저택을 지었다. 그의 저택에는 자동차가 끊이지 않을 정도로 사람들이 들락거렸다. 그러나 일제가 군국주의로 치닫던 1940년대에는 동양척식회사 감사가 되고 조선비행기회사를 설립했다가 해방 후 반민특위에 구속되기도 했다. 군수산업으로 성장하려 했던 식민지 기업인의 한계가 여실히 드러나는 대목이었다.

7 · 소수의 상류사회
일본인 대지주의 불이농장,
농민수탈에 앞장서다

일본의 자본주의는 식민지가 필요할 만큼 발달하지 못했다. 그렇기 때문에 주로 토지를 빼앗거나 금광을 캐는 1차 산업에 매달렸다. 대부분의 한국인은 경제적으로 몰락했지만 소수의 친일파는 살아남았고, 광산·부동산 재벌도 탄생해 식민지의 상류사회를 구성했다.

식민지 한국 땅에서 제일가는 부호는 누구였을까? 한국인으로는 연간 쌀 50,000석을 수확한다는 민영휘 일가를 제일로 쳐주었지만 일본인들을 포함하면 이야기가 달라진다. 1932년 8월 함경도 나진이 동해 종단항으로 결정되면서 김기덕·홍종화 같은 부동산 재벌이 탄생했지만 이 역시 일본인들을 제외할 때의 이야기다.

《삼천리》(1932년 12월호)는 "나진, 웅기 양 지역 토지가격의 상승분이 1억 원을 돌파하면서 홍종화와 김기덕이 갑부가 되었지만 전체의 분배 비율을 보면 조선인이 10분의 3~4이고 일본인이 10분의 6~7에 가깝다"면서 나진항 선정으로 일본인 부호가 더 많이 배출되었다고 말하고 있다. 자금력과 정보에서 앞서는 것은 물론, 조선총독부와 결탁했던 일본인들이 부동산 개발의 이익도 선점하기 마련이었다.

식민지 한국에 진출했던 일본인 부호는 대부분 광산 부호 아니면 농토 부호였다. 조선농회朝鮮農會에서 발간한《조선농업발달사朝鮮農業發達史》(1944)에 따르면 1933년에 300정보(1정보는 3천 평) 이상의 토지를 소유한 대지주 숫자가 한국인은 43명인 데 비해 일본인은 192명이나 되어 압도적 우위를 보이고 있었다.

식민지에 공장을 세울 정도로 자본주의가 발달하지 못했던 일본은 근원적 수탈, 즉 토지나 토지에서 나오는 생산물을 수탈하는 수밖에 없었다. 일제가 1910년부터 토지조사사업을 실시했던 이유도 토지를 강탈하기 위해서였다. 토지조사사업의 가장 큰 이득을 본 것은 사실상 일본 정부 소유였던 동양척식회사였다.

동양척식회사는 1930년쯤 41만여 정보의 토지에 50만여 석의 쌀을 수확하는* 전국 최대 규모의 농장이자 식민지 한국의 최대 회사였다. 그보다는 규모가 못했지만 총독부와 결탁한 일부 일본인들도 흥업, 실업 등의 요상한 이름으로 농토 획득에 나섰다. 그 결과 1920년대 초반에 이미 1천 정보 이상의 농지를 소유한 주식회사 조선흥업과 조선실업, 불이흥업, 구마모토熊本 농장, 사이토齋藤 농장 같은 기업형 농장이 전국 각지에 우후죽순식으로 생겨났다.

그중 유명한 것이 주식회사 불이흥업의 불이농장이었다. 1904년 오사카에 본점을 둔 오사카·후지모토 합자회사에서 한국에 파견한 후지 간타로藤井寬太郞가 설립한 농업회사였다. 후지 간타로는 무역업과 고리대금업으로 자본을 축적한 후 사와무라 규헤이澤村九平 등과 1914년 자본

---

* 이여성·김세용 엮음,《숫자조선연구數字朝鮮硏究》, 세광사, 1931~1935.

동양척식주식회사 목포지점
동척은 식민지시대 최대 회사로서, 농지 강탈에 앞장서야 했던 일본 자본주의의 후진성을 잘 보여준다.

금 100만 원의 주식회사 불이흥업을 설립했다. 군산에 본점을 두고 전북은 물론 전국 각지에 분점, 즉 농장을 설립했는데, 평북 용천까지 진출해 1920년대 초반에는 자본금을 500만 원까지 늘렸다.

불이농장의 성장사는 이 시기 일본인들의 식민지 수탈사를 그대로 보여준다. 먼저 불이농장은 총독부로부터 황무지나 도서 연안의 개간권을 획득했다. 그리고 한국인 농민들을 모아 개간시키고 소작권을 주고 소작료를 받는 것이었다. 불이농장은 농민들을 모을 때는 개간 후 소작권은 물론 개간비용도 주겠다고 약속하고는 개간비를 주지 않았다. 노동력을 강탈당한 농민들이 항의하면 소작권도 빼앗겠다고 위협하는 식이었다.

그래서 1925년부터 1932년까지 평북 용천의 '불이농장 소작쟁의 사건'이 여러 번 발생했다. 불이농장이 총독부로부터 평북 용천군 일대의 황무지를 불하받아 조선 농민들을 이용해 개간한 농지는 용천군 용천면·부라면·외상면·외하면 등 네 개 면, 5,000여 정보였다. 불이농장은 그 결과 1,500여 소작농을 거느리게 되었는데, 농민들이 개간비 지급을 요구하자 소작권을 강탈하겠다고 위협하면서 소작쟁의가 발생했다. 불이농장의 행위가 워낙 파렴치했기에 한때는 총독부 관료들도 소작인들의 요구를 받아들이라고 권고하기도 했다. 그러나 나중에는 농장 편을 들어주었고, 1931년에는 일경이 소작인 200여 명을 검거하고 20여 명을 재판에 회부해 용천소작조합이 해산되는 것으로 끝나고 말았다.

일본인 농장들의 확산 과정에서 피해를 보는 것은 소작농뿐만이 아니었다. 《삼천리》(1932년 2월호)는 〈천석꾼은 몇 명이나 되나?〉라는 기사를 통해 3·1운동이 일어났던 기미년己未年(1919)에 경무국에서 연 1,000석 이상을 추수하는 부농을 조사했더니 864명이었다고 전한다. 그러면서 1,000석을 수확하려면 토지가 10만 원어치는 있어야 한다고 분석하고 있다.

그러나 이때가 호경기였다. 《삼천리》는 "경기가 한창 좋았던 기미년에 800여 명밖에 안 되었으니 불경기가 심한 지금쯤(1932년)은 아마 바짝 줄었을 것"이라면서 "경무국에서는 해마다 조사하는 모양이나 외간外間에 발표를 하지 않아 잘 알 수 없다"고 설명하고 있다. 조선 농촌의 상황이 갈수록 악화되었기 때문에 조사는 해놓고도 발표 자체를 하지 못했던 것이다.

또한 《삼천리》는 "동척(동양척식회사), 식은(동양척식은행)에 아니 넣고 그냥 천석들이 전지田地를 가지고 있는 대지주는 손가락으로 꼽을 만치나 남았을까 하는 것이 아마 정당한 관측"이라고 추정했다. 일제 식민지배 20년간 조선인의 생활은 극소수를 제외하고는 피폐해졌다는 이야기다.

사회주의자 김명식은 《동광》(1931년 7월호)에 "20년 이래 조선의 부富는 상대량(인구 증가에 비한 것)이 준 것은 물론이요 절대량(식민지 이전과 비교한 부)도 늘지 못했다. 외래자본에 예속된 자의 부는 늘었지만 그렇지 못한 자의 부는 줄었다"고 분석했다. 소수 친일파들의 부만 늘었다는 이야기다.

1940년 9월, 연간 소득이 가장 많은 한국인은 광산재벌 최창학으로 24만 원, 민영휘의 아들 민대식이 23만 원으로 그 뒤를 이었다. 이에 비해 일본인 광산업자 고바야시小林采男는 120만 원, 주조업자인 남대문 금천대회관의 사이토齋藤는 80만 원으로 압도적 우위를 보이고 있다.

《삼천리》(1932년 4월호)는 〈벽신문壁新聞〉이란 기사에서 "제국흥신소帝國興信所가 부호 숫자를 조사해 결과를 게재했는데, 1,000만 원 이상 재산가가 2인, 500만 원 이상 2인, 400만 원 이상 1인, 170만 원 이상 2인, 10,000원 이상 3인, 80만 원 이상 2인, 70만 원 이상이 4인"이라고 전했다. 이 숫자에 "10만 원 이상은 약 100명이 된다"고 덧붙이고는 "주의할 것은 이 모든 부자의 대부분은 일본인이요 조선인은 몇 명 안 된다"고 설명하고 있다.

《삼천리》(1934년 5월호)는 "재계財界의 권위인 유력한 모 홍신소의 조사"라면서 한국인 부호를 열거했는데, 최대 300만 원(1인)부터 70만 원(4인)까지 재산을 가진 한국인 부호가 20명이라면서 "70만 원 이상의 부호가 2,000만 명 중 20명이니 실로 100만분의 1"이라면서 "가위可謂 창해蒼海(바다)의 1속(좁쌀)"이라고 평가하고 있다.

1934년 쌀 1석(160킬로그램) 가격을 현재 환산하면 이때의 100만 원은 130억여 원 정도 된다. 물론 부동산으로 환산하면 더 커지겠지만 쌀값으로 환산하는 것이 더 정확하다는 것이 통계학 이론이다. 1930년대 중반에도 100억 원 정도 소유한 한국인 부호가 20명밖에 되지 않을 정도였다. 최창학·방응모·김태원 같은 금광 부호나 김기덕·홍종화 같은 부동산 부호가 없었다면 이 숫자도 훨씬 적어졌을 것이다.

**스코틀랜드를 방문해
골프를 즐기고 있는 영친왕**
그는 순종 서거(1926년) 이듬해 유럽 여행을 떠났고, 이후 경성골프구락부에 가입하며 상류사회의 한 징표가 되었다.

그러나 이런 식민지에도 상류사회는 존재했다. 상류사회의 징표는 몇몇 명사 구락부들과 골프·승마구락부 또는 귀족회관에 가입한 회원들이었다. 이완용의 조카인 친일파 한상룡韓相龍이 주도하는 조선실업구락부, 105인 사건의 주모자였다가 친일파로 전락한 윤치호尹致昊가 주도하는 계명구락부가 상류 모임으로 꼽혔다.

《삼천리》(1938년 1월호)는 〈서울의 상류사회, 입회금만 300원 드는 골프장〉이란 기사에서 1930년대 후반 식민지 한국 상류사회의 징표로 경성골프구락부를 들었다. 경성골프구락부는 대한제국의 마지막 황태자였다가 순종 사후 이왕李王직을 세습한 영왕(영친왕)이 명예총재였다. 《삼천리》는 경성골프구락부에 "이왕 전하 이하 조선총독부 고관은 물론 서울

안에 있는 일류 명사와 지방에 있는 대재벌과 조선에 거주하고 있는 영미인은 거의 멤버로 되어 있다. 뚝섬골프장에 있는 경성 골프 운동장에는 조선 일류 명사들의 경쾌한 웃음소리가 끊이지 않는다"고 설명하고 있다.

이렇듯 나라를 빼앗긴 왕족이 총독부 고관 및 친일파들과 어울려 골프를 치는 것이 식민지 한국의 상류사회 모습이었다. 경성골프구락부 멤버가 되려면 회원 두 명 이상의 추천을 받아야 하며, 입회비 200원과 연회비 60원에 매월 20~30원의 비용이 들어가야 했다. 1934년 한국 내 '가장 엘리트' 직업이었던《동아일보》·《조선일보》신문기자의 봉급이 40~90원 정도일 때의 일이다.

8 · 주식으로 거금을 거머쥔 부자들

꿈을 잃은 사람들,
투기로 일확천금을 노리다

1930년대 식민지 조선의 분위기는 잿빛과 황금빛이 뒤섞인 기묘한 것이었다. 만주까지 점령한 일제는 패망의 기미가 보이지 않았다. 그래서 우울한 현실을 잊고 일확천금의 꿈을 좇는 사람이 늘어갔다. 꿈을 잃은 사람들은 금광 개발에 이어 주식 투자에 매달렸다.

1930년대 3대 투기사업은 금광, 기미(미곡 거래), 주식이었다. 기미란 장기거래를 목적으로 매매되는 양곡을 뜻한다. 기미는 미두米豆시장에서 거래됐는데 1896년 최초의 미두시장인 미두취인소米豆取引所가 문을 연 곳은 인천이었다. 인천 거주 일본인들이 조선에서 생산되는 미곡을 일본으로 반출하기 위해 주식회사 인천미두취인소를 열었던 것이다.

식민지에 공장을 세울 자본이 없었던 일제는 식민지 최대 산업인 쌀을 투기상품으로 만들어서 1930년대까지 기미가 3대 투기사업이 된 것이다. 일제 때 미두시장의 거래 형태는 주식처럼 선물거래와 현물거래가 있었다. 미래의 일정한 시기에 미곡을 넘겨주겠다는 조건으로 계약하는 미곡이 기미였다. 그래서 선물거래를 청산거래, 투기거래라고도 불렀다.

정기거래는 보통 3개월이 기한인데 현물이 없어도 거래가 되는 반면 실물가격의 변동에 따른 반대매매를 통해 시세차익을 얻을 수 있었다. 물론 손실을 볼 수도 있지만 큰 자본이 없어도 증거금과 수수료만 있으면 막대한 차익을 얻을 수 있었다.

일제는 1931년 '조선취인소령朝鮮取引所令'을 시행해 인천미두취인소를 주식시장이었던 '경성주식현물취인시장'과 합병시켜 조선취인소 기미부期米部를 만들어 더욱 조직적·전문적으로 쌀과 주식 투기에 나섰다. 농본 사상을 갖고 있던 조선인들이 쌀을 투기 수단으로 삼는 것에 주저하는 동안 미두시장을 장악한 일본인들은 막대한 이익을 챙겼다.

그러자 여기에 맨손으로 뛰어들어 거부가 되는 조선인도 생겨나기 시작했다. 인천의 백만장자 반복동潘福童이 그런 인물이었다. 반복동은 무일푼으로 인천의 미두시장에 뛰어들었는데, 점차 기미거래는 물론 이와 결부된 주식에도 눈을 뜨게 되면서 인천의 미두시장과 주식시장에서 100만 원이란 거금을 거머쥐었다. 인천 만국공원 아래 경치 좋은 곳에 양옥을 지은 반복동은 인천 최고의 미녀와 결혼하면서 숱한 화제를 뿌렸다. 혼인 장소인 서울 조선호텔에 재계의 유수한 부호가 총출동해 세간의 이목을 끌기도 했다.

이후 반복동이 가는 곳에는 지전뭉치가 풀풀 날린다는 소문이 파다했는데, 쉽게 번 돈을 쉽게 쓰다 보니 어느덧 무일푼이 되고 말았다. 1935년 무렵 인천에서 사라져 그의 소식을 아는 사람조차 없어졌다. 그는 하루아침에 벼락부자가 되었다가 하루아침에 거지가 된 일장춘몽一場春夢의 전형으로 자주 회자됐다.

보통 사람들이 주식이란 용어 자체를 잘 모를 때 주식시장의 가장 큰손은 은행들이었다. 1935년 9월쯤 조선은행이 7~800만 원, 상업은행이

명동에 있던 경성주식현물거래소
산업시설이 없던 일제시대에 주식시장은 그야말로 투기판이었다.

6~700만 원, 동일은행이 400만 원, 한성은행이 200만 원, 해동은행이 100만 원 정도의 주식을 가지고 있었다.

개인으로는 서울 내자동의 구창조具昌祖가 주식시장의 행운아였다. 구창조도 일개 소상인에 불과했지만 주식에 눈을 뜬 후 전 재산을 주식에 투자했다. 때마침 일제의 만주침략으로 전쟁 특수가 일면서 그는 몇 년 사이에 100만 원대의 거부가 되었다. 구창조를 보고 너도나도 주식시장에 뛰어들었지만 대부분 깡통을 차기 일쑤였다. 그러나 구창조는 1935년에도 주식시장의 큰손으로 건재해 세간의 부러움을 한몸에 샀다.

주식시장에서 거금을 거머쥔 후 발을 뺀 인물이 주식계의 행운아로 불렸던 서울 화동정(현 종로구 화동)의 유영섭柳泳燮이었다. 유영섭은 함흥에서 경찰 노릇을 하다가 식민지 경찰에 회의를 느꼈는지 사직하고 서울로 올라왔으나 생활난에 쪼들리며 룸펜lumpen(실업자) 생활을 해야 했다. 그는 호

구직책으로 인천 미두시장 김태점金太店의 점원 겸 시장 대리인이 되면서 기미와 주식을 배우게 되었다. 그는 몇 푼 안 되는 급료를 모아 겨우 몇백 원의 자금을 만들었다. 유영섭은 서두르지 않고 기미와 주식에 투자해 자본을 불려나갔는데, 그러는 사이 불과 5~6년 만에 50만 원의 거금을 모았다.

그런데 유영섭은 기미시장과 주식시장이 허깨비 같은 시장이란 사실을 잊지 않았다. 성공한 한 명보다 실패한 수천, 수만의 사람에 주목했다. 그래서 유영섭은 50만 원을 손에 쥐자 미련 없이 기미와 주식시장을 떠나서 '다른 건실한 실업 방면'으로 옮겼는데, 그 방면이 바로 자동차 사업, 즉 당시 한창 뜨던 운수업이었다.

유영섭은 1936년에는 근화여학교 건축비로 500원을 희사하기도 했다. 그때도 주식시장에는 이런저런 소문이 무수히 떠돌아다녔다. "전라도 부호 김 씨가 주식시장에서 80만 원의 이익을 보았다더라", "평안도 부호 최 씨가 서울 명치정明治町(명동)의 주식중매점을 통해 근 100만 원의 이익을 보았다더라", "서울 남대문통의 상인 이 씨가 주식으로 큰 이익을 보았다더라" 같은 소문이 주식시장을 떠돌아다녔다.

이런 소문들과 함께 드디어 주식거래를 목적으로 하는 회사가 설립되기도 했다. 1934년 1월 설립된 동아증권주식회사가 그런 회사로서 자본금 50만 원에 주식 중개가 주 업무였다. 동아증권 사장인 30대 중반의 조준호趙俊鎬는 소론 계열의 대표적인 매국적 조중응趙重應의 재종(6촌) 조중정趙重鼎의 장남이었다. 당파를 막론하고 매국적의 특징은 갑부라는 점이었다. 조중정도 장안에서 손꼽히는 갑부였다.

조준호에 대해 《삼천리》(1936년 12월호)에서는 "투기계投機界에 발을 디딘 지 불과 3년여 만에 수십 년래 그 업계의 백전노장 취인원取人員(주식중개인)

들을 발아래 꿇렸다"고 전하고 있는 것처럼 그의 성공은 괄목할 만했다. 이 시기에 주식시장과 쌀 투기시장은 한 몸이었다. 조준호도 인천의 해안가에 기미취인점期米取引店을 열어 쌀 투기를 병행했다. 조준호에 대해 《삼천리》(1936년 12월호)는 "저 유명한 2·26사건을 명민한 두뇌로 기미에 활용해 불과 6~7개월 만에 20만 원이라는 거액의 이득을 보았다"고 전하고 있다.

2·26사건으로 돈을 벌었다는 이런 사례가 이 시기 투기자본의 성격을 그대로 말해준다. 2·26사건이란 1936년 2월 26일 일본 육군 내 황도파皇道派 청년장교들이 '일왕친정日王親政'과 '소화유신'을 기치로 1,500여 명의 사병을 이끌고 일으켰던 쿠데타를 뜻한다. 쿠데타는 비록 실패로 끝났지만 사건 와중에 제3대 조선총독이었던 내대신內大臣 사이토 마코토齋藤實가 살해되는 등 일본에 엄청난 충격을 주었다. 이는 일본 경제를 이끌어가는 견인차였던 군부가 정당과 내각을 무력화시키고 국가를 직접 통치하려던 데서 비롯된 사건이었다.

이 사건으로 극도의 불안심리가 퍼졌을 때 조준호는 일반인과는 거꾸로 배팅했고, 이것이 성공했다는 뜻이다. 당시 투기시장은 일본 군부와 동전의 양면이었다. 일본은 1933년 3월 국제연맹을 탈퇴했는데 육군상陸軍相 아라키 사다오荒木貞夫가 "국제연맹에 머물러 있으면 일본은 마음대로 군사행동을 취할 수가 없다……. 반드시 탈퇴해야 한다"고 주장하자 엄청난 인기를 끌 정도로 일본은 극우파가 주도하는 집단정신병 상태에 접어들었다. 불황을 단숨에 날려버렸던 만주사변의 향수가 확전을 부추겼다. 일본은 또한 국제연맹 탈퇴 직후인 1933년 8월에는 외국의 공습을 가정해서 대대적인 방공연습을 할 정도로 확전을 기정사실화했다.

그러면서 일본은 물론 식민지 조선의 투기꾼들도 확전을 열망하는 호

군산항에서 일본으로 반출되기를
기다리는 쌀가마들
일본인들은 중일전쟁의 확전을 빌미로
쌀을 투기상품으로 만들어 막대한 이익
을 보았다.

전광으로 변했다. 집단정신병이 식민지까지 전이된 것이었다. 《삼천리》 (1935년 11월호)는 "앞으로 세계대전이 발생할 것이라는 소문이 돌면서 주식시장이 크게 상승하고 있다"고 전하며 아래와 같이 전하고 있다.

> 전쟁이 터져 장차 이 싸움이 세계대전에까지 미칠 듯하자 재계財界는 의연하게 호경기를 띠어 요즈음 주식시장의 경기는 도쿄·오사카는 더 말할 것도 없고, 서울 명치정의 금융가만 해도 아침저녁으로 놀라운 활기를 띠어 사람들의 얼굴엔 희색喜色과 초조의 빛이 흐르고 있다.

일제는 드디어 1937년 7월 북경 남서부의 중국군을 공격하는 노구교사건을 일으켜 중일전쟁으로 확대시켰다. 그러나 확전에 의한 전쟁특수가 신기루에 지나지 않는다는 것을 깨닫는 데는 그리 오랜 시간이 걸리지 않았다.

《삼천리》(1939년 1월호)는 〈전쟁과 주식시장〉이란 최창호崔昌鎬의 도쿄발 논설을 싣고 있는데, 이 논설은 "지나사변(중일전쟁) 발생 이후의 주식시장은 날로 부진을 거듭하여 간다"는 문장으로 시작한다. 최창호는 "지나사변이 장기전에 들어감이 명확해짐에 따라 시장은 또다시 낙조落潮를 보였다. 금일의 시장은 반신불수半身不隨의 노쇠경老衰境에 도달한 감이 있다"고 비관적으로 전망하고 있다.

'전쟁 도발=주가 급등'이란 공식도 일본군의 한계가 드러나면서 무너지고 있었다. 전쟁으로 경제문제를 해결해왔던 일본의 몰락을 가져온 이유가 다름 아닌 전쟁이었던 것은 이른바 조직폭력배 국가의 당연한 말로였다.

제5부

일본 군국주의, 파멸로 질주하다

1 • 군부 갈등과 2·26사건

일본 군부 황도파,
끊임없이 쿠데타를 일으키다

다른 나라 사람들은 물론 일본인들도 일본군이 1930년대 후반부터 왜 그렇게 확전을 거듭했는지 이해할 수 없었다. 그들은 마치 불나방처럼 전쟁에 뛰어들었다. 통제되지 않는 군부가 스스로 정치세력이 되었을 때 발생할 수 있는 최악의 사태가 터진 것이다.

1935년 8월 12일, 도쿄 미야케자카三宅阪에 있는 육군성에 대만 보병 제1연대 소속의 아이자와 사부로相澤三郞 중좌가 들어섰다. 육군중장인 야마오카 시게아쓰山岡重厚 정비국장을 인사차 방문했다는 그가 향한 곳은 육군소장 나가타 데쓰잔永田鐵山 군무국장실이었다. 아이자와 사부로는 군도를 빼어들고 "국가를 위태롭게 만드는 장본인을 베러 왔습니다"라고 말하고는 나가타 데쓰잔을 내리쳐버렸다. 소식을 듣고 달려온 헌병에게 아이자와 사부로는 "임지任地에 가야지"라고 태연하게 말했다. 현장에 달려온 야마오카 육군장은 꾸짖기는커녕 그의 상처 난 왼손을 손수건으로 감싸고 "의무실로 데려가라"고 명령했다. 아무도 그를 제지하지 않은 것은 물론, 네모토 히로시 대좌는 감격의 악수를 청했다가 야마시타 도모

도쿄를 장악한 결기부대
통제파와 황도파의 충돌은 히로히토 일왕의 진압 명령 때문에 '3일 천하'로 끝났다.

유키山下奉文 대좌에게 주의를 받았다.

군국 일본의 심장부인 육군성에서 발생한 위의 살인극이 바로 '아이자와 사건'이다. 이 사건에 얽힌 다섯 명의 고급 장교들은 모두 육군유년학교 출신의 전쟁기계라는 공통점이 있었다. 육군유년학교는 13~14세의 어린아이들을 입교시켜 전쟁기계로 길렀다. 살해당한 나가타는 육군중앙유년학교와 육군대학을 각각 2위로 졸업하고 참모본부 제2부장 등을 역임했는데, 만주사변의 주역 이시하라 간지를 두고 "육군에는 이시하라 간지가 있다"라고 말했던 것처럼, 그의 선배인 나가타 역시 "육군에는 나가타가 있다"며 장래의 육군대신감으로 칭송받던 인물이었다.

아이자와도 센다이仙台 육군유년학교와 육군중앙유년학교 출신이고, 야마오카 중장도 나고야 육군지방유년학교와 중앙유년학교 출신이며, 악수를 청했던 네모토 히로시도 센다이 육군지방유년학교와 육군중앙유년학교 출신이었다. 심지어 네모토에게 주의를 주었던 야마시타도 히로시마 육군지방유년학교와 육군중앙유년학교 출신이었다.

아이자와 사건은 육군 내 두 파벌, 이른바 통제파統制派와 황도파皇道派의 극단적인 충돌이었다. 두 파는 여러 번 충돌했지만 이념상 차이는 크지 않아서 이 사건은 일종의 조직폭력배식 '나와바리繩張り' 빼앗기였다. 두 파는 모두 군부가 일본을 주도해야 한다고 생각했다. 육군대학 출신의 엘리트들이 포진한 통제파도 당초 쿠데타를 계획했다가 육군대신을 통해 정치적 요구를 실현하면서 서구 열강에 맞서는 '고도국방국가高度國防國家'를 건설하는 것으로 수단을 조금 바꾸었을 뿐이다. 황도파라는 말은 육군대신이었던 아라키 사다오가 일본군을 '황군皇軍'이라고 부른 데서 유래하는데, 이들은 군부 쿠데타로 정당과 의회를 무력화시키고 일왕친정의 군국국가로 개조해야 한다고 생각했다.

황도파는 끊임없이 군부 쿠데타를 도모했다. 1934년 11월에는 무라나카 다카지村中孝次, 이소베 아사이치磯部淺一 등이 사관학교 학생들을 이끌고 쿠데타를 결행하려다가 통제파에게 발각되어 미수로 끝난 이른바 '사관학교사건'도 발생했다. 1935년 8월 육군대신 하야시 센주로가 황도파의 수장이었던 마사키 진자부로眞崎甚三郎 교육총감을 파면한 뒤 통제파였던 와타나베 조타로渡邊錠太郎를 임명한 사건은 아이자와를 격분하게 했다. 1936년 1월 28일부터 제1사단 사령부의 군법회의에서 재판이 열렸는데, 특별 변호인 미쓰이滿井佐吉 중좌는 이 사건이 군부에 확산되고 있는 국가개조운동의 한 단면이라면서, "이 사건을 잘못 처리하면 제2, 제3의 아이자와가 나타날 수 있다"고 협박했다.

그런데 이것은 단순한 협박이 아니었다. 1936년 2월 26일 새벽, 1사단 소속의 구리하라 야스히데栗原安秀 중위를 비롯한 황도파 청년 장교들

아이자와 사부로 | 육군유년학교 출신인 그는 군도로 육군중장인 나가타 데쓰잔을 제거하면서 '아이자와 사건'을 일으켰다.

은 보병 제1연대, 제3연대, 근위보병 제3연대 사병들을 눈 덮인 연병장에 소집했다. 구리하라는 "지금부터 소화유신을 향한 행동을 개시한다"고 훈시하고선 '존황尊皇'과 '토간討奸'을 암호로 하달하고 실탄을 나누어주었다. 전 세계를 떠들썩하게 만들었던 '2·26 사건'의 시작이었다. 구리하라는 아이자와가 데쓰잔을 살해한 직후 사관학교 사건으로 정직된 이소베 아사이치에게 "아이자와가 행한 것은 바로 청년 장교들이 실행했어야 하는 일이었다"고 토로한 인물이었다.

이들의 제거 대상인 '간신'의 범주는 어마어마했다. 두 단계에 걸쳐 간신 제거 계획을 세웠는데, 제1차 목표는 총리대신 오카다 게이스케岡田啓介(해군대장)를 필두로 일왕의 시종장 스즈키 간타로鈴木貫太郎(해군대장), 내대신 사이토 마고토斎藤實(해군대장, 조선총독과 수상 역임), 대장大藏대신 다카하시 고레키요高橋是清(전 총리대신) 등과 정계 최고 원로였던 사이온지 긴모치西園寺公望(전 수상) 공작 등이었다. 이렇게 일본에는 간신들이 득실거리는데 어떻게 나라가 망하지 않았는지 신기할 지경이었다.

제1차 습격 대상이 주로 내각과 일왕을 둘러싼 인물들이었다면 제2차 제거 대상은 주로 의회와 재계 인물들이었다. 추밀원 의장 이치키 기토쿠로一木喜德郎 남작, 전 대만총독인 귀족원의장 이자와 다키오伊澤多喜男, 미쓰이 재벌 총수 미쓰이 하치로에몬三井八郎右衛門, 미쓰비시 재벌 총수 이와사키 고야타岩崎小彌太, 내무대신 고토 스미오後藤文夫 등이 그들이었다.

1931년에 잇따라 발생했던 3월 쿠데타 기도나 9월의 만주사변, 10월의 쿠데타기도사건 등을 모두 하시모토 긴고로, 이시하라 간지 같은 영관급 장교들이 주도했다면, 2·26사건은 위관급 장교로 더 내려갔다. 구리하라 중위 등이 이끄는 이른바 결기부대決起部隊는 모두 1,483명이었다. 구리하라는 300명의 병력으로 수상 관저를 포위한 뒤 권총으로 대항하는 경비경찰을 제압하고 관저 안으로 들어갔다.

오카다 게이스케 수상은 총소리가 나자 해군대장 출신답게 재빨리 가정부 방 장롱 속으로 숨었다. 결기부대는 오카다 총리의 매부이자 개인 비서였던 마쓰오 덴조松尾傳藏 전 육군대좌를 수상으로 오인해 사살했다. 구리하라 일행은 만세를 부르면서 다른 부대에 '소화유신'이 계획대로 진행되고 있다고 알렸다. 그러나 숨죽이고 숨어 있던 오카다 게이스케는 문상객으로 가장하고 27일 밤 관저를 극적으로 탈출했다. 나카하시 모토아키中橋基明 중위는 근위보병 3연대 병력을 이끌고 대장대신 다카하시의 사저를 습격했다. '국적國賊'이라는 외침과 함께 침실에서 사살된 82세의 대장대신 다카하시의 시신에 나카시마中島莞爾 소위는 '천벌'이라면서 군도로 난도질했다.

사카이阪井直 중위는 보병 제3연대 병력을 이끌고 조선총독과 수상을 역임했던 사이토 마고토 내대신의 사저를 습격했다. 총소리에 놀라 침실에서 뛰어나온 78세 노구의 사이토 마고토도 권총과 기관총, 군도로 난자당했다. 사이토 마고토는 47발의 총탄에 맞고, 열 번의 난도질을 당했는데 한 장교는 사저를 포위하고 있는 병사들에게 피 묻은 손을 들어올리며 "보라, 국적의 피를!"이라고 외쳤다. 사이토 마고토를 처단하려고 폭탄을 던졌다가 매국경찰 김태석에게 체포되어 사형당한 강우규 의사가 이 말을 들었으면 어떤 생각이 들었을까?

이외에도 교육총감 와타나베 육군대장도 살해되었다. 안도 테주로安藤

輝三 대위는 보병 3연대 병력을 이끌고 전 총리대신이었던 스즈키 간타로 시종장의 관저를 습격했다. 안도는 네 발의 총알을 맞은 스즈키의 목을 자르려다가 부인 스즈키 다카鈴木たか의 애원을 받고는 곧 죽으리라는 판단으로 중지했다. 그러나 스즈키는 겨우 목숨을 건졌고, 일왕 히로히토의 유모였던 스즈키 다카는 궁성에 이 소식을 전했다. 히로히토는 자신의 친정親政을 내걸고 쿠데타를 일으킨 젊은 병사들보다 유모의 남편에게 더 애정이 갔는지 스즈키의 부상 소식에 격분해 진압명령을 내렸다. 2월 28일 라디오에서 "칙령이 나왔다. …… 폐하의 명령에 따라 원대로 복귀하라……"는 "병사에게 고한다"는 방송이 나왔다.

결기부대는 29일 아침 원대로 돌아갔으나 실패한 쿠데타에 히로히토가 분노했으므로 가혹한 뒤처리가 뒤따랐다. 노나카 시로野中四郎와 고노河野壽 대위는 자결했고, 구리하라 등 열여섯 명의 장교는 사형되었다. 이뿐 아니라 황도파에게 소화유신의 이념을 제공했던 극우파 사상가 기타 이키와 니시다 미쓰기西田稅도 형장의 이슬로 사라졌다.

이 사건을 주도한 대부분의 청년 장교들 역시 육군유년학교 출신의 전쟁기계들이었다. 쿠데타는 실패로 끝났지만 군부는 이 사건을 빌미로 정계와 언론계를 협박했다. 소화유신을 모방한 10월 유신이 의회와 정치권, 언론을 극도로 위축시켰던 것처럼 소화유신을 표방한 2·26사건 이후 일본 사회는 극도로 위축됐다.

그러면서 군부는 군수산업을 중심으로 하는 중공업 재벌과 결탁해 확전의 길로 나섰다. 조직폭력배에 불과한 군부와 무기상으로 변신한 중공업 재벌의 이른바 군상軍商 복합체가 이후 일본을 병영국가로 몰고 갔으니 확전은 불가피했다.

2 · 세계 최종 전쟁론
일본 군부, 정부 위에서
군림하기 시작하다

세계 역사에서 군부가 정부 위에 존재할 때 생기는 비극을 1930~40년대의 일본 군부처럼 적나라하게 보여준 사례도 찾기 힘들다. 선민의식에 사로잡힌 일본 군부는 세계 정복이란 허황된 꿈을 꾸면서 잇따른 확전에 나섰다. 상식과 문명, 문화에 대한 반동이었다.

'존황토간'을 기치로 총리대신 오카다 게이스케가 살해될 뻔하고, 전 총리 다카하시와 내대신 사이토 마코토 등을 살해한 1936년의 2·26사건 이후 군부는 국가 차원의 조직폭력배로 변해갔다. 경찰이 군인과 다투었던 1933년의 '고스톱사건'은 이미 신화였다.

1933년 6월 17일 오사카 덴신바시天神橋 부근에서 제4사단 소속 나카무라中村政一 일등병이 영화를 보러 가다가 교통계의 도다戶田忠夫 순사에게 신호등 위반으로 적발됐다. 나카무라는 "군인은 헌병에는 따르지만 경찰관의 명령에는 복종할 의무가 없다"고 저항하면서 난투극이 발생해 양자가 모두 부상을 입었다. 6월 22일 선민選民의식으로 무장한 4사단 참모장 이세키井關隆昌 대좌는 "이 사건은 일개 병사와 일개 순사의 사건이 아니라 황군皇軍의 위신이 걸려 있는 중대한 문제"라는 성명을 발표하면서 경찰의 사과를 요구했다.

아와야 센키치粟屋仙吉 오사카 경찰부장도 "군대가 폐하의 군대라면 경찰관도 폐하의 경찰관이다. 사과할 필요가 없다"고 맞서면서 군부와 내무성의 대립으로 확산되었다. 아와야 경찰부장은 1945년 8월 히로시마 원폭 투하 때 시장으로 있다가 사망하는데, 세칭 '일고一高'라고 불렸던 제일고등학교와 도쿄 제대 법학과를 나온 엘리트 관료였다.

'관청 중의 관청'이라고 불렸던 내무성 중에서도 아와야 센키치가 속했던 경보국警保局(지금의 경찰청)에는 도쿄 제대 법학부를 상위성적으로 졸업한 엘리트들이 포진하면서 '신관료新官僚'로 불렸다. 신문은 연일 '군부와 경찰의 정면충돌'이라고 보도했고, 오사카의 요세寄席라고 불렸던 만담장의 소재로 사용되었다. 8월 24일에는 목격자였던 헌병 다카다高田善가 자살해 흥미를 더했다.

드디어 양측의 충돌을 우려한 일왕 히로히토는 데라우치 히사이치寺內壽一 4사단장의 친구였던 시라네 다케스케白根竹介 효고兵庫 현 지사에게 특명을 내려 중재하게 했다. 일왕이 걱정하고 있다는 소식을 들은 군부는 급속하게 태도를 바꾸어 사건 발생 5개월 만인 11월 18일 이세키 참모장과 아와야 경찰부장이 공동성명서를 발표하고, 20일에는 사건 당사자인 도다 순사와 나카무라 일병이 와다 료헤이和田良平 검사관사에서 악수하는 것으로 막을 내렸다.

10월 23일 후쿠이福井 현에서 육군특별대연습을 참관하던 히로히토가 아라키 사다오 육군대신에게 "오사카사건은 어떻게 되어가는가?"라고 묻자 황군이란 말을 입에 달고 살던 아라키가 "황군은 폐하께 걱정을 끼치는 일은 절대로 해서는 안 된다"면서 데라우치에게 사건을 끝내라고 지시했다는 설도 있다. '진지進止사건'이라고도 불리는 고스톱 사건은 민간 엘리트들이 군에 제동을 건 마지막 사건이 되었다.

메이지 헌법의 통수권統帥權 개념 때문에 일본군에는 황군이란 개념과 민간정부의 통제에서 벗어나도 된다는 위험한 개념이 생겨났다. 군부는 자신들을 황국의 이상을 실현하는 존재로 격상시키면서 군대 밖의 사회를 '지방' 또는 '샤바'라는 한 단계 낮은 분야로 취급했다. 이런 군부에 의해 전 총리 다카하시와 해군대장 출신의 내대신 사이토 등이 살해되면서 군부에 대한 민간의 공포는 급속도로 커져갔다. 이미 거대한 폭력조직으로 변질된 군부의 횡포에 대해 일본 국민은 2·26사건 때 총리 관저를 사수하다가 사살당한 경찰관 유족에게 성금을 22만 엔이나 내는 것으로 반응했다. 언론들도 5월 1일 민정당의 사이토 다카오齊藤隆夫가 의회에서 "국민은 모두 분개하고 있지만 이를 입 밖으로 말할 자유를 박탈당하고 있다"고 말한 것을 게재하는 것으로 군부 비판을 대신했다.

사건 이후 데라우치 히사이치 육군대신은 군부의 정치 관여 문제에 대해 "일반 군인의 정치 관여는 금지하지만 군부대신은 국무대신으로서 직무상 정치에 관여하는 것이 당연하다"고 답했다. 데라우치가 이렇게 말했던 것은 1936년 5월 육해군성 관제의 부속별표附屬別表가 개정되면서 육·해군대신 현역제가 부활했기 때문이었다. 1913년 '다이쇼大正 데모크라시'라고 불렸던 헌정옹호운동의 결과 폐지되었던 현역군인의 육·해군대신 부임제가 2·26사건 와중에 슬그머니 부활한 것이다. 이후 군부의 동의 없이는, 즉 육군이나 해군에서 대신 파견을 거부하면 내각도 구성할 수 없었다.

이런 사회 분위기 속에서 데라우치 육상陸相은 신임 히로다 고키廣田弘毅 총리에게 '국책國策 수립'을 요구했다. 히로다 내각은 군부의 위세에 눌려

'총리·외무·대장大藏·육군·해군'의 다섯 대신이 참석하는 오상회의五相會議에서 주요 국책을 결정했는데, 이 오상회의에서 1936년 8월 7일 '국책의 기준'을 작성했다. '국책의 기준'은 외부에는 발표하지 않았지만 이후 일본을 미친 전쟁으로 몰고 간 기본 국책을 결정한 것이었다.

'국책의 기준'은 "제국 내외의 정세에 비추어 …… 근본 국책은 외교와 국방 모두 동아東亞 대륙에 있어서 제국의 지위를 확보함과 동시에 남방 해양으로 진출해 발전하는 데 있다"고 결정했다. 북방의 중국과 러시아뿐 아니라 남방, 즉 미국·영국도 전쟁 대상으로 삼겠다는 말이었다.

'국책의 기준' 원 입안자는 만주사변의 주모자 이시하라 간지였다. 그는 1935년 8월, 참모본부작전과장으로 부임했고 '전쟁계획'을 주창하면서 '전쟁지도계획'을 만들었다. 이렇게 만들어진 것이 육군의 이른바 '국방국책'인데 그 골자는 군부에서 권력을 장악하고 군수공업을 일으켜 세계 최종 전쟁에 대비해야 한다는 것이었다. 만주국을 중화학공업기지로 만들겠다는 방침은 이래서 나온 것이었다. 1936년 6월 참모본부는 '국방국책'을 입안하고 수행하기 위한 전쟁지도과를 만들어 이시하라 간지가 과장으로 취임했다.

국방국책은 '일만북지日滿北支(일본, 만주, 화북)'의 지구전 구역을 형성해 소련을 타도하고, 새 중국을 건설하고 비약적으로 실력을 향상시켜 미국과 최종 전쟁을 일으켜 승리함으로써 전 세계를 지배하겠다는 계획이었다. 도요토미 히데요시의 허황된 세계정복론과 비슷한 이런 공상이 20세기에 실천에 옮겨졌다는 것 자체가 놀랍지 않을 수 없다.

육군에서는 12년 계획으로 군비 대확장 계획을 수립했는데, 사단 수 증강은 물론 비행기·전차·화포 등의 근대적 무기의 대폭 확충에 나섰다. 해군도 무사시武藏, 야마토大和 같은 세계 최대의 전함과 항공모함 건조에

장개석이 연금되어 있던 서안 화청지 오간청
당나라 현종과 양귀비의 로맨스가 서려 있던 이곳은 '서안사변'이 일어난 후 중국 근현대사의 물줄기를 바꾸는 장소가 되었다.

나섰다.

　1937년 육·해군성에서는 14억 엔이 넘는 국방비를 요구했고 군부의 위세에 눌린 대장대신 바바 에이치馬場鍈一는 이를 그대로 받아들여 전년도에 비해 일시에 8억 엔이 증가한 30억 엔 이상의 대규모 예산안을 편성했다. 이른바 이 바바 재정을 마련하기 위해 4억 2천만 엔의 증세를 하고, 8억 3천만 엔의 공채를 발행했는데, 예산안이 발표되자마자 물가가 급등해 시장이 혼란스러웠다. 국방국책에 따르면 일본군은 화북 전역으로 전선을 넓혀야 했으며, 만주국 같은 괴뢰정부를 세워 전 중국을 실질적으로 통치해야 했다.

　일본 정부와 군부의 대중국 정책은 '무시하고 비웃는 것'이 거의 전부라고 해도 과언이 아니었다. 이런 분위기가 팽배하면서 일본군은 물론 낭인·민간인들과 중국인들의 충돌이 잦아졌고, 항일 여론이 급격하게 높아졌지만 일본은 이를 무시했다. 일제가 만주를 손쉽게 점령할 수 있었던 것은 장개석이 내부의 공산당을 먼저 격멸한 후 일제와 전면전을 전개하겠다는 '선내양외先內攘外 방침'에 따라 동북군 사령관 장학량에게 '부저항不抵抗 철군'을 종용했기 때문이었다.

만주에서 쫓겨난 장학량은 홍군 토벌에 염증을 느끼고 이 무렵 공산당과 비밀협상을 진행했다. 비밀협약 1단계는 홍군과 동북군 사이의 적대행위를 중지하는 것이었다. 장개석은 서안西安까지 날아가 장학량에게 공산당 토벌에 적극 나서라고 요구했지만, 장학량은 1936년 12월 12일 '내전 중지, 일치 항일'을 주장하면서 장개석을 서안 화청지華淸池에 감금하는 '서안사변'을 일으켰다. 공산당 내에서는 장개석을 처형하라는 목소리가 높았지만 모택동毛澤東은 주은래周恩來를 서안으로 파견해 항일민족통일전선 결성을 조건으로 오히려 장개석의 석방을 종용했다.

일본 정부와 군부는 서안사변의 기본적 성격조차 파악하지 못하고 당초 장개석의 국민정부가 더욱 반공정책을 강화할 것으로 예상하고 반겼다. 그러나 장학량의 요구를 받아들인 장개석은 12월 25일 장학량과 함께 낙양洛陽으로 귀환하면서 중국인들의 열광적인 환호를 받고, 1937년 1월에는 모택동이 서안에 입성했다. 1937년 2월 국민당 3중전회는 내전 정지와 화북華北의 실지失地 회복을 결의했다. 이렇게 제2차 국공합작, 즉 항일민족연합전선 결성이 눈앞에 드러나면서 전 중국이 항일의 도가니로 변해갔다. 그러나 일본 군부는 여전히 중국을 얕보고 전쟁 확대에 나섰다. 이런 점에서 중일전쟁 발발은 필연이었는지도 모른다.

3 · 노구교사건
확전에 앞장선 고노에 내각, 서서히 몰락하다

군이 정치의 통제를 벗어나 스스로 권력기관이 되면 국가뿐 아니라 군도 불행해진다. 그래서 초기에 그런 조짐을 억제하는 국가 역량이 반드시 필요하다. 그러나 1930~40년대의 일본 정치가들은 군의 눈치를 보기에 급급했고, 그 비극은 고스란히 국가 전체로 퍼졌다.

1937년 1월 21일, 제70회 일본 제국의회에서 할복문답이 벌어졌다. 입헌정우회의 하마다 구니마쓰濱田國松 의원이 "근년 …… 국민들의 언론 자유에 압박을 가하고 있고 …… 군의 저변에 독재 강화라는 정치적 이데올로기가 도도하게 흐르면서 문무文武가 서로 삼가고 조심하는 선을 파괴할 우려가 있다"면서 점차 노골화되는 군부의 정치 관여에 문제를 제기한 것이 발단이었다. 만 69세에 의원 경력 30년의 하마다는 1936년 1월까지 중의원 의장을 역임한 정계 원로였다.

그러나 이미 일본 군부는 어느 누구의 문제 제기도 참지 못했다. 2·26 사건 이후 부활한 육·해군대신 현역 무관제에 따라 현역 대장 신분으로 육군대신이 된 데라우치 히사이치는 "군을 모멸하는 것 같은 느낌을 갖는다"고 반박했다. 하마다 구니마쓰는 "내 말의 어디가 군을 모욕했는지 사실을 들어달라"고 요구했고 데라우치 히사이치는 다시 "모욕당하는 것처럼 들렸다"고 답변했다. 하마다 구니마쓰는 다시 등단해서 "속기록을 검토해서 내가 군을 모욕한 말이 있다면 할복으로 사과하겠다. 그렇지 않다면 그대가 할복하라"고 되받아쳤다. 의회는 아수라장으로 변했고, 다음 날 데라우치 히사이치는 히로다 고키 총리에게 "정당들의 시국 인식이 부족해서 생긴 사건"이라며 정당의 반성을 요구하는 의미에서 의회를 해산해야 한다고 요구했다. 히로다 고키는 물론 대형 전함의 건조 예산 등이 필요했던 해군대신 나가노 오사미永野修身도 반대했지만 데라우치 히사이치가 단독으로 사퇴하면서 내각은 붕괴했다. 히로다 고키가 군부에 끌려다니면서 부활시킨 육·해군대신 현역제에 따라 육군에서 대신을 내지 않으니 내각이 무너졌던 것이다.

　1937년 2월, 히로다 고키의 뒤를 이은 후임 총리는 전 조선주둔군사령관 하야시 센주로였다. 그는 1931년 만주사변 때 참모본부의 지시도 없이 조선주둔군 제39혼성여단을 불법적으로 만주 경내로 입경시켜 '월경장군'이라 불렸던 인물이었다. 상부 명령 없이 타국의 영토를 불법 침공한 그가 처벌 받기는커녕 7년 후에는 총리직까지 오른 것이다.

　이시하라 간지의 만주사변 도발 이후 일본군에는 상부 명령 없이 전쟁을 일으키는 것을 출세의 지름길로 생각하는 분위기가 만연했다. 월경장군 하야시 센주로는 입헌정우회立憲政友會와 입헌민정당立憲民政黨 등이 법안 지연전술을 펼친다면서 중의원을 해산하고 총선거를 실시했다. 그러나 그해 4월 30일 실시된 제20회 중의원 총선거 결과는 그의 예상과는 정반대였다. 총 466석의 의석 중 입헌민정당은 179석, 입헌정우회는 175석으로 전체의 70퍼센트가 넘는 대승을 거둔 반면, 그가 밀었던 소화

노구교사건 때 중국군과 교전 중인 일본군
1937년 중국군의 도발을 주장한 일본군이 북경 부근 장신점長辛店 근처 철로에서 중국군과 교전하고 있다.

회昭和會는 18석, 국민동맹은 11석에 그쳐 제3당이 된 사회대중당의 36석에도 미치지 못했다.

 월경장군 내각은 4개월 만에 붕괴하고 1937년 6월 원로 사이온지 긴모치의 추천을 받은 고노에 후미마로 내각이 들어섰다. 고노에 후미마로가 국민적 열기와 인기를 바탕으로 국정의 키를 제대로 잡아나갔으면 이후 일본 역사는 달라졌을 것이다. 하지만 5섭가攝家(섭정이나 관백에 임명될 수 있는 집안) 출신으로 귀족원 의장을 역임한 그에게 이런 요구 자체가 애당초 무리였다. 그는 이후 두 번 더 총리를 역임하지만 1940년에 국민총동원을 목적으로 대정익찬회大政翼贊會를 출범시켰다. 그는 제2차 세계대전 이후 '군부에 끌려갔을 뿐'이라고 변명했지만 총리 재임시 때로는 군부보다 강경하게 군사적 해결을 주장하기도 했다.

 고노에 후미마로가 총리가 된 지 불과 한 달 만인 1937년 7월 7일 밤, 노구교사건이 발생했다. 이 사건은 육군 일등병과 순사가 부딪쳤던 '고

스톱사건'처럼 사소한 일이었다. 그날 밤 북경 서남쪽 노구교 부근에서 일본의 천진 주둔군 1여단 1연대 3대대는 이치키 기요나오一木清直 소좌의 지휘로 야간 훈련을 하고 있었다. 이치키 기요나오는 5년 뒤인 1942년 8월, 남태평양 과달카날 전투에서 전사한다. 에드윈 폴락Edwin Pollock 중령이 이끄는 미 1해병연대 2대대에 의해 부대원 전원이 전멸당하고 만다.

하지만 이때만 해도 기세등등했던 일본 육군이었다. 노구교사건은 일본과 중국 양측 모두 상대방이 먼저 도발했다고 주장하고 있다. 일본 측은 한밤중에 몇 발의 탄환이 날아온 뒤 3대대 8중대원 135명 중 한 병사의 모습이 보이지 않아서 문제가 발생했다고 주장한다. 중대장 시미즈 세쓰로清水節郎 대위는 병사를 찾으라고 지시했는데 이 병사는 용변을 보러 간 것이어서 곧 복귀했다. 일본 측은 다시 중국군 쪽에서 여러 발의 탄환이 날아왔다고 주장했다.

이치키 대대장으로부터 보고를 받은 연대장 무타구치 렌야牟田口廉也는 "두 번이나 발사했으면 명백한 적대행위니 단호하게 전투를 개시하라"며 일본군의 장기인 상부 명령 없는 단독 공격을 지시했다. 중국군 제29군장 송철원宋哲元은 일본의 후원으로 화북華北을 지배하던 인물이자 사쿠라이 도쿠타로櫻井德太郎가 제29군 고문이어서 중국군의 의도적 도발 가능성은 없었다. 그래서인지 일본은 중국공산당이나 학생들의 소행이라고 바꾸어 주장했다.

그러나 패전 후 일본 육군의 음모 공작을 폭로했던 다나카 류키치田中隆吉(소장) 중좌는 전후《심판 받는 역사裁かれる歷史-敗戰秘話》(1948)에서 노구교사건 다음 날 중국군과 일본군 양쪽 모두 총알이 날아들었다는 정보를 듣고, 공작에 능했던 시게카와 히데카즈 소좌에게 "그렇게 만든 원흉이 너

지?"라고 묻자 고개를 끄덕였다고 밝혔다. 이 수기에서도 알 수 있듯이 중국 쪽에서 실제 발포했다고 하더라도 노구교사건은 일본군의 공작 결과였다. 사건 보고를 들은 고노에 총리가 "설마 또 육군의 계획적인 행동은 아니겠지?"라고 말했다는 일화도 이를 뒷받침해준다. 만주를 고스란히 내주고도 현상 유지에 바빴던 중국군이 먼저 도발한다는 것은 있을 수 없는 일이었다.

게다가 중국군이 사격했다고 해도 전사자는커녕 부상자도 없는 상황에서 진격 명령부터 내린 것은 이시하라 간지의 무용담을 훈장처럼 동경하던 일본군 전쟁기계들의 계획된 도발이란 증거였다. 연대장 무타구치는 중위 시절에 그 어렵다는 육군대학교에 입학했을 정도로 촉망받았지만 2·26사건 후의 인사 쇄신 차원에서 천진으로 좌천된 인물이었다. 그런 만큼 상황을 역전시킬 한 건이 필요한 처지였다. 다음날 무타구치 연대장으로부터 보고를 받은 여단장 가와베 마사카즈河邊正三 소장 역시 상하 개념 없던 일본군 장군답게 자신의 지시도 없이 내려진 진격명령을 수긍했다.

그러나 화북의 지배권을 빼앗길까 두려웠던 제29군장 송철원은 7월 11일 '노구교의 인도, 대표자 사과, 책임자 처벌, 항일단체 단속' 등 일본군의 모든 요구를 받아들이는 현지협정을 맺어 사태를 종결지으려 했다. 이렇게 '노구교사건'이 국지전으로 끝나려던 바로 그날, 고노에 후미마로 내각은 이를 '북지北支(북중국)사변'으로 부르면서 본토에서 두 개의 사단을 급파하는 화북 파병안을 승인하며 확전에 나섰고 북경과 천진을 점령했다.

고노에 총리는 내부의 시선을 밖으로 돌리는 확전이 '국내 대결 상태'를 해소하는 좋은 방책이라고 여겼다. 확전이 일본이 갖고 있는 모든 사

중일전쟁 당시 일본 총리 고노에 후미마로 | 그는 내부의 시선을 밖으로 돌리는 확전이 '국내 대결 상태'를 해소하는 좋은 방책이라고 여겼다.

태의 해결책이라고 막연하게 믿었던 언론들도 현지협정 체결 기사는 구석에 조그맣게 게재하면서도 전쟁 선동 기사는 1면부터 여러 면에 걸쳐 대서특필했다. 만주를 손쉽게 점령했던 과거 경험에 마취된 일본의 정계·군부와 언론계는 일본군이 전면전을 전개하면 전 중국을 곧 점령할 수 있다는 환상에 빠져 있었다. 그래서 겉으로는 국제 여론을 의식해 '전선 불확대 방침'을 표명했으면서도 속으로는 전선 확대를 추진했다. 스기야마 하지메杉山元 육군대신이 8월 17일의 각의에서 "전선 불확대 방침을 이전처럼 고수한다"고 발표한 뒤 마쓰이 이와네松井石根(패전 후 남경학살 전범으로 처형됨) 상해 파견군 사령관을 도쿄역까지 환송하면서 "남경까지 진격하라"고 역설한 것이 이를 말해준다.

특이한 점은 만주사변의 장본인 이시하라 간지가 참모본부 작전부장이란 요직에 있으면서 전선 불확대를 주장했다는 점이다. 그가 물론 전쟁 자체에 반대한 것은 아니었다. 화북으로 전선을 확대하기보다는 만주국을 튼튼하게 세워서 소련과 미국을 물리치고 전 세계를 지배해야 한다는 세계 최종 전쟁론에 따라 반대했을 뿐이었다.

그러나 1936년 이시하라 간지가 내몽골 분리공작을 추진하는 관동군들에게 중앙의 통제를 따르라고 설득하자 관동군 참모 무토 아키라武藤章가 "이시하라 각하께서 만주사변 당시에 했던 행동을 모방하고 있습니다"라고 반박했다. 그 순간 동석했던 젊은 참모들이 웃었다는 일화가 전해지는 것처럼 전쟁기계들은 이미 이시하라 간지의 통제도 벗어났다.

이시하라 간지는 그해 9월 전선 확대파에 밀려 참모본부작전부장에서 관동군참모부장으로 좌천되었다. 그는 부하들이 자신의 흉내를 내면서 확전에 나서는 것을 씁쓸하게 지켜보면서 참모본부를 떠났다. 그러나 확전을 주장했던 무토 아키라는 패전 후 전범으로 교수형에 처해진 반면, 이시하라 간지는 전범에서 제외되는 전화위복의 계기가 되었다.

4 · 천인침과 남경학살
일본군, 6주 동안 남경인들을
무자비하게 학살하다

전쟁은 정치의 한 부분이기에 군은 정치에 종속되어야 한다. 그러나 스스로 최고 권력이 된 일본 군부는 일관된 사령탑도 없이 여기저기 전선을 확대시켰다. 연일 승전고는 울려 퍼졌지만 상황은 자꾸 불리해지는 이상한 전국戰局이 계속되었다.

    1938년에 개봉한 〈천인침千人針〉은 일본 최초의 컬러 영화다. 흰 보자기에 천 명의 여성이 붉은 실로 한 바늘씩 '무운장구武運長久' 따위의 글귀를 떠서 전선의 병사들에게 보내는 것이 이 영화의 내용이다. 특별히 호랑이 해인 '인년寅年생' 여성은 자신의 나이만큼 수를 놓을 수 있었다. 일본의 고사성어 중 "호랑이는 천 리를 가고, 천 리를 돌아온다"는 말에서 유래한 풍습으로 병사들의 무사귀환을 바라는 일종의 부적이다. 5전 혹은 10전짜리 동전을 꿰매기도 했는데 사전四錢이 사선死線과 같은 '시센'으로 발음되고, 구전九錢이 고전苦戰과 같은 '구센'으로 발음되기에 사선과 고전을 넘어서 무사히 돌아오라는 염원을 담은 것이다. 길 가는 여성에게 한 수를 요청하는 것은 눈에 익은 거리 풍경이었는데, 가족의 무사귀

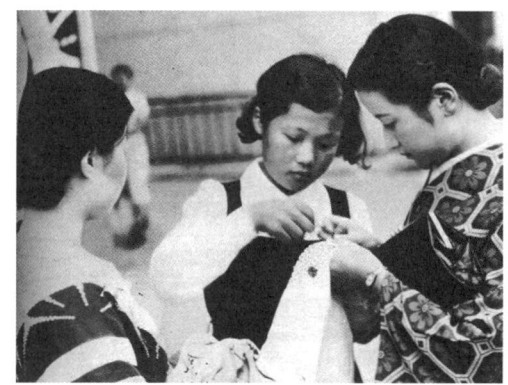

천인침을 놓고 있는 소녀들
천인침은 병사들의 무사귀환을 바라는 일종의 부적 역할을 했다.

환을 바라는 여인들의 마음을 탓할 수는 없겠지만 이들이 인류평화라는 대의와는 정반대인 정복전쟁에 나섰다는 점이 문제였다.

통일된 지휘부가 없는 일본군의 특성은 중일전쟁 때도 마찬가지였다. 스기야마 하지메 육군대신은 마쓰이 이와네 상해 파견군 사령관에게 도쿄역에서 "남경까지 진격하라"고 격려했지만 정식 명령서가 전달된 것은 아니었다. 스기야마가 일왕 히로히토에게 "사변은 두 달이면 끝난다"고 상주한 데서 알 수 있듯이 중일전쟁을 만주사변의 재판으로 착각했을 뿐이었다.

참모본부에서 "남경을 점령하면 국민정부에서 항전을 단념할 가능성이 크다고 판단"* 한 것처럼 일본군은 남경을 점령하면 장개석의 국민정부가 항복할 것으로 오판했다. 이런 예상이 빗나가자 남경학살의 비극이 발생하게 된다. 장개석의 국민정부가 항전에 나서면서 일본군은 곳곳에서 고전했다. 일본군은 1937년 7월 29일 일본 본토 및 만주에서 온 증원

- 林三郎,《太平洋戰爭陸戰槪史》, 岩波書店, 1956.

군과 합세해 북경과 천진을 점령했지만 그때뿐이었다. 8월 13일에는 상해에서 일본 해군육전대와 중국군 사이에 전투가 벌어져 일본 본토의 대부대가 증파됐지만 상해를 점령하지 못했다. 일본 제국의회는 7월 말 제71특별의회와 9월 초 제72임시의회를 열어 부랴부랴 25억 엔이 넘는 전비 지출을 승인했다. 이런 특별예산은 매년 편성되면서 일본 경제를 압박했다.

일본군에 대해 전 국민적 분노가 일면서 동아시아 역사를 바꾸는 제2차 국공합작에 박차를 더했다. 국민정부의 토벌로 존폐의 위기에 몰려 있던 중국공산당과 홍군紅軍의 구세주는 다름 아닌 일본군이었다. "중국 내부의 공산당을 먼저 섬멸한 후 외부의 적과 싸우겠다"는 장개석의 '선내양외先內攘外' 정책은 서안사변으로 위기를 맞다가 중일전쟁으로 완전히 폐기될 수밖에 없었다.

1936년 12월의 서안사변의 결과로 이듬해 2월부터 국민당과 공산당이 협상을 했지만 국공합작에 목을 맨 모택동과 달리 장개석은 그리 탐탁해하지 않았다. 그러나 1937년 7월 7일의 노구교사건과 일본군의 북경·천진 점령, 상해 공격은 장개석의 선내양외 정책을 유지할 수 없게 만들었다.

중국공산당 중앙위원회는 7월 15일 국공합작 선언을 발표하고 이후 속개된 회담에서 "①내전을 정지하고 국력을 모아 외세와 싸우자. ②언론·집회·결사의 자유를 인정하고 모든 정치범을 석방하라. ③각 당·각 파·각 계·각 군 대표회의를 소집해서 공동 구국에 나서자. ④대일항전 체제를 신속히 완성하자. ⑤인민생활을 개선하자"는 5가지 사항을 요구했다.

명분을 가진 쪽에 힘이 실리는 동아시아 정치의 특성상 중국공산당의

남경학살의 주범 마쓰이 이와네
남경 점령 후 일본군을 시찰하는 상해 파견군 사령관이 된 그는 패전 후 전범재판에서 남경학살의 주범으로 인정되어 사형되었다.

주장에 힘이 실리지 않을 수 없었고, 1937년 9월 22일 정식으로 제2차 국공합작이 성립됐다. 주요 내용은 "공농정부工農政府(소비에트 정부)는 중화민국 특구정부特區政府로 개칭하고, 홍군은 국민혁명군으로 개칭해 남경 국민정부와 군사위원회의 지시를 받고, 중국공산당은 지주들의 토지몰수 정책을 중지하고, 항일민족통일전선에 나선다"는 것이었다. 이로써 국민정부의 토벌로 존폐의 기로까지 몰렸던 중국공산당은 기사회생했다.

화북지역의 홍군은 홍비紅匪에서 '국민혁명군 팔로군八路軍'으로 개편됐고, 화중華中지역의 홍군은 '국민혁명군 신사군新四軍'으로 개편됐다. 팔로군 총사령은 주덕朱德, 부총사령은 6·25전쟁 때 인민지원군 총사령으로 유엔군과 맞섰던 팽덕회彭德懷였다.

장개석은 9월 23일 "중국공산당의 폭동정책 포기, 중국 소비에트 정부의 해소, 홍군의 해산은 모두 우리 국력을 동원해서 외적의 위협과 싸움으로써 국가의 존립을 보증하기 위한 기본조건"이라는 성명을 발표해 국공합작을 승인했다. 모택동은 9월 29일 '국공합작 성립 후의 절박한 임무'라는 문건에서 "중국공산당의 합법적 지위를 인정하는 장개석 씨의 담화는 너무 오래 지연되어 유감스럽기는 하지만"이라고 장개석을 겨냥해 한 마디 토를 달면서도 국공합작을 반겼다.

중국인들의 열화 같은 환영 속에 제2차 국공합작이 성립됨으로써 일본은 전혀 다른 중국 정세에 직면하게 됐지만 일본 수뇌부 중 이런 의미를 제대로 이해하는 인사는 거의 없었다. 모택동이 같은 글에서 "일본 침략자가 양 당兩黨의 통일전선이 결렬됐을 때는 총 한 방 쏘지 않고도 동북 4성(만주)을 탈취할 수 있었다고 한다면 양당의 통일전선이 다시 결성된 오늘에 와서는 그들은 피의 대가를 치르지 않고서는 중국 영토를 탈취하지 못할 것"이라고 호언한 것처럼 더 이상 과거의 중국이 아니었다.

중일전쟁은 국민당의 토벌에 쫓기던 공산당을 살린 것은 물론 이후 전 중국을 장악할 수 있는 토대를 모택동에게 제공해주었다. 모택동은 1937년 가을, 섬북陝北으로 출발하는 팔로군에게 "중일전쟁은 중국공산당 발전의 가장 좋은 기회"라며 "우리의 정책은 7분分 발전, 2분分 응부應付, 1분分 항일"이라고 강연했다. 중공中共의 역량 가운데 70퍼센트는 공산당의 자체 발전을 꾀하고, 20퍼센트는 국민당의 요구에 응해서 내주고, 10퍼센트만 항일에 쓰겠다는 뜻이었다.•

일본 수뇌부의 희망과는 달리 일본은 이제 모택동의 말대로 '피의 대가를 치르지 않고서는 중국 영토를 탈취하지 못하는 상황'이 되었다. 일

• 김준엽, 《중국공산당사》, 사상계출판부, 1961.

본군은 11월에야 항주만杭州灣에 대병력을 상륙시켜 겨우 상해를 점령할 수 있었다. 그러나 상해를 빠져나간 군사들은 국민정부의 수도 남경으로 집결했다. 마쓰이 이와네가 이끄는 상해파견군과 제10군이 또다시 상부의 진격명령서도 없이 남경으로 진격하자 참모본부는 부랴부랴 중지나방면군中支那方面軍이란 명칭을 새로 부과해서 남경 점령을 지시했다.

남경만 점령하면 전쟁이 끝날 것이라는 장밋빛 전망이 일본이 가진 전략의 전부였다. 장개석은 중국군의 자체 역량으로 남경을 방어할 수 없다고 판단하고, 11월 20일 당생지唐生智를 남경방위사령관으로 임명하고는 한구漢口를 임시수도로 삼아 중앙기관을 이전했다. 이와 함께 중경重慶 천도를 선언했다. 남경을 점령하더라도 일본군은 종전은커녕 다시 한구와 중경까지 점령해야 했다.

일본군은 공군의 폭격까지 수반한 대공세 끝에 12월 7일, 남경 외곽의 저지선을 돌파하고 12월 9일 남경을 포위하는 데 성공했다. 다음 날부터 총공격을 개시해 사흘 후인 13일에 남경을 점령했다. 그 이전부터 주변 촌락에서 일본군의 살상 행위가 보고됐는데, 남경 점령 후 6주간에 걸쳐 무자비한 학살극이 벌어진 것이 '남경학살'이었다. 성내城內는 주로 나카지마 게사고中島今朝吾가 지휘하는 16사단이 학살의 주역이었다. 1939년 일본 육군성이 작성한 《비밀문서 제404호》를 보면 "어느 중대장은 강간 후 문제가 일어나지 않도록 돈을 쥐어주든지 아니면 그냥 죽이도록 하라고 지시했다"며 "군인들을 하나하나 조사하니 모두 강도·살인, 강도·강간 범죄자들 뿐이었다"고 자인했을 정도였다.

학살 규모에 대해 중국 측은 30만 명이라고 주장하고 있는데 일본의 동맹통신사同盟通信社에서 1938~39년 발간된 《시사연감時事年鑑》 등에는 "적방敵方(중국 측) 유기 사체 8만4천, 포로 1만5백"이라고 적시하고 있어 일

산 채로 매장당하고 있는 중국인
일본군은 남경 점령 후 주변 촌락에서 살상 행위를 시작했으며 6주간 학살극을 벌였다.

본 측 주장을 따르더라도 엄청난 학살극이 벌어졌음을 알 수 있다. 무사 귀환을 바라는 천인침의 장본인들은 결국 살인귀·강간귀로 변해버렸다.

남경을 점령했지만 종전終戰은 요원했다. 장개석이 이끄는 중국군은 무한삼진武漢三鎭으로 불리는 양자강 내륙 유역의 한구漢口·무창武昌·한양漢陽으로 주력부대를 포진시켜 항일을 다짐하고 있었다. 게다가 일본군이 점령한 도시들은 점에 불과했다. 점과 점 사이를 잇는 선을 장악하지 못했으므로 선에 의해 거꾸로 포위당한 형국이었다.

일본 본토에선 연일 승전고가 울려 퍼졌지만 정작 일본군은 헤어날 수 없는 깊은 수렁으로 빠져들고 있었다. 더 큰 문제는 수렁으로 빠져들었다는 사실 자체를 모르고 기고만장한 일본 정계와 군부 수뇌부의 착각이었다.

5 · 북방정책에서 남방정책으로

관동군, '노몬한사건'으로
소련에게 혼쭐나다

1930년대 일본의 군부는 물론 정계에도 '가짜' 이시하라 간지들이 득실거렸다. 이시하라 간지가 상부의 명령 없이 만주사변을 도발한 것이 만주국 건국이란 찬란한(?) 결과물로 나타나자 그의 방식을 모방하는 붐이 마약처럼 일본 지배층에 번졌다.

일본이 국민정부 수도인 남경만 함락하면 전 중국을 지배할 수 있으리라고 예상했던 것은 만주국 학습효과에 불과했다. 만주와 중국 본토는 전혀 달랐던 것이다. 일본군이 1937년 12월 남경을 함락시켰지만 장개석은 내륙 깊숙한 중경重慶을 임시수도로 선포했다. 정부기관을 양자강 유역의 한구로 옮겨놓고도 중경을 수도로 선포한 것은 한구가 점령당하더라도 끝까지 싸우겠다는 의지의 표시였다. 국민당 주력군은 한구를 중심으로 하는 무한삼진에 포진해 일본군과의 결전을 다짐하고 있었다.

국공합작 이후 국민당과 공산당은 내전을 중지하고 항일에 나섰지만 양당의 처지는 판이했다. 모택동은 〈지구전에 대하여論持久戰〉에서 장개석이 진지전陣地戰을 전개했다고 비판했지만, 집권당이었던 국민당이 주요 도시를 공격하는 일본군에 맞서 싸우지 않고 도망부터 갈 수는 없었다.

반면에 국민혁명군 팔로군八路軍과 신사군新四軍으로 개편된 홍군은 일본군과 전면전을 치를 필요가 없었다. 모택동의 유명한 16자 전법은 이런 상황에서 나온 것이었다. "적이 전진하면 우리는 퇴각한다敵進我退. 적이 멈추면 우리는 적을 교란시킨다敵止我搖. 적이 피곤해하면 우리는 타격한다敵疲我打. 동쪽을 치는 척하고 서쪽을 공격한다聲東擊西"의 16자 전법은 공산당의 역량을 보존하면서 일본군의 진을 빼놓는 전략이었다. 팔로군 총사령 주덕의 "적이 공격하면 우리는 퇴각한다敵進我退. 적이 주둔하면 우리는 소요를 일으킨다敵駐我騷. 적이 후퇴하면 쫓아간다敵退我追"는 전략도 마찬가지였다. 일본군이 공격하면 공산당군은 이미 도망간 뒤였다. 그래서 일본군이 주둔하면 주위가 소란한 운동전運動戰을 전개했다. 그러다가 후퇴하면 곧바로 공산당군의 진지가 되어버렸다.

중국 점령이 쉽지 않다는 사실을 일본군이 깨닫는 데는 그리 오랜 시간이 걸리지 않았다. 이에 따라 참모본부는 모처럼 자존심을 접고 강화협상에 나섰다. 1937년 말 '트라우트만 조정調停'이라고 불리는 재중 독일대사 오스카 트라우트만Oskar Trautmann의 화평공작이 그것이다. 참모본부 차장 겸 육군대학 교장이었던 다다 하야오多田駿와 이시하라 간지 등이 적극적으로 화평공작에 나섰다. 다다 하야오도 1938년 북지나방면군北支那方面軍 사령관을 맡았다가 패전 후 전범으로 체포되지만 이때는 군부 내 불확전파의 중심인물이었다. 트라우트만의 중재로 장개석의 국민정부와 일본의 고노에 후미마로 정부 사이에 강화협상이 전개되어 거의 성사단계에 이르렀다.

그런데 고노에 후미마로가 느닷없이 중국 측에 '배상'을 요구했다. 남경학살까지 자행한 일본에게 배상금까지 쥐어주면 장개석의 국민정부는 무너질 수밖에 없었다. 이것이 바로 '트라우트만 조정'이 1938년 1월 15일 결렬된 배경이다.

고노에 후미마로는 다음 날 "장개석의 국민정부를 상대하지 않겠다"는 성명을 발표했다. 참모차장 다다 하야오가 "보통은 강경해야 할 참모본부가 오히려 겁을 먹었고, 소극적이어야 할 정부가 강경한 것은 정말 기괴하게 느껴진다……. 정부는 중국을 가볍게 보고 만주국의 외형만 보고 낙관적으로 생각한다"는 수기를 남긴 것처럼 강화회의를 주도해야 할 고노에가 '가짜 이시하라'의 대표가 되었던 것이다.

고노에는 패전 후 펴낸 자기변명서인 《잃어버린 정치失まれし政治》에서 "일본제국 정부가 중국 국민정부를 상대하지 않고 일본제국과 제휴하기에 걸맞은 신흥 정권의 수립과 발전을 기대하고 있었고, 그런 후에 양국 국교를 조정하자는 성명이었다"고 고백했다. 부의를 내세워 만주국을 건립한 것처럼 다른 한간漢奸을 내세워 괴뢰정부를 수립한 후 국교를 새로 맺으려는 전략이었다.

이에 따라 일본은 남경 점령 다음 날인 1937년 12월 14일, 북평北平(북경)에서 일본 유학생 출신의 왕극민王克敏(1945년 패전 후 옥중 자살)을 정부위원장, 도쿄 제대 의학박사 출신의 양이화湯爾和를 의정위원장으로 삼은 이른바 중화민국 임시정부(화북 임시정부)를 출범시켰다. 이 정부는 1940년 3월 20일, 남경에서 국민정부의 제4기 행정원 원장(1932~35)이었던 왕정위汪精衛, 汪兆銘를 주석 겸 행정원 원장으로 삼는 중화민국국민정부로 개편되었다. 그러나 대다수 중국민에게 이 정부들은 일제의 괴뢰정부였고 장개석의 국민정부가 유일한 합법정부였다.

협상이 결렬된 채 전선이 고착화되자 일본은 드디어 1938년 8월 한구 진격 명령을 내렸다. 한구를 점령하면 전 중국을 지배하리라는 망상에서

노몬한의 소련군 탱크부대
만주국 국경을 두고 소련과 충돌한 노몬한 전투는 중국 본토를 침략하려는 과정에서 과대포장된 일본군의 진짜 실력을 여실히 보여주었다.

나온 명령이었다. 한구 진격은 일본군의 전 역량을 동원한 것이었다. 지나파견군 하다 슌로쿠畑俊六(패전 후 전범재판에서 종신형 선고) 대장 산하에 히가시東久邇稔彦(왕족, 패전 직후 총리 역임) 중장이 이끄는 제2군 소속 3개 사단과 오카무라岡村寧次 중장이 이끄는 제11군의 3개 사단 외에 지나파견군 직할 4개 사단, 1항공군단, 1기병여단 등 모두 30여만 명으로 구성된 대부대였다. 그러나 이런 대부대를 동원했음에도 일본군은 10월 25일 중국군이 철수하고 나서야 겨우 한구를 점령할 수 있었다.

한구 함락 소식에 일본 전역은 열광의 도가니로 변했다. 전국적으로 축하 제등행렬이 이어졌다. 일본인들은 이제 중국을 다 점령한 것처럼 들떴지만 일본의 중국 침략으로 가장 큰 수혜를 입은 모택동은 6개월 전인 1938년 5월 말, 연안延安 항일전쟁연구회에서 '지구전에 대하여'란 유명한 연설로 일본군의 이런 기대에 코웃음을 쳤다.

　모택동은 "중일전쟁은 지구전이고 종국적 승리는 중국의 것"이라고 전제하면서 지구전을 세 단계로 나누었다. "제1단계는 적이 전략적으로 진공하고 우리가 전략적으로 방어하는 시기이며, 제2단계는 적이 전략적으로 수비를 하고 우리가 역공을 준비하는 시기, 제3단계는 우리가 전략적으로 공격하고 적이 전략적으로 퇴각하는 시기"라고 나누면서 아직 1단계도 끝나지 않았다고 갈파했다. 종전은커녕 본격적인 전쟁은 시작도 하지 않았다는 뜻이었다. 모택동의 말대로 무한을 점령했지만 전쟁은 갈수록 치열해졌다. 헤어날 수 없는 수렁, 즉 지구전에 빠져버린 것이다.

　이런 상황에서 일본군의 진짜 실력이 드러나는 노몬한사건이 발생했다. 1939년 5월, 만주 서북부 노몬한에서 소련과 충돌한 것이다. 참모차장 다다 하야오나 작전부장 이시하라 간지가 확전을 반대했던 것은 소련 때문이었다. 만주국은 소련 및 소련의 영향력 아래 있는 몽골인민공화국과 무려 4킬로미터에 달하는 국경을 맞대고 있었다. 만주국을 인정하지 않았던 소련은 국경선을 새로 획정하지 않고 청나라 때 국경선을 고수했다. 일본 육군 지도부는 몽골의 배후에 소련이 있었기 때문에 관동군에 가능하면 분쟁을 일으키지 말라고 지시했지만 짝퉁 이시하라 간지들이 득실거렸던 관동군에선 여차하면 소련과 붙기로 내부 방침을 정했다. 몽골은 만주 서북부 호롱바일 초원 전부를 영토라고 여겼지만, 만주국은 10~20킬로미터 정도를 더 차지하는 하루하 강을 국경으로 여겼다. 그래서 충돌한 것이 노몬한사건으로, 1939년 5월의 제1차 사건과 7월의 제2차 사건으로 나뉜다.

　육군유년학교 출신의 전쟁기계인 제23사단장 고마쓰하라 미치타로小松原道太郎 중장은 "몽골병사 700명이 국경을 침범했다"면서 23사단을 진

일본제 89식 전차와 일본군
노몬한 전투의 주력부대인 일본군 23사단은 이 전투에서 20,000여 병력 중 3분의 2 이상 손실되었고, 사단 자체가 와해되었다.

격시켰다. 히틀러Adolf Hitler의 소련 침공에 대비하던 스탈린은 독일과 붙기 전에 일본의 콧대를 꺾을 좋은 기회로 생각하고 게오르기 주코프를 제57군단장으로 임명해 싸우게 했다.

병력 숫자는 일본이 많았지만 중화기는 소련이 우세했다. 기세 좋게 하루하 강을 건넜던 무적(?)의 관동군 23사단은 전사 7,700여 명, 전상 8,600여 명, 부상 2,300여 명으로 20,000여 병력 중 3분의 2 이상이 손실되어 사단 자체가 와해되었다. 제3전차연대 요시마루吉丸 대좌는 전사하고, 전차 보병 64연대장 야마가타 대좌와 수색 제23연대장 이오키 중좌가 자결하는 등 대부분의 연대장이 죽고 말았다. 소련도 8,000여 명의 전사자를 냈지만 소련과 몽골의 의도대로 호롱바일 초원 전부가 몽골의 영토가 되었으므로 결국은 일본의 패배였다. 한마디로 관동군의 실제 전력이 여실히 드러난 전투였다.

그 해 9월 16일 정전협정이 체결되고, 관동군사령관 우에다 겐키치와 참모장 이소가이 렌스케磯穀廉介 중장은 패전의 책임을 지고 옷을 벗었다. 그러나 정작 노몬한 전투를 기획했던 관동군 작전참모 핫토리 다쿠시로服部卓四郎 중좌는 육군보병학교로 전근되었다가 1940년 10월 참모본부 작전과장으로 영전했고, 같이 확전을 주장했던 쓰지 마사노부辻政信도 참모본부로 부임했다.

노몬한사건으로 소련에게 호되게 당한 이들이 미국·영국과 맞서는 남방정책을 추진하는 것이 태평양전쟁의 발단이었다. 마치 윗동네를 기웃댔다가 크게 혼난 조직폭력배가 아랫동네를 노리는 식으로 나라의 운명이 흘러가는 이상한 시대였다.

6 · 병영으로 변한 한국과 일본

강요당한 창씨개명,
반년 사이에 두 배로 늘어나다

일본이 군국주의로 가는 길에 가장 먼저 시동을 건 사람은 조선총독 미나미 지로였다. 그는 중일전쟁 직후 식민지 한국을 병영兵營으로 만들었다. 그 뒤를 따라 일본 본토의 '민간 파시스트' 고노에 후미마로 총리가 국민총동원법을 만들어 전 국민을 군부의 노예로 만들었다.

1935년 5월 이회영의 아들 이규호李圭虎(이규창)는 엄순봉嚴舜奉(엄형순, 일제에게 사형됨)과 함께 상해의 친일파인 조선거류민회 부회장 이용로李容魯를 처단하다가 국내로 끌려와 종로에서 고등계 사이가齊賀에게 취조를 당했다.

> 나를 보고 '국어國語' 할 줄 아느냐고 묻기에 안다고 하니 해보라고 하기에 내가 지금 하는 말이 우리나라 국어가 아니고 또 따로 무슨 국어가 있느냐고 반문하니 사이가가 발끈 화를 내면서 '바가야로'를 연발하며 피우던 담배를 수갑 찬 내 손등에 지졌는데 내 손등이 담뱃불로 지글지글 타서 참으로 참기가 어려웠다……. 사이가는 '너는 골수에 박힌 민족의식을 가진 놈이구나'…….●

남산에 있던 조선 신궁의 입구
개신교계 중심으로 신사참배 거부 운동이 일어나서 2,000여 명이 검거 또는 구속되었으며, 주기철 목사 등이 옥중에서 순교·순국했다.

한국어 말살정책을 펴기 전인 1935년부터 벌써 한국어를 말하면 "골수에 박힌 민족의식을 가진 놈"으로 취급했던 것이다. 이는 황도파皇道派 파시스트였던 조선총독 미나미 지로(패전 후 에이급 전범)가 식민지 한국을 병영으로 만드는 전조였다. 조선군사령관(1929)을 역임했던 육군대장 미나미 지로는 1936년 8월 조선총독으로 부임해 고이소 구니아키小磯國昭(패전 후 에이급 전범으로 종신형)로 교체되는 1942년 5월까지 조선총독을 역임했다. 그는 관동군 때 만났던 시오바라 도키사부로鹽原時三郞를 총독부로 데려와 조선총독부 학무국장 대리로 임명한다. 총독부 직제상 국장은 칙임관(고등관 2등~1등) 이상만 부임할 수 있었기 때문에 편법으로 '대리'를 붙인 것이

- 이규창, 《운명의 여진》, 클레버, 2004.

었다.

도쿄제대 법대 출신의 시오바라는 1918~21년 일본 내의 민주화운동인 '대정大正 데모크라시'에 맞서 '흥국興國 동지회'를 결성했던 극우 파시스트였다. 미나미는 한국인을 일본인으로 만드는 황민화皇民化 정책을 강하게 밀어붙였다. 그 모사꾼이 '반도의 히틀러'로 불렸던 시오바라였다. 미나미는 중일전쟁 직후인 1937년 10월 2일, 경성발로 '황국신민皇國臣民의 서사誓詞'를 제정했다. 총독부 학무국 촉탁이었던 이각종李覺鍾 같은 친일파도 이 서사 작성에 관여했는데, 아동용과 성인용 두 종류가 있었다. 아동용의 주 내용은 "저희들은 대일본제국의 신민입니다. 저희들은 합심하여 천황폐하께 충의를 다하겠습니다. 저희들은 인고忍苦 단련鍛鍊하여 훌륭하고 강한 국민이 되겠습니다"는 것이었다. 모든 학교와 관공서는 물론 일반 가정에서도 매일 아침 '황국신민의 서사'를 제창하면서 일왕이 있는 동쪽 일본을 향해 절을 하는 동방요배東方遙拜를 강요받았다. 또 한국의 모든 촌락에 한 개 이상의 신사神社를 세우겠다는 '1면(촌) 1신사' 운동도 함께 추진되었다. 이런 황민화 정책에서 아주 중요했던 것이 종로서 고등계 사이가가 이규호에게 말했던 국어, 즉 일본어 상용화 정책이었다.

1937년부터 모든 행정기관에 근무하는 한인들은 일본어만 상용해야 했다. 1938년 제3차 조선교육령은 조선어를 선택과목으로 전락시켰고, 1943년 4월에 개정된 제4차 조선교육령에는 조선어 과목 자체를 삭제했다. 전국 각지에 국어(일본어) 강습소가 개설되고, 국어교본이 배포되었다. 관청에 진정서를 쓸 때 일본어로 쓰지 않으면 접수 자체를 해주지 않았다. 그래서 1938년 한국인 중 일본어 해득자가 12.38퍼센트에 불과했으나 1943년에는 22.15퍼센트로 증가했다. 그래도 22.15퍼센트는 황민

일제의 신사 참배 강요
모든 학교와 관공서는 물론 일반 가정에서도 매일 아침 '황국신민의 서사'를 제창하면서 일왕이 있는 동쪽 일본을 향해 절을 하는 동방요배를 강요받았다.

화가 요원하다는 사실을 말해주는 것이었다. 각 학교에서 한국어를 쓰다가 발각되면 벌금을 내거나 치도곤을 당해야 했다.

어린아이들은 기발한 놀이로 국어상용을 비꼬았다. 한국어와 발음이 같은 일본어를 찾아내는 놀이인데, 한 아이가 "고구마"라고 말하면 다른 아이가 "조선어를 사용했다"면서 선생님에게 이르겠다고 협박했다. 그러면 그 아이는 "나는 조선어 고구마가 아니라 일본어 '고구마小熊(새끼곰)를 말한 것"이라고 응수하는 식이었다.

한국의 병영화는 거꾸로 일본 본토로 파급되었다. 일본 본토의 병영화는 일본군의 진짜 실력(?)이 드러나면서 강화된다는 특징이 있다. 중일전쟁 때 스기야마 하지메 육군대신은 일왕 히로히토에게 "사변은 두 달이면 끝난다"고 상주했지만 자기도취에 불과했다. 일본 군부의 나팔수가 된 언론들은 연일 승전보를 전했지만 일본의 자본, 즉 돈은 본능적으로 일본 군부의 실력을 알아차렸다. 중일전쟁 발발 소식에 도쿄 주식시장의 주가는 폭락했다. 남경 함락 직후 잠시 반등했지만 1938년 1월 고노에 후미마로 총리가 "장개석의 국민정부를 상대하지 않겠다"는 성명을 내자 다시 대폭락했다. 고노에의 성명은 중일전쟁이 장기전으로 갈 것이라고 선언한 것이나 마찬가지였다. 중일전쟁 장기화에 초조해진 민간 파시스트 고노에가 스기야마 하지메 육군대신과 손잡고 만든 것이 1938년 4월의 '국민총동원법國民總動員法'이었다.

국민총동원법은 일본 국민들을 군부의 노예로 만드는 전 국토의 병영화 법령이었다. 국민총동원법은 제1조에서 '전시(또는 전쟁에 준하는 사변을 포함)에 국방 목적을 달성하기 위해 국가의 모든 인적 물적 자원을 통제 운용하기 위한 것'이라고 규정하고 있다. 가장 큰 문제는 범주가 모호한 포괄적 입법이란 점이다. 제4조는 '정부는 전시에 국가 총동원의 필요가 있을 때 칙령으로 정하는 바에 의거해 제국 신민을 징용해서 총동원 업무에 종사시킬 수 있다'고 규정했다. '칙령으로 정하는 바'라는 모호한 용어로 인신과 재산을 징발할 수 있었다.

국민총동원법이 공포되자 주가는 다시 대폭락했다. 그 중에서 주식시장에 가장 민감했던 조항은 제11조였다. 이 조항은 두 가지 내용이었는데 하나는 기업의 자금 조달이나 이익 부분의 처분에 대해서도 국가가 개입할 수 있다는 것이고, 또 하나는 금융기관에 대해 강제로 대출이나 채무인수 등을 명령할 수 있다는 것이었다. 한마디로 일본 경제를 자본의 논리가 아니라 군부의 논리대로 통제하겠다는 법이었다.

조선을 먼저 병영화해서 일본 본토에 수출했던 미나미는 국민총동원법이 제정되자 더욱 조선을 옥죄었다. 일제는 식민지 한국에는 메이지 헌법을 적용하지 않았음에도 국민총동원법 같은 악법은 식민지에도 동시에 적용했다. 미나미는 내친김에 창씨개명까지 밀어붙였다. 조선총독부는 1939년 11월 제령制令 제19호로 '조선민사령朝鮮民事令'을 개정해서 한국 고유의 성씨를 폐지하고 일본식 씨명氏名으로 바꾸라고 명령했다.

일본식 성씨가 '씨 + 명'의 구조라면 한국에선 '본관 + 성 + 명' 구조였지만 본관을 표기하지는 않았다. 창씨개명의 논리는 복잡했지만 그 골자는 한 자로 되어 있는 성姓을 일본처럼 두 자로 만들라는 것이었다. 미나미는 '조선인의 뜨거운 여망'에 의한다고 주장했고 겉으로는 "씨는 호주戶主가 이를 정함"이라고 해서 자발적인 것처럼 호도했지만 사실은 강제 그 자체였다. 1940년 2월에 이를 시행하면서 동년 8월까지 '씨'를 결정해서 제출하라고 명령했다. 거부하면 '비국민非國民' 또는 '불령선인'의 낙인을 찍어서 경찰 수장手帳에 기입해서 사찰하고, 징용 때 우선하거나 식량 배급에서 제외했다. 또한 자녀들의 각급 학교 진학이 거부되었다.

그러나 '성을 갈겠다'는 게 최대의 욕이었던 한국에서 성을 바꾸는 것은 아무리 군사력에 의지한다고 해도 쉬운 일이 아니었다. 창씨개명을 실시한 첫 달인 1940년 2월 호적총수 428만 2,754호 중 0.36퍼센트인 15,746호만 개명했다. 다급해진 총독부는 행정관서와 경찰 등의 공조직과 중일전쟁 1주년에 만들어진 친일단체 국민정신총동원조선연맹 같은 친일 사조직을 동원해 개명을 독려해서 8월까지 320만 116호를 달성했다. 총 호적수의 무려 79퍼센트였다.

창씨개명은 수많은 일화를 낳았다. 이광수는 1940년 2월 20일 총독부 기관지 《매일신보》에 쓴 〈창씨와 나〉라는 글에서 "향산광랑香山光浪(가야마 미쓰로)이 조금 더 천황의 신민답다고 나는 믿기 때문"이라면서 성은 물

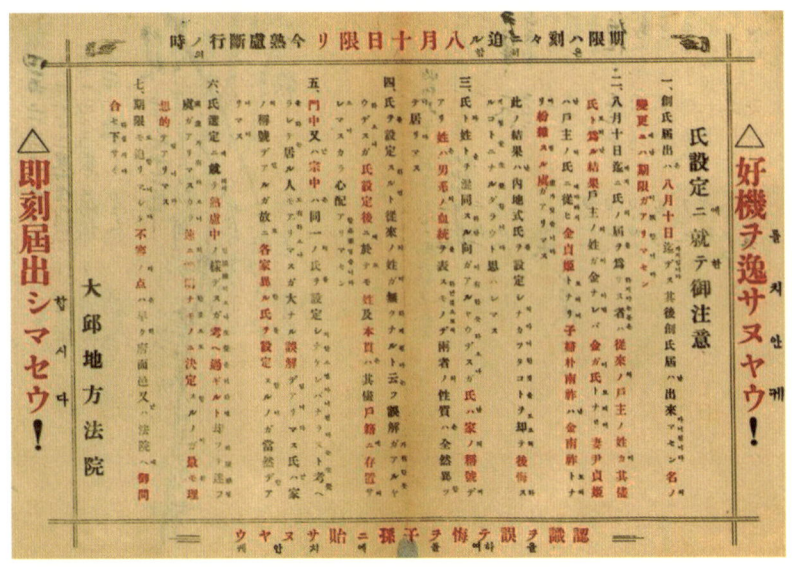

창씨개명 법안
한국인의 성씨를 일본식 성씨로 바꾸겠다는 창씨개명 정책은 숱한 반발과 저항을 초래했다.

론 이름까지 일본식으로 바꾸었다. 윤치호尹致昊는 이토 지코伊東致昊로 성만 바꾸었고, 김활란金活蘭은 아마기 가쓰란天城活蘭이라는 종교적 색채를 띤 성씨로 바꿨다.

고육책도 잇따랐다. '전田' 씨나 '전全' 씨 등은 조선왕조의 탄압을 피해서 성에 '왕王' 자의 흔적을 남긴 고려 왕씨의 후예들이 많았는데, 전규헌全圭憲은 고려에서 '고高' 자를 따고, 고려의 수도 송도松都에서 '송松' 자를 따서 후루마쓰古松라고 개명했다. 백낙준白樂濬도 시라하라 라쿠준白原樂濬으로 '백白' 씨의 흔적은 남겼다. 가네다金田, 가네무라金村 등도 마찬가지 경우였다. 요시야마佳山라고 바꾸면서 최崔 씨를 파자破字한 경우도 있었다.

전남 곡성의 유건영柳健永은 "슬프다, 유건영은 천년고족千年古族이다……. 나라가 멸망했을 때 죽지도 못하고 30년간 치욕을 받아왔지만

…… 짐승이 되어 사느니 차라리 깨끗한 죽음을 택하겠다"고 목숨을 끊은 경우도 있었다. 전북 고창의 설진영薛鎭永은 아이의 교사가 진급시키지 않겠다고 협박해 아이가 울며 보채자 창씨개명을 한 뒤 다음 날 자결했다. 성을 바꾸었으니 견자犬子(개새끼)라고 신고한 사람도 있었다고 전한다. 히틀러가 유대인을 멸종시키려 했다면, 히로히토와 미나미는 한민족을 일본민족으로 바꾸려고 한 것이다.

7 · 삼국동맹 체결

독일·이탈리아·일본, 파시스트 동맹 맺고
동남아시아 정복에 나서다

1930~40년대 독일의 히틀러가 명확한 목적 아래 전 세계를 전쟁으로 몰아넣었다면 일본은 정확한 계획도 없이 마구 전선을 확대했다는 차이가 있다. 통제되지 않는 군부는 그때마다 만만한 상대를 골라 전선을 확대했다. 그러나 만주 외에는 더 이상 만만한 상대가 없었다.

문학가 김동환이 발행하던 《삼천리》는 1940년 3월호에 이른바 '성전聖戰 제4년 기념사'를 게재했다. "지나사변(중일전쟁)은 만주 건국과 함께 굳게 약속되어 있는 예정의 코스였다"고 시작하는 이 기념사는 만주국 창건을 "세계 유신維新의 제1단계"로 치켜세우면서 "머지않은 장래에 완고한 중경重慶 정부 및 장개석은 자기의 비非를 뉘우칠 날이 올 것이요, 현명한 4억의 민중은 저들의 우愚(어리석음)를 각覺하게 될 것"이라고 전망하고 있다. 김동환은 중일전쟁에서 일본의 승리를 추호도 의심치 않았던 것이다.

그러나 비슷한 시기인 1940년 2월, 제75회 일본 제국의회에서 민정당의 사이토 다카오는 일본의 대중국 정책을 강하게 비판해서 큰 소동을 일으켰다. 속기록이 삭제되어 자세한 내용은 알 수 없지만 발언 내용은 전해지고 있다.

1938년 1월 고노에 후미마로 총리는 "장개석의 국민정부를 상대하지 않겠다"는 성명을 발표했다. 부의가 이끄는 만주국 같은 괴뢰 정부를 만들어서 그 정부와 협상할 계획이었다. 그래서 일제는 남경 점령 직후인 1937년 12월 왕극민王克敏을 중심으로 '화북 임시정부'를 세웠지만 별 효과가 없었다. 일제는 한때 장개석의 정적이었던 왕정위를 대표로 새 정부를 구성하는 것으로 방침을 전환했고, 1940년 3월 왕정위를 중화민국 국민정부 주석으로 선출해 장개석의 국민정부에 맞서게 했다.

그런데 왕정위 정부가 중국인들의 지지를 받으려면 '당근'이 필요했다. 사이토 다카오는 바로 이 '당근의 모순'을 지적한 것이었다. 사이토는 "중국에 대해 영토나 보상금을 요구하지 않고, 경제상 독점도 요구하지 않으며, 내몽골 부근 이외로부터 일본군이 철수한다"는 것이 사실이냐고 물은 뒤 "수만 명의 영령과 1백 수십 억의 전비를 희생한 대사건을 그런 식으로 처리해도 좋은가"라고 질문한 것이다. 한마디로 '뭐 하러 전쟁했느냐'는 비판이었다. 이에 일본 군부가 "성전聖戰을 모독했다"고 사이토를 비판하자 군부의 거수기로 전락한 의회는 사이토를 제명했다. 하지만 사이토의 질문은 성전이란 현란한 구호 뒤에 감춰진 중일전쟁의 모순을 그대로 폭로한 셈이었다.

1939년 8월 23일, 독일의 히틀러는 소련의 스탈린과 '독·소 불가침조약'을 체결해 일본을 충격에 빠뜨렸다. 히틀러는 공산주의를 막는다는 명분으로 1936년 일본과 독·일 방공防共협정을 체결한 데 이어, 이듬해에는 이탈리아까지 포함하는 독일·이탈리아·일본 방공협정을 체결했다. 그런 히틀러가 공산주의 종주국 소련과 상호불가침조약을 체결했으니 경악하는 것도 당연했다. 독·소 불가침조약은 좌우 전체주의 수괴들

**독일·이탈리아·일본의
방공협정 체결 홍보 엽서**
1938년 소학관(小學館)의 《소학3년생小學三年生》에 실린 것으로, 왼쪽이 히틀러, 가운데가 고노에 후미마로, 오른쪽이 무솔리니다.

이 서로 손잡은 세기의 사건이었다.

스탈린은 소련 공산당의 하부기관으로 전락한 코민테른을 통해 전 세계 사회주의자들에게 파시즘에 대항해 부르주아지 및 지주와도 손을 잡으라는 '반파쇼 인민민주주의 전선'을 강요해놓고 자신은 파시스트 수괴 히틀러와 손을 잡은 것이었다. 독·소 불가침조약에는 폴란드 및 동유럽을 소련과 독일이 분할한다는 비밀의정서가 첨부되어 있었다.

1938년에 체코슬로바키아를 점령한 히틀러는 폴란드에 눈독을 들였는데 폴란드는 이미 영국·프랑스와 동맹을 맺고 있었다. 그런데 히틀러에게 남은 변수는 영국과 프랑스가 아니라 소련이었다. 그래서 히틀러는 소련을 묶어둔 채 영국·프랑스와 전쟁하기 위해 스탈린에게 여러 차례 조약 체결을 권유했고, 스탈린이 "불가침조약이 우리 양국 간 정치관계 개선에 결정적 전기가 되기를 바란다"는 친서를 보냈던 것이다.

비밀의정서에 따라 독일은 1939년 9월 1일 폴란드 서쪽을 침공했고, 소련도 같은 달 17일 폴란드 동쪽을 침공해 폴란드를 나눠가졌다. 독일은 내친김에 1940년 4월부터 덴마크·노르웨이·네덜란드·벨기에·룩셈부르크를 점령했다. 또한 프랑스가 자랑하던 마지노선을 단숨에 무력화시키고, 덩게르크 해안에서 연합군 주력 부대를 패퇴시켰다. 독일군은 패주하는 프랑스군을 쫓아 6월 14일 파리를 점령했고, 6월 17일 프랑스 페탱은 비시에서 신정부를 수립해 그날로 독일에 항복했다.

일본은 독·소 불가침조약에는 경악했지만 독일의 눈부신 서전 승리에 도취되었다. 그래서 일본은 1940년 7월 민간 파시스트 고노에 후미마로를 다시 총리로 선택했고, 고노에 총리는 육군유년학교 출신의 전쟁기계 도조 히데키 등 군부와 사전에 논의해 7월 26일 '기본 국책요강'을 결정했다.

기본 국책요강은 "세계는 이제 역사적 일대 전환기에 처해 있다"며 "대동아 신질서 건설"을 천명했다. 8월 17일에는 '세계 정세 추이에 따른 시국처리 요강'을 결정했는데 그 골자는 독일·이탈리아와 '삼국동맹'을 결성하겠다는 것이었다. 전 지구적 차원의 '파시스트 연합전선'을 구축하겠다는 뜻인데, 이는 1939년 1월 히라누마 기이치로 내각 때 히틀러가 이미 제의했던 내용이었다. 당시 일본이 선뜻 가담하지 못했던 이유는 "한 동맹국이 전쟁할 경우 자동으로 참전해야 한다"는 내용 때문이었다. 히틀러가 영국이나 미국과 전쟁할 경우 일본도 즉각 참전해야 할 의무가 부담스러웠던 것이다.

중국 화북지역에서 발견된 항일 벽화
삼국동맹을 문제 해결의 만능 열쇠로 여긴 일본은 1940년 9월 23일 중국으로 들어가는 군수물자 지원을 차단한다는 명분으로 베트남을 침공했다.

    일본이 아시아의 맹주가 될 수 있었던 배경에는 영·일동맹과 가쓰라-태프트 비밀조약이 말해주는 것처럼 미국의 지지가 있었다. 그래서 영·미와의 전쟁에는 일본 내에서도 반대가 만만치 않았다. 일본 군부는 일왕 히로히토에게 '독·이·일 협정체결에 관한 대본영 육군부의 의견'이란 문서를 올려서 "본 협정은 원래 차기 세계대전에 대비 …… 이런 정치 전략상 소련과 영·미를 격파하는 것이 차기 대전의 근본 방침임과 동시에 동아東亞 신질서 건설에 부과된 문제"라면서 동맹 체결을 주장했다. 일본 군부와 우익 세력들은 히틀러의 승전을 자신의 승전으로 착각한 채 "이러다가 버스를 놓치겠다"면서 동맹 체결을 목청 높여 주창했다.

    친미·친영파였던 추밀원 고문 이시이 기쿠지로石井菊次郎가 "독일과 조약을 맺어서 이익 본 나라가 없다……. 일본과 방공협정을 체결해놓고 소련과 불가침조약을 체결한 것은 명백한 모순"이라고 반대했지만 아무런 소용이 없었다. 이렇게 1940년 9월 27일 '독·이·일 삼국동맹'이 체결되었다. 조약의 주 내용은 "일본은 독일과 이탈리아가 유럽에 신질서를 건설하는 것을 확인하고, 독일과 이탈리아는 일본이 아시아에 신질서를 건설하는 것을 확인한다"는 것이었다. 그런데 "중일전쟁 또는 유럽전쟁에 현재 참가하고 있지 않은 국가가 동맹국의 어느 나라를 공격할 경우 삼국은 정치적·경제적·군사적 방법에 의거해 서로 원조한다"는 내용이 들어 있었다. '현재 참가하고 있지 않은 국가'란 미국을 뜻했다.

반면 소련에 대한 내용은 누락되었다. 삼국동맹 체결 5개월 전인 4월 13일, 일본과 소련이 '소·일 중립조약'을 체결한 영향도 있었지만 상부 명령 없는 진격이 장기였던 일본군이 이길 자신이 있었다면 소련에 대한 내용을 누락하지는 않았을 것이다. 실제로 1941년 6월 히틀러가 선전포고 없이 소련을 침공했어도 천하무적이라고 자랑하던 만주의 관동군은 얼어붙어서 꼼짝하지 못했다. 노몬한에서 소련군에게 혼쭐난 일본군은 북쪽은 아예 쳐다보지도 않고 아직 싸워보지 않은 미국과 붙어볼 생각에 남쪽으로 방향을 튼 것이다.

삼국동맹 체결 직전 일왕 히로히토는 "만일 미국과 전쟁해야 할 경우에 해군은 어떠한가? 도상 연습 때 미·일 해전에서 좋지 않은 성적이 나왔다는데 괜찮은가?"라고 물었다. 해군대학에서 실시한 도상 연습에서 일본 해군은 미 해군에 번번이 패전했던 것이다.

그럼에도 삼국동맹을 문제 해결의 만능 열쇠로 여긴 일본은 1940년 9월 23일 중국으로 들어가는 군수물자 지원을 차단한다는 명분으로 베트남을 침공했다. 이때도 일본군의 장기인 상부 명령 없는 무단침공이었다. 당초 일본은 독일에 항복한 프랑스 페탕Philippe Pétain 정부와 협상해서 베트남에 무혈 입성할 계획이었고, 페탱 정부는 승인하기로 되어 있었다.

그러나 참모본부 제1부장 도미나가 교지富永恭次는 남지나南支那 방면군 사령관 안도 리기치安藤利吉(패전 후 중화민국 정부에 억류된 후 음독자살함)에게 먼저 진격할 것을 권유했고, 총격전이 벌어지자 일본은 또다시 전 세계의 비난 대상이 되었다. 일본은 1941년 1월, 안도 리기치를 잠시 예비역으로 편입시켰다가 같은 해 11월 대만군 사령관으로 복귀시키고 대만총독도 겸임시켰다. 후일담이지만 1945년 전황이 불리해지자 제4항공군 사령관 도미나가는 마닐라에서 참모들과 기생들, 위스키 등을 비행기에 싣고 안도가 총독으로 있는 대만으로 도주했다. 지휘관을 잃고 버려진 1만4천여 명의 병사는 대부분 전사했다.

일본이 인도차이나 반도를 점령하자 미국이 강하게 대응하기 시작했다. 미국이 1940년 7월, 항공기용 가솔린 수출을 제한한 데 이어 9월에는 고철과 철강 수출을 금지시키자 일본에서 '전쟁불사론'이 불거졌다. 드디어 이시하라 간지가 세계 최종 전쟁론에서 예상한 대로 일본과 미국의 최후 결전이 다가온 것이다. 세계 최종 전쟁론에 따르면 일본은 중국은 물론 소련도 다 쓰러뜨리고 마지막 남은 미국과 세계를 차지하기 위한 전쟁을 치러야 했다. 그러나 아직 일본은 소련은커녕 중국도 장악하지 못한 상태에서 또다시 미국과의 전쟁에 나선 것이다.

8 · 대미 개전론 공방
일본 파시스트,
미국 진주만을 기습하다

때로 역사는 합리적으로 진행되지 않는다. 중국 전선에서 발목이 잡힌 채로 미국을 공격했던 일본이 이를 말해준다. 중일전쟁으로 실력이 드러난 일본은 상처를 극소화하면서 정치적 퇴각을 모색해야 했다. 그러나 일본은 거꾸로 대미對美 전면전이라는 최악의 거보를 내디뎠다.

1941년 4월 13일 오후 5시 모스크바 역. 스탈린과 외무상 모로토프가 일본 외무대신 마쓰오카 요스케松岡洋右(에이급 전범으로 재판 중 병사)를 배웅했다. 그루지야 출신의 스탈린은 마쓰오카 요스케에게 "우리는 아시아인"이라고 속삭였고, 일본인으로서는 드물게 기독교도였던 '민간 파시스트' 마쓰오카 요스케는 이제 마음놓고 남방으로 진출해도 되겠다고 생각했다. 그는 이날 5년 기한의 '소·일 중립조약'을 체결했다. '소·일 중립조약' 제1조는 "양국 영토의 보전 및 불가침을 존중한다"는 것이었는데, 조약 체결 직후 스탈린은 일본 무관武官에게 "일본은 이제 안심하고 남진할 수 있겠군"이라고 말했다고 전한다.

스탈린은 1939년 8월 독일과 불가침조약을 맺었지만 히틀러를 믿지 않았다. 스탈린은 독일이 쳐들어올지도 모른다는 생각에 일본을 묶어두기 위해 '소·일 중립조약'을 체결한 것이었다. 아니나 다를까 두 달 후인 1941년 6월 22일, 히틀러는 전격적으로 소련을 침공했다. 이번에도 히틀러는 동맹국인 일본에 아무런 언질도 주지 않았다. 그런데 소·일 중립조약을 체결한 뒤 영웅 대접을 받았던 마쓰오카 요스케는 독일의 소련 침공 소식을 듣자 갑자기 태도가 돌변했다. 6월 27일 열린 대본영大本營 회의에서 느닷없이 "소련을 공격해야 한다"고 주장하고 나선 것이다. 오히려 스기야마 하지메 참모총장이 "지금 당장 공격할 수는 없습니다"라고 발을 뺐다. 중국 전선도 정리하지 못한 상황에 노몬한에서 크게 혼쭐난 소련까지 공격할 수는 없었다.

그래서 그 대안으로 등장한 것이 미·영 선제공격론이었다. 미·영 선제공격론은 누가 봐도 무리한 주장이었다. 현대전은 군사전일 뿐 아니라 경제 전쟁이기도 했다. 1941년 미국의 철강 생산량은 7,500만 톤, 영국은 1,250만 톤인 데 비해 일본은 700만 톤에 불과했다. 그럼에도 일본은 1941년 7월부터 12월까지 네 차례의 어전회의를 열어 대미 개전을 논의했다. 제1차는 7월 2일, 제2차는 9월 6일, 제3차는 11월 5일, 제4차는 12월 1일이었다. 제1~2차 어전회의 때는 민간 파시스트 고노에 후미마로가 수상이었고, 제3차 어전회의 때부터는 새로 수상이 된 군부 파시스트 도조 히데키가 수상이었다.

제1차 어전회의에서 히로히토와 고노에는 "제국은 대동아공영권을 건설하고 …… 지나사변(중일전쟁) 처리에 매진하고 …… 남방진출의 발걸음을 내딛는다. 또 정세의 추이에 따라 북방문제를 해결한다……. 본 목적을 달성하기 위해서 대영·미전도 그만둘 수 없다"고 결정했다. 한마디로 슈퍼맨이 되기로 결정했다는 것이었다. 중일전쟁은 계속하고 상황에

태평양전쟁에서 격침된 오클라호마 호의 잔해
1943년 12월 7일, 하와이 진주만 습격 당시 일제에 의해 격침된 모습이다.

따라 북방의 소련도 공격하고 남방의 미·영과도 맞붙겠다는 뜻이었다. 제2차 어전회의 하루 전날, 히로히토는 스기야마 하지메 참모총장과 나가노 군령부총장 등을 불러 "미국과 전쟁하면 육군은 어느 정도 기간 안에 정리할 수 있다고 확신하는가?"라고 물었다. 스기야마 하지메가 "남쪽 방면만 한다면 3개월 안에 정리할 수 있습니다"라고 답변하자 히로히토는 "지나사변(중일전쟁) 때 육군대신이었던 자네는 1개월 정도면 정리할 수 있다고 말했지만 4년이나 끌었는데도 아직 정리가 안 되지 않았는가?"라고 재차 물었다.

스기야마 하지메는 "지나(중국)는 오지가 넓어서 예상과 달리 작전이 잘 진행되지 않았습니다"라고 대답했다. 이에 히로히토는 "태평양은 더 넓지 않은가? 무슨 확신으로 3개월이라고 말하는가?"라고 또다시 물었고 그는 대답하지 못했다. 이는 고노에 후미마로가 전후에 자신의 전쟁 책임을 군부에 떠넘기기 위해 쓴 회고록에 나오는 내용이다. 그런데 그날 육군《대본영 기밀일지》에는 "약간 긴장감이 돌긴 했지만 어전회의에 대해서 두 총장(스기야마 하지메와 나가노 군령부총장)의 답변을 듣고 천황이 가납했기에 모두 안도했다"고 적고 있다. 만주사변 이후 패전 때까지 일왕 히로히토는 기회주의로 일관했다.

고노에 내각의 서기관장이었다가 패전 후 자민당 의원이 된 도미타 겐지富田健治는 히로히토에 대해 "(대미)전쟁에 반대하셨지만 때로는 약간씩 개전 쪽으로 가까워진다고 생각될 때도 있었다"라고 말했다.

일본의 중국과 동남아 침략에 대해 미국이 강경하게 원상회복을 요구하자 일본은 두 방면으로 대처했다. 미국과 양 해안 체결을 위한 회담을 진행하는 한편, 물밑으론 전쟁 준비에 나섰다. 미·일 회담에서 미국의 루스벨트Franklin Roosevelt 대통령은 "①모든 나라의 영토와 주권 존중 ②내정 불간섭 ③모든 나라의 평등원칙 ④태평양의 현상유지"라는 4원칙을 들고 나왔다. 중국은 물론 프랑스령 인도차이나에서 철수하라는 요구였다. 1941년 10월 2일 미국은 이 4원칙을 재차 확인하면서 중국 및 프랑스령 인도차이나 반도에서 일본군의 전면 철수를 요구했다.

이 내용이 알려지자 일본은 들끓었다. 육군대신 도조 히데키는 "중국 철병은 인간으로 치면 심장이 맞는 것으로서 4년 동안 싸웠던 지나사변의 성과가 제로가 되어 만주국이 위험하게 되고 조선을 국방의 최전선으로 삼는 것도 불가능해진다"면서 대미 개전開戰을 주장했다. "조선을 국방의 최전선으로 삼는 것도 불가능해진다"는 말은 의미심장했다. 식민지 한국도 유지할 수 없게 된다는 뜻으로서 일본 제국의 붕괴를 뜻하기 때문이었다. 연일 승전고를 울리고 있다고 선전하던 중국 전선에서 느닷없이 철수하면 만주국과 식민지 한국까지 도미노처럼 무너질 것이란 우려였다. 기세 좋게 중국에 쳐들어갔다가 진짜 실력이 드러나면서 제국 유지 자체가 위기에 빠진 것이었다.

대미 개전론을 놓고 우왕좌왕하는 가운데 민간 파시스트 고노에 내각이 무너졌는데, 10월 18일 그 뒤를 이은 것은 군부 파시스트 도조 히데키 내각이었다. 일본은 집단적으로 이성이 마비된 상태였다. 미국과 맞대결할 자신이 없었던 연합함대사령장관 야마모토 이소로쿠山本五十六는 하와이 선제공격을 주창했다. 야마모토는 "수없이 고민하고 연구했는데, 개전 벽두 항공 병력을 가지고 적 본영에 쳐들어가 다시 재기하기 힘들 정도의 타격을 가하는 것 외에 방법이 없다"고 했다. 항공모함에 몰래 비행기를 싣고 가서 진주만의 미 태평양 함대를 격멸시키는 것 외에 다른 방법이 없다는 것이었다.

야마모토는 11월 13일 각 함대의 장관과 참모장 등을 히로시마廣島 부근의 이와쿠니岩國 해군항공대로 집결시켜 "12월 ○일 미·영에 대한 전단戰端을 열 것이다. ○일은 현재로선 12월 8일로 예정되어 있다"고 하달했다. 이틀 후인 11월 15일 열린 제3차 어전회의에서 "12월 1일 0시를 기한으로 대미 교섭을 중단한다"는 이른바 '제국 국책 수행요령'이 결정되었다. 12월 1일까지 대미 협상이 타결되지 않으면 선제공격을 하겠다는 뜻이었다.

11월 26일 미국의 코델 헐Cordell Hull(1945년 노벨평화상 수상) 국무장관은 '헐 노트'를 일본 측에 전달했다. "중국과 프랑스령 인도차이나에서 일본군의 전면 철수, 미국은 중국에서 장개석 정권만을 인정, 미·일 양국 정부는 중국에서 일체의 치외법권 포기, 제3국과 체결한 협정을 태평양 지역

"진주만 공격에 보복하자"는 내용의 포스터
미국의 루스벨트 대통령은 진주만 습격을 당한 12월 7일을 '치욕의 날'로 명명하면서 "일본은 모략을 꾸며 미국을 속였다"고 비난했다.

의 평화유지와 충돌하는 방향으로 발동하지 않을 것" 등이 주요 내용이었다. 1931년의 만주사변 이전으로 아시아를 되돌리라는 요구였다. 특히 중국 철수 요구는 일제가 세운 왕조명(汪精衛) 괴뢰정권은 물론 부의의 만주국도 해체하라는 것이었다. 비록 한국을 강제 점령한 1910년 이전으로 되돌리라고 요구하지는 않았지만, 사실상 일본의 항복을 요구한 셈이었다.

12월 1일 열린 제4차 어전회의에서 대미 개전 결정이 내려졌고, 연합함대사령관 야마모토는 전군에 "니타카 산에 올라가라 1208"이라는 암호 명령을 하달했다. 12월 8일(미국시간 7일)은 미국의 일요일이었다. 항공모함 여섯 척, 전함 두 척, 순양함 세 척, 구축함 열한 척으로 구성된 일본 함대는 오전 1시 30분 두 차례에 걸쳐 353대의 비행기를 발진시켰다. 선전포고는 공격 한 시간 후에야 전달했다. 일요일 새벽에 무방비로 있다가 급습당한 미국 해군항공대는 "진주만이 공격당했다. 이것은 연습이 아니다"라는 경보를 발표했다.

일본군 제1진은 애리조나·캘리포니아·웨스트버지니아 호 등을 격침시키고 오클라호마 호를 전복시켰다. 제2진은 메릴랜드·네바다·테네시·펜실베이니아 호에 큰 타격을 입혔고, 사망자도 2,300명이나 발생했다. 그밖에도 함선 열여덟 척이 침몰되거나 큰 손상을 입었고, 180여 대가 넘는 비행기가 파괴되었다. 태평양 함대 소속 항공모함 3대는 진주만에 없었기 때문에 공격을 피할 수 있었다.

다음날 상·하의원 합동연설에서 루스벨트 대통령은 12월 7일(미국시간)을 '치욕의 날the day of infamy'로 명명하고 "미국과 일본 사이의 거리를 생각하면 일본의 공격은 며칠, 아니 몇 주 전부터 계획되었다는 것이 명백하다"면서 "일본은 모략을 꾸며 미국을 속였다"고 비난했다. 상원은 82대 0, 하원은 제1차 세계대전 참전에도 반대했던 제넷 랭킨Jeannette Rankin만 반대해 388대 1로 일본에 선전포고를 했다. 일본군은 항상 몰래 습격한 전투만 승리했다는 사실을 망각한 채, 진주만 습격 소식에 일본 전역은 환호의 도가니로 변해버렸다.

9 · 무너지는 파시즘 제국

전쟁에 미친 일제,
마지막으로 발악하다

패배를 인정할 줄 아는 사람이 용자勇者다. 그러나 일본 육군유년학교 출신의 전쟁 기계들은 이런 용기도 없었다. 이미 명백해진 패배를 인정하지 않고 끝까지 발악했다. 일반 국민들을 파시즘으로 통제하고 젊은이들을 전쟁터로 내몰아 나라 전체를 생지옥으로 만들었다.

'히노마루벤토日の丸弁当'라는 것이 있다. 번역하면 '일장기 도시락'쯤 될 것이다. 매실장아찌(우메보시) 하나를 도시락 한가운데 박아놓으면 일장기가 되는데 점심때쯤이면 장아찌의 붉은색이 번져나가서 욱일승천기처럼 보이는 것이다. 일본은 물론 식민지 한국의 학생들도 일제 말기 '히노마루벤토'를 싸오라고 강요받았다.

그런데 이는 일본 민간단체의 주장이 아니다. 1939년 8월 8일 히라누마 기이치로平沼騏一郎 내각에서 이른바 '국민정신 총동원운동'을 더욱 강화하는 차원에서 매월 1일을 '흥아봉공일興亞奉公日'로 정하면서 우리나라 학생들에게 강요했던 것이다. 또한 모든 국민에게도 국 하나와 반찬 한 가지만 먹는 '일즙일채一汁一菜'를 요구했다. 게다가 남자의 장발을 금지시키고 여성의 파마도 금지시켰다. 어린 학생들은 파마를 한 여성이 지나가면 둘러싸고 "파마에 불이 붙으면 금방 대머리" 따위 노래를 부르면서 놀려댔다. 영어추방운동도 전개해서 "미식축구는 갑옷을 입고 하는 구기라는 뜻의 개구鎧球, 파마는 전발電髮, 페니실린은 벽소碧素" 등으로 바꾸었다. 심지어 전국의 댄스홀까지 모두 폐쇄시켜 온 나라를 엄숙한 군국주의로 몰고 갔다.

그러나 학생들의 도시락에 매실장아찌를 박는다고 일본군이 전투에서 승리해 욱일승천기를 휘날릴 수 있는 것은 아니었다. 일즙일채 권장은 역으로 그만큼 물자가 부족하다는 뜻에 다름 아니었다. 《중앙공론中央公論》(1940년 1월호)은 1940년 일본인들의 신년 인사가 "넉넉합니까?"였다고 전하고 있다. 한두 달이면 끝낼 수 있다던 중일전쟁은 끝이 보이지 않는 상황에서 일본의 주가는 폭락했고, 1939년의 큰 가뭄으로 일본 서부와 한국·대만의 쌀 수확마저 줄어들었다.

본토 일본인들의 불만이 높아지자 일제는 식민지 백성들을 쥐어짜서 불만을 달래야 했다. 1939년 11월의 곡식 강제매입제도, 즉 공출供出이 그것이다. 공출이란 곡식 등의 생필품을 총독부에서 강제로 헐값에 매입해 일본으로 보내는 제도였다. 그렇지 않아도 수탈에 시달리던 식민지 백성들은 공출까지 겹쳐서 굶어죽을 지경이 되었다.

《동아일보》(1940년 7월 14일자)는 "읍·면장의 증명이 있어야 보리방아를 찧는다-수확의 4할은 공출하라"는 기사를 경기도 안성발로 보도했다. 당국에서 공출에 필요하다면서 안성읍촌 정미소의 30여 대 보리방아를 일제히 정지시켰다는 것이다. 그 결과 굶는 농가가 속출해 "읍·면장의 증명서를 가져오는 농가에 한해 보리방아를 찧게 허용한다"는 기사였다. 일본으로 식량을 공출하면서 식민지 한국 백성들이 아사 상태에 빠지자

가미카제에 의해 파괴된 미국의 프랭클린 호
일본의 전쟁 기계들은 이미 이길 수 없는 전쟁에 일본은 물론 식민지의 젊은이들을 사지로 내몰았다.

만주 등지에서 들여온 콩깻묵 같은 동물용 사료를 공급했다.

식민지 백성들을 압박하는 것은 공출뿐만이 아니었다. 일본 본토에서 '국민정신총동원운동'을 하는 판국이니 식민지는 말할 것도 없었다. 일제는 1941년 2월 제령 제8호로 '조선사상범예방구금령'을 반포했는데, 이는 '악법 위의 악법'이었다. "악법도 법이다"란 말 속에는 악법이라도 지키기만 하면 신변의 안전을 보장받는다는 역설이 담겨 있다. 하지만 예방 구금은 아무런 법 위반을 하지 않았어도 마음대로 잡아 가둘 수 있다는 희한한 법이었다. 예방구금은 검사의 청구에 따라 재판소 합의부가 결정한다지만 재판소는 허울뿐이고 검사가 결정권을 갖고 있었다.

이 법의 제10조는 "출두명령에 불응하거나 주거부정·도주·도주의 우려가 있을 때 재판소는 대상자를 강제로 구인할 수 있다"는 것이며, 제11

조는 "주거부정·도주·도주의 우려가 있는 자는 예방구금소나 감옥에 가 수용할 수 있다"는 것이었다. 제17조는 "구금기간은 2년이며, 재판소의 결정으로 갱신할 수 있다"고 규정했다. 아무런 죄가 없어도 2년씩 반복해서 죽을 때까지 투옥시킬 수 있다는 뜻이다.

같은 해 3월 8일에는 치안유지법을 개악改惡했는데 과거 "국체를 변혁하고 사유재산제도를 부인함을 목적으로 결사를 조직하거나 또는 정情을 알고 이에 가입한 자는 10년 이하의 징역 또는 금고에 처한다"는 조항에서 "10년 이하의 징역 또는 금고"를 "사형 또는 무기징역"으로 상향시켰다.

파시즘이 기승을 부리는 것은 그만큼 종말이 가까워 왔다는 뜻이다. 식민지의 상류층들은 연일 계속되는 일제의 승전보에 취해서 일본이 미국과 싸워도 이길 것으로 착각했다. 폭력배 출신으로 일본의 중의원까지 되었던 박춘금朴春琴이 중일전쟁 직후인 1937년 8월 6일, 제71제국의회에서 "조선 출생의 일본인은 제국 군인으로 제1선에 서서 일할 수가 없다는 것은 참으로 서글픈 일"이라며 조선에 지원병 제도를 시행해달라고 청원한 것은 일본이 중일전쟁에서 이길 것으로 믿어 의심치 않았기 때문이다. 3·1운동의 주역이었던 최린崔麟은 대미 개전 직전인 1941년 11월 《삼천리》에 실은 〈임전애국자臨戰愛國者의 대사자후大獅子吼!〉란 글에서 "문제의 인물은 사실상 장개석이도 아니요, 영국 수상 처칠도 아닙니다. 오직 미국 대통령 루스벨트라고 나는 생각합니다. 이 점에 있어서 루스벨트를 재교육시키지 않아서는 안 될 것입니다"라고 사자후를 토한 것도 마찬가지였다. 최린은 루스벨트를 겨냥해 "'당신이 일본의 국체와 실력을 인식하오.'라고 말하고 싶다. '대화(야마토)의 정신을 아느냐'고 말하고 싶다"며 자신이 태생부터 일본인인 것처럼 말했다.

역시 민족대표 33인 중 한 명이었던 《동양지광》 사장 박희도朴熙道는 1942년 초 '미·영 타도 좌담회' 사회를 보면서 "좌담회를 시작하기 전에 일동 기립하여, 무운장구武運長久와 영령에 대해 감사의 묵도를 올렸으면 하는 바입니다"●라고 말했다.

이들이 이렇게 노골적으로 나섰던 것은 모두 일본의 승리를 믿어 의심치 않았기 때문이었다. 진주만 습격에 성공한 일본군의 진격 속도가 눈부시게 빨랐다. 히틀러의 독일군이 그랬던 것처럼 일본군도 서전은 항상 승리로 장식했다. 1941년 12월 10일 루손 섬에 상륙했고, 11일에는 괌, 23일에는 웨이크, 25일에는 홍콩, 1월 2일에는 마닐라를 점령했다.

난관은 영국의 퍼시빌 중장이 8만5천 명의 혼성부대를 이끌고 있는 싱가포르였다. 그러나 일본의 야마시타 도모유키 중장은 35,000명을 이끌고 1942년 2월 7일 공격을 시작해 8일 만인 15일에 싱가포르를 점령하는 데 성공했다. 유럽 전선에 전력을 기울이던 영국은 싱가포르에 약체의 혼성부대를 배치하고 있었지만, 싱가포르 함락 소식은 일본이 이길 것이라는 착각을 심어주었다.

일본인들은 전후에 1931년의 만주사변부터 패전 때까지 두 번의 큰 기쁨을 맛보았다고 회고하곤 했는데, 1938년 10월의 한구 점령, 1942년 2월의 영국령 싱가포르 함락이 그것이었다. 그때마다 제국은 열광의 도가니로 변해서 제등행렬이 이어졌고, 곧 중국과 전 세계를 점령할 듯한 착각에 사로잡혔다.

그러나 한구 점령이 중일전쟁의 끝이 아니라 새로운 시작에 불과했던 것처럼 싱가포르 점령도 세계 정복의 끝이 아니라 몰락의 시작에 불과했

● 《동양지광》 1942년 2월호.

미드웨이 해전 과달카날 전투 때 파괴된 일본 군함
미드웨이 해전은 미·일군이 서로의 작전을 인지하고 맞붙은 최초의 대규모 전투였다. 이 패전으로 일본은 제해권을 완전히 상실했고, 전쟁의 주도권은 미국 쪽으로 넘어갔다.

다. 게다가 야마시타 도모유키의 일본군은 중국의 국민정부를 지원한다는 혐의를 씌워 화교들을 집단 학살했다. 남경학살에 비해 잘 알려지지 않았지만 싱가포르에서 약 25,000명, 말레이시아에서 10만여 명의 화교가 학살당한 것으로 추정된다. 말레이시아에서는 시민들이 물건을 훔치다 잡히면 머리를 잘라 접시에 담아 캄파야 시장에 전시했다는 목격자 증언도 있을 정도였다. 이 때문에 야마시타 도모유키는 패전 후 화교 학살 혐의로 전범재판에서 사형되었다.

싱가포르 점령 후 곧 세계를 점령할 듯한 환호성에 빠졌던 일본인들이 자신의 처지를 깨닫게 되는 데는 넉 달밖에 필요하지 않았다. 1942년 6

월 5일 '미드웨이 해전'이 일어났기 때문이다. 미드웨이 해전 역시 일본의 선제공격으로 시작되었다. 태평양까지 전선을 확대한 일본은 태평양 한가운데 있는 미드웨이를 점령해서 중간 기지로 삼으려 했다. 미국 항공모함 세 척, 일본 항공모함 여섯 척이 각각 순양함 등을 이끌고 맞붙은 미드웨이 해전은 미·일 양군이 서로의 작전을 인지하고 맞붙은 최초의 대규모 전투였다. 결과는 일본 해군의 궤멸이었다. 일본은 항공모함 네 척이 격침당한 반면 미군은 항공모함 한 척만을 잃었다. 전사자도 미군이 307명인 데 비해 일본군은 그 열 배인 3,057명이었다. 이 패전으로 일본은 제해권을 완전히 상실했고, 전쟁의 주도권은 미국 쪽으로 넘어갔다.

그러나 일본 신문들은 사실과 거꾸로 보도했다. 대본영에서는 "미 항모 엔터프라이즈와 호넷 격침, 전투기 120대 격추, 아군 피해 항공모함 1척 상실, 1척 대파, 순양함 1척 대파, 미귀환 전투기 35기"라고 발표했고, 일본 국민들은 "미드웨이에서도 이겼다는 군"이라고 하며 환호했다. 미드웨이 해전은 1941년 12월 8일 진주만 습격으로 시작된 태평양전쟁이 6개월 만에 일본의 패전으로 끝났음을 말해준 것이었다. 그 이후에는 유년군사학교 출신의 전쟁 기계들이 자국의 젊은이들을 사지로 내몰면서 발악한 기간에 불과했다.

10 · 일제의 패망

관동군의 자체 붕괴,
분단의 단초가 되다

그릇된 과거의 족쇄를 끊지 못한 사회는 미래로 갈 수 없게 된다. 현재 동아시아 평화를 위협하는 일본 극우세력들의 뿌리는 일제 말기 군국주의 세력이다. 미국이 승전 후 천황제를 정점으로 한 군국주의 세력을 해소하지 못한 결과 그 후손들이 지금껏 고통을 받는 것이다.

1945년 1월 8일 일본 궁성 앞 광장에서 관병식觀兵式이 거행되었다. '대원수 폐하'로 불리던 일왕 히로히토가 참석한 연례행사였지만 이날의 관병식은 서둘러 끝낼 수밖에 없었다. 미국의 B-52폭격기가 도쿄 상공을 날아다니고 있었기 때문이었다. 일본은 이미 제공권을 상실했다. 미드웨이 해전에 이어 가미카제 특공대를 등장시켰던 1944년 10월 레이테 만 해전에서도 패배해 제해권도 빼앗겼다. 미군 잠수함 때문에 수송선도 보낼 수 없었기에 불과 몇 개월 전 기세 좋게 동남아를 점령했던 일본군에선 아사자가 속출했다.

관병식 다음 날인 1945년 1월 9일 미군은 필리핀 북부 루손 섬에 상륙해 필리핀 함락을 기정사실로 만들었다. 가미카제 특공대는 전 세계에

일본 궁성 앞에서 열린 관병식
1945년 1월 8일, 일왕 히로히토가 참석한 연례행사인 관병식은 미국의 B-52폭격기가 도쿄 상공을 날아다니고 있는 가운데 개최되었다. 이로서 일본은 제공권마저 상실했다.

충격을 주었지만 6퍼센트에 불과했던 성공률로 2,500여 명의 젊은이만 희생시켰을 뿐 전세를 바꾸지는 못했다.

일본이 발악하자 미국은 1945년 1월 인도와 중국에서 폭격기를 지휘했던 폭격전술의 명장 커티스 머레이 중장을 마리아나 방면 사령관으로 임명했다. 그는 1945년 3월 10일 도쿄에 대대적인 야간공습을 실시했는데, 과거와 달리 저공 공습이었다. 폭격 후 현장을 시찰하던 히로히토가 시종장 후지타 히사노리藤田尙德 전 해군대장에게 "관동대지진보다 훨씬 비참하다. …… 도쿄는 초토화되었구나"라고 탄식했을 정도로 제국의 수도는 커다란 피해를 봤다.

히로히토가 이때 항복했다면 5개월 후 원폭 투하의 비극은 막을 수 있었을 것이다. 하지만 그는 아직도 대본영에서 주창하는 '본토 대결전'에 기대어 천황직 유지에 미련을 두고 있었다. 자칭 무적황군無敵皇軍 대본영의 '본토 대결전' 계획은 군사적 전문성이 결여된 황당한 것이었다. 대본영은 1944년 7월쯤에 이미 본토가 위험하다는 사실을 인지했다. 그래서 도쿄로 들어올 수 있는 태평양 연안의 항구 도시 몇 곳에 진지를 구축하라고 명령하고, 7월 24일에는 '육해군의 이후 작전대강作戰大綱'을 하달해 '필리핀·쿠릴열도·대만·본토' 네 방면에서 결전을 준비하라고 명령했다. 이때 이미 '본토'가 포함되어 있었다는 것은 상황이 절망적이란 사실을 알고 있었다는 뜻이다.

한때 전세가 뒤집히는 줄 알고 환호했던 사건도 있었다. 1944년 10월 대본영은 미군의 오키나와·대만 공격에 맞서던 일본의 기지항공대가 항공모함 열 척과 전함 두 척을 격침시켰다고 발표했다. 정부는 국민에게 술까지 배급하면서 환호했지만 미숙한 탑승원의 관측 실수에 불과했다. 일본은 1945년 1월 20일에는 '제국 육해군 작전계획대강'을 작성해 쿠릴열도·오가사와라小笠原 제도·오키나와 이남·대만 등지를 전연지대前緣地帶(외곽지역)로 설정했지만, 이미 의미 있는 방어 능력을 상실한 지역들이었다.

대본영은 미군이 일본 본토에 상륙하는 시기를 가을쯤으로 예측했다. 그래서 1945년 2월 22~25일《본토 결전決戰 완수 기본요망》을 작성해 3월 말까지 31개 사단, 7월 말까지 43개 사단, 8월 말까지 59개 사단으로 확대하고 국민의용군도 편성하기로 결정했다. 그러나 전투 능력이 없는 민간인을 군인으로 마구 편제하는 데 불과했을 뿐, 그들을 무장시킬 총검도 없었다.

미군이 상륙할 경우에 대비한 대본영의 작전 계획은 "모든 수단을 강구해 미군의 제1진을 격파한다"는 단순한 것이다. 모든 수단 중에는 국민을 죽음으로 내모는 인해전술이 포함되어 있었다. 1945년 초에는 미·영 연합군과 소련군 중 누가 먼저 베를린을 점령할 것인가를 두고 경쟁할 정도로 유럽의 파시스트 히틀러는 종말을 향해 달려가고 있었고, 일본의 고립은 심화되었다. 독일은 결국 5월 8일 무조건 항복하고 말았다.

1945년 2월 4~8일 크림반도의 얄타에서 미국의 루스벨트, 영국의 윈스턴 처칠, 소련의 스탈린은 3자 회담을 열었는데, 이때 루스벨트는 소련의 대일전對日戰 참전을 독려했다. 일본이 발악하면서 미군의 희생도 급증했기 때문이다. 스탈린은 독일 항복 후 "2~3개월 이내에 대일전에 참전하겠다"면서 그 대가로 1904년 러일전쟁으로 상실한 극동 이권의 반환을 요구했다. 소련은 사회주의의 외피를 쓰고 세계 사회주의자들의 조국을 자처했지만, 속내는 슬라브 민족주의의 재현에 지나지 않았다. 소련은 한 번도 자국의 이익을 세계 사회주의 전체의 이익을 위해 포기한 적이 없었다. 그런데 소련이 제정 러시아의 이권을 되찾으려면 장개석이 중국 영토 일부를 내주어야 했다. 장개석이 이를 거부하자 스탈린은 대일전에 참전하지 않았다. 1945년 4월 12일 루스벨트는 뇌출혈로 쓰러졌고, 해리 트루먼Harry Truman이 그 뒤를 이었다.

더 큰 변수는 그 해 7월 중순 미국에서 원자폭탄 실험에 성공한 것이었다. 7월 말쯤 태평양의 일본 해군은 모두 궤멸되었지만 처칠이 "일본 제국의 권력은 아직도 패배를 수락하기보다는 집단 할복자살을 택하기로 결정한 군부의 손에 있다"고 말했듯이 일본의 전쟁 기계들은 모두 같이 죽자는 '1억 옥쇄'를 전략이라고 내세웠다.

7월 26일 해리 트루먼, 윈스턴 처칠, 장개석, 스탈린이 일본에 최후통첩을 한 장소가 베를린 근교의 포츠담이란 사실은 의미심장했다. 소련은 아직 대일전에 참전하지 않았기에 스탈린은 서명하지 않았지만 "군국주의를 일소하고, 연합국이 일본을 점령하며, 한국을 해방시키고, 대만과 만주국은 중국에 반환하며, 남사할린을 소련에 반환하고, 전쟁범죄자를 처벌하고 민주주의와 자유주의를 확립한다"는 포츠담 선언은 일본의 무조건 항복을 촉구하는 것이었다. 포츠담 선언에 대해 도조에 이어 총리가 된 스즈키는 "다만 묵살할 뿐이다. 우리들은 전쟁 완수를 위해 노력한다"고 오기를 부렸다. 도고 시게노리東鄕茂德 외무대신은 소련을 중재자로 삼아 협상하려 했는데, 일본 공격 시기를 저울질 중이던 스탈린을 중재자로 여겼다는 자체가 일본 외교의 현실을 보여주는 것이었다.

미국은 1945년 8월 6일 히로시마에 원폭을 투하했다. 대본영은 원폭이란 말 대신에 '신형 폭탄'이라면서 "상당한 피해가 발생했다"라고만 발표했다. 8월 9일 미국은 나가사키에 다시 원폭을 투하했다. 스탈린은 참전 조건을 놓고 장개석과 실랑이하다가는 아시아에서 아무런 이권도 챙기지 못하게 될 것을 우려해 8월 9일 전격적으로 참전했다. 놀라운 사실은 무적 황군을 자처하던 관동군이 변변한 저항 한 번 못해보고 해체되어 버린 것이다. 지휘 체계 자체가 무너져 우왕좌왕하는 것이 자칭 무적 관동군의 실체였다. 히로히토를 비롯한 동양의 파시스트들은 두 차례의 원폭 투하와 소련 참전에 커다란 충격을 받았다.

8월 10일 일본은 "천황의 국가통치 대권에 변경을 가하는 요구를 포함하고 있지 않다"는 전제 아래 포츠담 선언을 받아들이겠다는 의사를 전달했다. 한마디로 천황제만 유지시켜 달라는 것이었다. 그러나 미국무장관 번스는 "천황 및 일본 정부의 국가통치 권한은 …… 연합국 최고지휘관에게 종속된다. 일본국의 최종 통치형태는 국민이 자유롭게 표명하는 의지에 의해 결정되어야 한다"며 거부했다.

8월 12일 일본 군부는 전쟁을 계속해야 한다고 주장했지만 히로히토는 종전을 결심했다. 자리는 둘째 치고 도쿄에 원폭이 투하될 경우 목숨을 잃을 것이기 때문이었다. 미국의 원폭 투하 목표 지역에 도쿄는 들어 있지 않았지만 히로히토는 이런 사실을 몰랐다. 그래서 히로히토는 8월 14일 열린 어전회의에서 무조건 항복을 결정했다. 이때 더글러스 맥아더가 국무장관 제임스 번스James Byrnes의 답변에 따라 "천황제를 해체하고 일왕을 전범으로 처벌"했다면 전후 아시아의 정치 지형은 크게 달라졌을 것이다. 제대로 청산하지 못한 과거가 미래의 발목을 잡는 현재 동아시아 상황의 원죄가 바로 여기에 있었다.

8월 15일 히로히토는 "짐은 세계의 대세와 제국의 현상을 깊이 생각하여 비상조치로써 시국을 수습하고자 충량한 너희 신민에게 고한다. 짐은 제국 정부로 하여금 미·영·중·소 4국에 대해 그 공동선언을 수락할 뜻을 통고케 하였다"면서 무조건 항복을 선언했다.

태평양전쟁으로 일본은 육군 140만여 명, 해군 41만여 명, 군인 및 군속 155만여 명, 일반 국민 185만여 명을 합쳐 도합 521만여 명의 사망자를 냈지만 단 한 평의 영토도 넓히지 못했다. 게다가 일제는 관동군이 허무하게 무너지면서 한반도가 분단되는 단초를 제공했다. 관동군이 흩어지면서 소련군의 한반도 전역 점령이 시간문제가 된 것이다. 미국은 전략회의를 열고 한반도 분할 점령선에 대해 논의했다. 여기 참여했던 참모본부의 딘 러스크Dean Rusk는 이 회의에서 소련에 "38도선을 권고하기로 결정했다"고 전하고 있다. 소련이 동의하지 않을 경우 미군이 현실적으로 주둔할 수 있는 지역보다 훨씬 북쪽이지만 미군지역에 한국의 수도를 포함시키는 게 중요하다고 생각했다는 것이다. 그러면서 딘 러스크는 "소련이 38도선을 승낙했다는 사실에 크게 놀랐다. 나는 그들이 더욱 남

**제2차 세계대전 패전 후
더글러스 맥아더를 찾아간 히로히토**
'현인신'이었던 히로히토가 더글러스 맥아더 옆에 초라하게 서 있는 모습은 일본 국민에게 큰 충격을 주었다.

쪽 선을 주장하리라고 생각했다"•고 말했다.

 스탈린은 원자폭탄을 가진 미국과 정면대결을 선택할 필요가 없다고 생각했다. 소련이 챙겨야 할 전리품은 유럽에도 많았기 때문이다. 이렇게 해방과 동시에 남북 분단이 결정되면서 한반도의 해방정국은 실타래처럼 엉키게 되었다.

• 미국국무성(United States Department of State) 홈페이지 http://www.state.gov

11 · 대한민국의 탄생과 새로운 도전

미국과 소련의 군정,
절반씩 나뉜 역사가 시작되다

한국 현대사의 가장 뼈아픈 대목은 광복과 동시에 분단체제가 성립되었다는 것이다. 식민지 시대가 객체였던 것처럼 해방 공간에서도 한국인은 객체였다. 그러나 일제가 쫓겨간 빈 공간을 채울 임무는 한국인들에게 주어졌다. 역사는 해방과 동시에 새로운 과제를 부여했던 것이다.

일제의 항복 소식에 식민지 한국의 일반 백성들은 거리로 쏟아져 나와 태극기를 흔들며 감격의 눈물을 흘렸지만 정작 독립운동가들, 특히 해외 인사들의 반응은 달랐다. 대한민국 임시정부 주석 김구는 8월 15일 중국 서안에서 일본의 항복 소식을 듣고는, "이 소식은 내게 희소식이라기보다는 하늘이 무너지고 땅이 꺼지는 일이었다"라고 토로했다. 김구는 불과 일주일 전인 8월 7일 서안의 광복군 제2지대 본부에서 이청천李靑天 광복군 총사령, 이범석李範奭 지대장 등과 미국의 전략정보국Office of Strategic Services, OSS 총책임자인 윌리엄 도너번William Donovan 소장, OSS 중국 측 책임자인 홀레웰 대령 등과 작전회의를 하고 "오늘부터 아메리카 합중국과 대한민국 임시정부 사이에 적 일본에 항거하는 비밀공작이 시작된다"

*라고 선언했다.

임정은 총 지휘장 이범석에게 전국을 3지구로 나눈 국내정진군을 조직하게 했다. 안춘생安椿生이 대장이었던 제1지구는 평안도반(반장 강정선), 황해도반(반장 송면수), 경기도반(반장 장준하)으로 구성했다. 노태준盧泰俊이 대장이었던 제2지구는 충청도반(반장 정일명)·전라도반(반장 박훈)으로, 노복선盧福善이 대장이었던 제3구는 함경도반(반장 김용주, 강원도반(반장 김준엽), 경상도반(반장 허영일)으로 구성했다.**

각 반은 2~4개 조로 나누어 국내로 들어갈 계획이었는데 김구는 그 방법에 대해 "산동에서 미국 잠수함에 태워 본국으로 들여보내서 국내 혹은 점령한 후에 미국 비행기로 무기를 운반할 계획까지도 미국 육군성과 다 약속이 되었다"고 아쉬워하고 있다. 강원도반 반장이었던 장준하는 "통신장비와 무기와 식량과 휴대품을 갖추어 놓고, 일본 국민복과 일본 종이와 활자로 찍은 신분증을 가졌으며, 비용으로는 금괴가 준비되어 있었다……. 국내 잠입준비는 완료되었고 출발명령만 내리면 언제든지 떠날 수 있게 되었다"라고 회고했다.

해로海路뿐 아니라 비행기로도 낙하할 계획이었다. 국내 정진군 본부 요원으로서 지리산에 낙하할 계획이었던 이재현李在賢은 "만약 내렸다면 1개 사단 병력 만드는 것은 문제가 아니었다"***라고 회고했다. 이재현은 "8월 9일 정도면 일본이 패망하리라는 것을 모두 알고 있었기 때문"이라면서 "그때는 모두들 자기가 가겠다고 야단이어서 제비를 뽑았다"고 회고했다. 일본의 패망이 눈앞에 닥친 상황에서 임정 산하 광복군이 초

---

* 《백범일지》
** 박영석, 《한민족독립운동사 6》, 국사편찬위원회, 1989. 김준엽, 《장정 2》, 나남, 2003.
*** 성문출판사 편집부 엮음, 《한국독립운동 증언자료집》, 한국학중앙연구원, 1986.

국내 진공작전이 무산된 광복군
광복군은 국내 진공작전을 펼치려 했으나 일본의 조기 항복으로 작전이 무산되었다. 사진 아랫줄 가운데에 있는 김구의 왼쪽으로 지청천·김학규, 오른쪽으로 차리석·이시영이 서 있다.

모공작을 하면 사람들이 구름같이 몰릴 것은 당연한 일이었다.

그러나 자칭 '천하무적' 관동군이 허깨비처럼 저항 한 번 변변히 못해 보고 무너진 데다 원자폭탄에 놀란 히로히토가 미군이 일본 본토에 상륙하기도 전에 허겁지겁 항복하면서 국내 진공계획이 수포로 돌아갔다. 그래서 김구는 "수년 동안 애를 써서 참전을 준비한 것도 모두 허사로 돌아가고 말았다"고 안타까워했던 것이다. 만약 국내 진공작전으로 일본군의 항복을 받아냈다면 해방 후 분단도 없었을 것이라는 점에서 김구의 아쉬움은 충분히 이해가 된다.

임정 의정원은 환국 후 시국수습 방안 '14개 조 원칙'을 김구 주석 명의로 발표하고, 중국 전구사령관 웨드마이어 장군에게 국내 치안 유지

문제 등을 임정에 맡기는 방안 등을 제시했다. 하지만 미국 측은 이를 거부하고 임정 요원들이 개인 자격으로 귀국할 것을 통보했다.

사태가 이렇게 돌아가자 누가 먼저 귀국해서 정국의 주도권을 잡느냐가 중요해졌다. 임정의 OSS 대원들은 8월 18일 비행기를 타고 여의도 비행장에 도착했지만 일본군의 체류 거부로 다음날 산동성으로 돌아가야 했다.

이런 혼란 속에서 세월은 흘러갔다. 김구 일행이 중경에서 장개석과 부인 송미령의 성대한 환송식을 받은 후 중국 비행기를 타고 상해에 도착한 것은 해방 후 거의 석 달이 지난 11월 5일이었다. 김구 일행은 상해 홍구공원에서 6~7,000여 명의 교포들로부터 열렬한 환영을 받으며 감격적인 연설을 했다. 김구를 수행했던 장준하는 "김구가 올랐던 단은 바로 그 자신이 윤봉길 의사를 시켜 일본 요인들에게 폭탄을 던지게 했던 그 자리"라면서 "정말 역사가 바뀌어 저 어른이 저 단에 서셨구나"라는 감회를 토로했다.

그러나 역사는 절반만 바뀌었던 것이어서 김구 일행의 귀국은 차일피일 미뤄졌고, 11월 23일에야 미군의 C-47 중형수송기를 타고 개인 자격으로 귀국길에 오를 수 있었다. 어쩌면 해방 후 귀국 때까지 석 달 여드레가 일제 36년보다 더 길었을지도 모른다. 미국에 있던 임정 주미외교위원부 위원장 이승만은 10월 16일에 이미 귀국해 있었다. 미국에 있던 이승만이 김구보다 한 달 이상 빨리 귀국할 수 있었던 것은 같은 반공주의자였던 더글러스 맥아더의 후원 덕분이었다. 이승만은 8월 27일 더글러스 맥아더에게 "공동점령이나 신탁에는 반대한다"고 전제하면서도 만약 점령이 필요하다면, "미군만의 단독점령을 환영합니다"●라는 편지를 썼다.

더글러스 맥아더는 9월 말 국무부가 요청한 다른 재미 한인들의 귀국

해방 다음 날 서대문 형무소를 나온 사람들과 환영 인파
일제의 사상범 예방구금령으로 죄 없이 감옥에 갇혔던 사람들은 해방을 맞아 거리로 나올 수 있었다.

요청은 거부하면서도 유독 이승만의 입국은 허용했다. 또한 이승만이 10월 12일 도쿄에 도착하자 주한 미군정청 사령관 존 하지John Hodge 중장을 도쿄까지 불러들여 만남의 자리를 만들어주었다. 존 하지는 이후 이승만을 만난 사실을 숨겼지만, 이때 이미 이승만-맥아더-하지 사이에 삼각 커넥션이 만들어졌다. 이승만이 중경 임정 요인들보다 한 달 이상 빨리 입국할 수 있었던 건 이 커넥션의 힘이 컸기 때문이다.

미국이 김구와 이승만을 서로 다르게 대접했던 것처럼 소련도 김일성과 연안파(조선의용군)를 달리 대했다. 팔로군 포병사령관 출신의 무정武亭(김무정)이 포진하고 있던 조선의용군은 해방 후 무장한 채 압록강을 건넜다. 김호金浩 · 김강金剛 등이 이끄는 조선의용군 선견종대先遣從隊 1,000여 명은 1945년 10월 12일 신의주 동중학교에 모여 있었다. 그러나 팔로군과 태항산맥을 누비며 항일 투쟁을 전개했던 조선의용군을 기다리는 것은 소련군의 강제 무장해제였다. 김구 일행에게 개인 자격으로 입국하라는 미국의 통보가 임정 요인들의 암울한 미래를 암시했던 것처럼, 소련군의 강제 무장해제 역시 조선의용군, 즉 연안파의 암울한 미래를 암시했다.

국내에서 해방 당일부터 발 빠르게 움직인 세력은 사회주의 계열들이었다. 정백·이영 등의 '서울파' 계열과 박헌영 중심의 '재건파' 계열 중에서 먼저 선수를 친 것은 해방 당일 밤 종로2가 장안빌딩에서 회합을 가진 서울파였다. 그러나 16일경부터 "근로대중의 위대한 지도자 박헌영 선생은 어서 나와 우리를 지도해달라"는 벽보가 서울 시내 곳곳에 붙기 시작하면서 주도권은 박헌영의 재건파로 넘어가기 시작했다.

경성콤그룹 사건(1940~41)의 리더였던 박헌영은 일제 말기 검거를 피해 전라도 광주의 벽돌공장으로 피신해 김성삼金成三이라는 가명으로 동지들과 비밀리에 연락하던 중 해방을 맞이했다. 박헌영은 8월 20일 서울 명륜동 김해균의 집에서 조선공산당 재건준비위원회를 결성하고 자신이 작성한 《현 정세와 우리의 임무(8월 테제)》를 조선공산당의 잠정적인 정치노선으로 통과시키면서 국내 공산주의 운동의 주도권을 장악했지만 이 역시 국내용일 뿐이었다.

대중적으로 인기가 높았던 여운형도 발 빠르게 움직였다. 8월 15일 저녁 여운형·안재홍·이만규·이여성·이상백·정백·최근우 등은 '건국준비위원회(건준)'를 결성하고 여운형을 위원장으로 추대했다. 여운형은 8월 16일 하오 1시쯤 자신의 집 근처인 휘문중학교 교정으로 몰려든 5천여 군중에게 건준 결성 경과를 알렸다. 건준이 9월 6일 조선인민공화국(인공) 건국을 선포하자 전국 각지에서 이에 호응해 지방 인민위원회를 결성했다. 그러나 미군정장관 아널드는 10월 10일 "38도선 이남에는 오직 한 정부가 있을 뿐"이라면서 인공을 부인하고 미군정만이 유일한 정부라

임시정부 환국기념사진
임정 의정원은 환국 후 시국수습 방안과 국내 치안 유지 문제 등을 임정에 맡기는 방안을 제안했지만, 미 군정이 임정을 부인하고 임정 요원들이 개인 자격으로 입국할 것을 통보하면서 그들의 미래는 어두워졌다.

고 선언했다.

　미국과 이승만의 관계는 소련과 김일성의 관계와 비슷했다. 1940년 가을경 관동군과 만주군에게 쫓겨 소련 영내로 들어간 김일성은 하바롭스크의 야영지에 편성된 88특별저격여단에 소속되었다. 태평양 전쟁이 막바지에 다다르면서 88특별저격여단도 광복군처럼 참전을 학수고대했다. 8월 9일 소련이 참전하자 자신들도 싸울 수 있을 것으로 기대했지만 관동군이 너무 쉽게 무너지는 바람에 소련은 이들을 동원할 필요가 없었다. 88특별저격여단장 주보중周保中은 9월 5일경 이조린李兆麟·김일성 등을 하얼빈·연길 등지로 출발시켰다. 김일성 등은 만주를 거쳐 압록강을 건너 입국함으로써 만주에서 항일운동을 하다가 귀국한 것처럼 포장하려고 했지만 사정이 여의치 않았다.

　목단강에 머물던 김일성은 다시 소련 영내로 들어가 소련군함 '푸카초프 호'를 타고 블라디보스토크를 출발해서 9월 19일 원산에 상륙했다. 이승만이 맥아더의 후원으로 김구 일행보다 먼저 귀국할 수 있었던 것처럼, 김일성도 소련의 후원으로 해외 인사 누구보다 먼저 귀국할 수 있었다.

　이렇게 남북을 점령한 두 강대국의 후원을 받는 이승만과 김일성, 두 사람에게 유리한 정치 환경이 조성되었다. 일본은 물러갔지만 한국은 아직도 외국의 강한 영향력 아래 놓여 있었다. 새로운 시련이자 기회의 시작이었다.

찾아보기

ㄱ

가네코 후미코 108, 111, 115
가쓰라-태프트 밀약 208, 344
가와시마 요시코 208, 216
강달영 78~81, 83, 85, 87
강세우 124, 130, 131
게무야마 센타로 102
경성신흥청년단 61
계명구락부 287
고노에 후미마로 136, 313, 315, 326, 327, 336, 341, 348, 350
고려공산당연합대회 22, 39
고려공산동맹→공산동맹
고려공청 72~74, 78~81, 83, 84, 166
고마쓰하라 미치타로 329
고모토 다이사쿠 188, 189
곤도 에이조 32, 33
공산동맹 75, 77, 91
곽재기 123~125
관서흑우회 119
9·18사변 211, 215
국민공진회 58
국민대회 43, 44

국민혁명군 185, 214, 321, 326
국제공산청년회→국제공청
국제공청 38, 40, 61, 74
권오설 73, 79, 82, 83
김경서 71, 72, 74
김경재 218~221, 227, 229
김구 20, 368~373, 375
김기덕 263, 264, 266, 268, 269, 272, 282, 286
김낙준→김찬
김남천 163, 164
김동우 171, 172
김동환 268, 340
김득린 71, 72
김립 18~20, 49, 87
김명식 46, 47, 55, 285
김병환 94, 123, 124
김봉환 165, 166
김사국 28, 43, 44, 47, 49~51, 59, 61, 75, 77, 85~87, 92, 105
김상주 67, 68, 73
김선희 115, 116
김성근 139

김성수 92, 236, 247~253, 255, 263, 264, 269~271
김성숙 127, 128
김알렉산드라 17~20, 26
김야봉 157
김약수 28~31, 34, 40, 41, 68, 69, 105, 107
김연수 251~253, 269
김영만 59, 61, 88
김원봉 121, 122, 125, 126, 129~131, 136, 139
김윤식 49, 51~53, 55, 57
김을한 235, 247, 257
김응수 269, 270, 272
김익상 128~132
김일성 38, 372, 375
김재봉 40, 41, 68~71, 78, 80
김종진 150, 151, 153~158, 163, 164, 168, 170, 171, 175
김좌진 122, 150, 152~158, 161, 165~167, 175, 185
김찬 28, 40~42, 61, 63, 68~70, 73, 78, 80, 81, 87, 88, 158

김창숙 139, 147, 149
김철수 48, 49, 54, 78~80, 84~88, 90, 92, 94
김태연 37, 38, 40
김태원 260, 269~271, 278, 286
김한 46, 53, 108, 109

ㄴ

나가노 오사미 312
나가타 데쓰잔 299
나카하마 데쓰 115, 116
남경학살 319, 323, 359
네모토 히로시 189, 190, 299, 300
노구교사건 313~315, 220
노몬한사건 329, 331
니노미야 하루시게 190, 196
니시다 미쓰지 184

ㄷ

다나카 기이치 130, 131, 188
다나카 유키치 208

다다 하야오 326, 327, 329
다카하시 고레키요 302, 303
다테가와 요시쓰구 196
데라우치 히사이치 306, 307, 311, 312
도조 히데키 183, 193, 343, 350, 351
동광회 57, 58
동우회 27~29

ㄹ

러스크, 딘 366
레닌 21, 22, 25~27, 33, 46, 54, 66, 75, 76, 80, 87
루스벨트, 프랭클린 353, 357, 364
류광렬 247, 248, 251, 255
류동열 17~19

ㅁ

마르크스, 카를 42, 59, 75, 104
마쓰오카 요스케 347, 348
마쓰이 이와네 316, 323
마점산 222~224

맥아더, 더글러스 371, 372, 375
모택동 199, 310, 320, 322, 325, 326, 328, 329
무토 아키라 316, 317
문탁 56, 58
미나미 지로 196, 200, 333
미드웨이 해전 360, 361
미쓰야 협약 155
민대식 243~246, 269, 270, 286
민두호 236, 237, 240
민영휘 236~247, 249~251, 255, 257, 264, 270~272, 279, 282, 286
민중대회 65~68, 73, 74
민형식 236, 242~246, 251

ㅂ

바쿠닌, 미하일 104, 162
박계주 246, 252
박상실 165, 166
박애 18, 25
박열 28, 29, 105~112, 115, 116
박영철 269~271

박용운 260, 269, 270
박은식 25, 26
박일병 42, 61
박재혁 125, 126, 135
박헌영 37, 38, 42, 64, 72~74, 78, 373
박흥식 270, 272, 278~280
방의석 260, 269, 270, 272, 273
백정기 139, 147, 173
번스, 제임스 365, 366
볼셰비즘 17, 18, 107
볼셰비키 17~19, 21, 23, 75, 161, 162, 264
부의 147, 208, 210~217, 222, 327, 341, 352
북성회 31, 34, 40, 42, 61, 108
북풍회 34~36, 42, 69
불령사 106, 108~111
불이농장 283~285

ㅅ

사기공산당사건 46, 49, 51, 54, 55, 57
사이온지 긴모치 302, 313
사이토 다카오 307, 340, 341
사쿠라회 179, 182, 189, 190, 196, 199, 203
사회주의 운동 22, 28, 34, 38, 43, 47, 50, 56, 69, 92
사회혁명당 48, 49, 54, 55
삼시협정 185
3·1운동 17, 43, 44, 49, 53, 54, 65, 74, 79, 82, 124, 285, 357
3월사건 189, 190, 203
상해사변 208
서병조 269~251
서상경 106, 111
서안사변 310, 320
서울청년회 40~44, 46~48, 50, 53~55, 57~63, 65, 66, 69, 75, 77, 85~88, 91, 92, 96
서울콤그룹 59, 60
서태후 211, 212, 214
세계 최종 전쟁론 192~194, 316
소화유신 182, 302~304
송진우 92, 248, 250
스기야마 하지메 316, 319, 335, 336,

338, 339
스즈키 간타로 302, 304
스탈린, 아이시오프 25, 76, 97, 104, 330, 341~343, 347, 348, 365, 367
스펜서, 허버트 27, 103, 105
12월 테제 97
신간회 88, 90, 92~95, 97
신민부 154~159, 161, 162, 166, 185
신사상연구회→화요회
신아동맹단 49
신의주사건 71, 73, 78, 85
신채호 136~139, 142~146
신철 35, 40~42
신태익 277~279
신현상 160, 167, 169, 170
신흥청년동맹 42, 61~63, 67, 73
심용준 157

ㅇ

아나키즘 27, 28, 33, 102, 104~108, 121, 128, 138, 140, 142, 152, 156
아라키 사다오 293, 301, 306

아마카쓰 마치히코 28, 114, 115
아와야 센키치 306
아이자와 사부로 299~302
안광천 88, 90, 94, 96
안창호 123, 139
안확 47, 51, 55
야마모토 이소쿠로 351, 352
야마시타 도모유키 299, 301, 358, 359
양명 88, 96
A동방연맹 143
여운형 21, 38, 72, 73
염경훈 269, 270
오가와 슈메이 182~184
오르그뷰로 41
오면직 171, 172
오상근 46, 47, 51, 53~55
오성륜 130~132, 135
오수산 255~257
오스기 사카에 28, 32, 33, 110, 114
5·30간도사건 173
오카다 게이스케 302, 303, 305
오하묵 17, 18, 20
와다 규타로 114, 115

원세개 186, 199, 212, 238
원우관 41, 84, 85
유기석 170, 171
6·10만세시위 83~85, 87
유영섭 291, 292
유자명 128, 136, 140
육군유년학교 179~182, 184, 192, 194, 199, 206, 300, 304, 329, 343, 354
윤덕병 68, 69
윤자영 46, 47, 88
윤화수 225, 226
의열단 108, 116, 119~128, 130, 134~139, 159, 170, 188
이광수 51, 92, 93, 249~251, 337
이규창 150, 171
이규호 332, 334
이동녕 17, 122
이동휘 17~21, 23, 25, 26, 32, 33, 41, 46~49, 87
이득년 47, 51
이륭양행 37, 123
이범석 368, 369
이봉수 41, 47, 55, 78~80, 85

이붕해 157, 165
이성우 123, 124
이소베 아사이치 301, 302
이승만 139, 371, 372, 375
이시하라 간지 191~193, 195, 208, 215, 300, 303, 308, 312, 314, 316, 317, 326, 329, 346
이여성 31, 229, 373
이영 46, 47, 59~61, 63, 85, 86, 373
이윤재 261~263
이을규 139, 147, 150, 157, 158, 162, 164, 165, 167, 170, 171
이정규 139, 147
이정윤 61, 85, 86, 94, 96
이종암 130, 131, 139
이준근 157, 175
이증림 32, 33
이타가키 세이지로 191, 195, 196, 209, 223
이토 노에 28, 114
이항발 58, 59
이회영 47, 51, 139, 140, 147, 149~152, 162, 171, 172, 332

일본공산당 31~35
임병문 143, 144
임봉순 59, 61, 63
임원근 37, 38, 40, 64, 73

ㅈ

자멘호프, 루드위크 102
장개석 174, 185, 186, 198, 199, 214, 216, 223, 310, 319~324, 326, 327, 336, 340, 341, 351, 357, 364, 365, 371
장경혜 216, 222~224
장덕수 45~49, 51, 54, 55, 250
장식의 222~224
장작림 155, 185~188, 190, 191, 214, 222, 223
장준하 369, 371
장채극 44, 55
장학량 174, 175, 188, 191, 196, 198, 223, 310
장훈복벽사건 212
재만조선무정부주의자연맹 157
전정화 115, 116

정백 96, 373
정수일 275, 276
정재달 22, 40, 41, 96
정태성 28, 29, 105, 108
정화암 140, 148, 150, 159, 164, 166, 170, 172, 219
정훈모 58, 136
조봉암 28, 42, 63, 68, 69, 73, 74, 80, 88
조선공산당 36, 38, 41, 42, 67~75, 78~81, 84, 85, 87~92, 94, 96, 119, 158, 166, 173, 218, 373
조선기자대회 65, 67, 74
조선독립군정사 122
조선무정부주의자연맹 119
조선민중운동자대회→민중대회
조선민흥회 91, 93
조선청년회연합회→청년회연합회
조소앙 122, 162
조준호 292, 293
주종건 69, 78
중일전쟁 253, 266, 268, 294, 310, 319, 320, 322, 329, 334, 336, 337, 340, 339,

345, 348, 349, 355, 357, 358
진우연맹 115, 117

ㅊ
처칠, 윈스턴 357, 364
청년당대회 60, 61
청년회연합회 46, 47, 49~51, 53~55
초우 이사무 179, 182, 203
최남 277~279
최석영 160, 169, 171
최수봉 126, 128, 130, 135
최영환 111
최창학 236, 254~260, 269, 270, 286

ㅋ
켈로그-브리앙 조약 206
코르뷰로 23, 40~42
코민테른 20~25, 32, 35, 39~41, 49, 54, 56, 57, 59~61, 63, 68~70, 72, 74, 75, 78, 80, 85~88, 90, 92, 94, 96, 97, 173, 342

ㅌ
태평양전쟁 182, 266, 331, 360, 366
트라우트만 조정 326, 327
트로츠키, 레옹 75
트루먼, 해리 364

ㅍ
포츠담 선언 365
피셔, 아돌프 104

ㅎ
히라누마 기이치로 202, 343
하마다 구니마쓰 311, 312
하시모토 긴코로 179, 182, 189, 190
하야시 센주로 201, 301, 312
한신교 47, 62
한인사회당 18~21, 24~26, 32, 33
허무당 선언 118, 119
홍종화 263~266, 269, 270, 272, 282, 286
홍증식 42, 51, 73

홍진유 106~108, 110, 111
화요회 42, 65, 66, 69, 73, 75, 77, 79, 85~87, 91, 92
황고둔사건 186
황상규 122~124
황현 236, 237, 243
후지 간타로 283
후지 히토시 184, 206
후쿠다 마사타로 114, 115
흑기연맹 106, 111
흑도회 28, 29, 107
희흡 222~224
히로다 고키 307, 312
히로히토 106, 108, 182, 188, 202, 206, 210, 304, 306, 319, 335, 339, 344, 345, 347~350, 361, 362, 365, 366, 370
히틀러, 아돌프 330, 334, 339, 341~345, 348, 358, 364